西南区体育教材教法研究会教材编审委员会审订

残疾人体育

主　编　欧云海　张莉斌
副主编　马天行　万　宇　王　莉　袁　静
　　　　申丽琼　方成军　王浩春

北京师范大学出版集团
BEIJING NORMAL UNIVERSITY PUBLISHING GROUP
北京师范大学出版社

图书在版编目（CIP）数据

残疾人体育/欧云海，张莉斌 .—北京：北京师范大学出版
社，2011.12（2021.1重印）
ISBN 978-7-303-13577-6

Ⅰ.①残⋯ Ⅱ.①欧⋯②张⋯ Ⅲ.①残疾人体育—研究—中
国 Ⅳ.①G812.49

中国版本图书馆 CIP 数据核字（2011）第 209972 号

营 销 中 心 电 话　010-58802181　58805532
北师大出版社职业教育分社网　http：//zjfs.bnup.com
电 子 信 箱　zhijiao@bnupg.com

出版发行：北京师范大学出版社　www.bnup.com
　　　　　北京市西城区新街口外大街 12—3 号
　　　　　邮政编码：100088
印　　刷：北京溢漾印刷有限公司
经　　销：全国新华书店
开　　本：730 mm×980 mm　1/16
印　　张：14.75
字　　数：248 千字
版　　次：2011 年 12 月第 1 版
印　　次：2021 年 1 月第 4 次印刷
定　　价：25.00 元

策划编辑：周光明　　　　　责任编辑：周光明
美术编辑：高　霞　　　　　装帧设计：华鲁印联
责任校对：李　菡　　　　　责任印制：陈　涛

西南区体育教材教法研究会理事会成员名单

于贵和（贵州大学）

邱　勇（贵州大学）

谭　黔（遵义师范学院）

李建荣（毕节学院）

雷　斌（贵州电子职院）

周　跃（云南昭通师专）

肖谋远（西南民族大学）

王　平（铜仁学院）

黄平波（凯里学院）

党云辉（思茅师专）

李　黔（六盘水师专）

张　龙（六盘水师专）

杨庆辞（保山师专）

薛　斌（云南师范大学商学院）

左文泉（云南师范大学）

余　斌（贵州财经学院）

张兴毅（兴义民族师范学院）

李　英（西藏民族学院）

何德超（遵义师范学院）

颜　庆（遵义师范学院）

教材编审委员会

主　任　孟　刚（兼）（贵州师范大学）

副主任　王洪祥（兼）（昆明学院）

　　　　郭　颂（兼）（贵州民族学院）

　　　　姚　鑫（兼）（贵州师范大学）

　　　　陈雪红（兼）（楚雄师范学院）

　　　　吕金江（兼）（曲靖师范学院）

　　　　于贵和（兼）（贵州大学）

　　　　梁　健（兼）（红河学院）

前言

　　《残疾人体育》是体育院校选修课学生用书，是由西南区（云、贵、川、渝）体育教材教法研究会（残疾人体育）教材小组根据西南四省市体育院校本科教学计划、培养目标和残疾人体育课程教学大纲规定的具体教学任务、教学时数、教学内容及考核要求分工负责撰写完成的。本教材在根据西南四省市的实际情况因地制宜、因材实教的基础上，总结了四省市学生基础知识、专业理论知识，以及各体育院校残疾人体育课程的教学经验，继承了前人不同时期出版的残疾人体育教材的优点，重点吸收了国内外残疾人体育发展中先进理论和经验。

　　本教材着眼于新世纪培养体育专门人才的实际需要，坚持继承与创新、改革与发展；坚持实事求是，从教学实际出发；突出教学性、针对性、实用性、实践性、科学性、先进性、时代性，力求从教材体系和专业发展、教学内容、教学手段与方法掌握上进行改进、提炼、拓展，以使教学对象能适应未来社会的需要。

　　本教材是西南区体育教材法研究会组织专家、教授、专业从业人员经过多次认真讨论研究，同时听取和征求多所体育院校残疾人体育的教师、教练的意见后完成编写工作的。全书的设计、改稿、统稿由红河学院欧云海完成。参加编写的人员有：红河学院马天行、万宇、方成军、申丽琼、欧云海；外交学院王莉；楚雄师范学院王浩春；云南大学袁静；四川警察学院张莉斌。本书主编欧云海、张莉斌，副主编马天行、万宇、王莉、袁静、申丽琼、方成军、王浩春。

　　本教材是北京师范大学出版社联合西南区体育教材教法研究会策划出版的系列教材之一。本教材的编写得到了各方面的鼓励和支持，得到了多名专家的指导，北京师范大学出版社的部分编辑人员为此付出了艰辛的劳动，在此，我们一并表示衷心的感谢。对于在本教材中未一一标明的被引用者的姓名和论著出处，我们在此表示歉意，并表示感谢！希望他们能与作者联系。

我们真诚地希望广大师生和专家对本教材提出宝贵的意见，以使我们今后对教材进行修订，并逐步加以完善和提高。

西南区体育教材教法研究会（残疾人体育）编写小组
2011 年 12 月

残·疾·人·体·育

目录 Contents

第一章　残疾人体育概论 ……………………………………………… (1)
　第一节　残疾人体育的起源与发展 …………………………………… (1)
　第二节　残疾人体育的功能与意义 ………………………………… (10)
　第三节　特殊奥林匹克运动 ………………………………………… (15)
第二章　残疾人体育健身锻炼 ………………………………………… (18)
　第一节　健身锻炼对残疾人的作用 ………………………………… (18)
　第二节　残疾人运动处方 …………………………………………… (19)
　第三节　残疾人健身锻炼方法与目标的确定 ……………………… (22)
　第四节　残疾人的健身锻炼 ………………………………………… (29)
　第五节　中国传统体育与残疾人健身锻炼 ………………………… (39)
第三章　残疾人体育教育 ……………………………………………… (44)
　第一节　残疾人体育教育的意义 …………………………………… (44)
　第二节　国外残疾人体育教育 ……………………………………… (47)
　第三节　残疾人体育教育的目的与教学组织形式 ………………… (50)
　第四节　残疾人体育教育的教学原则 ……………………………… (51)
　第五节　各类残疾人学校的体育教育 ……………………………… (53)
第四章　残疾人体育行为特征 ………………………………………… (70)
　第一节　残疾人心理特征 …………………………………………… (70)
　第二节　残疾人心理活动机制 ……………………………………… (72)
　第三节　残疾人体育活动的特征 …………………………………… (77)
第五章　残疾人体育康复 ……………………………………………… (80)
　第一节　残疾人体育康复概述 ……………………………………… (80)
　第二节　残疾人体育康复程序 ……………………………………… (83)
　第三节　聋哑人的体育康复 ………………………………………… (86)
　第四节　视力残疾的体育康复 ……………………………………… (87)
　第五节　肢体及脊髓损伤者的体育康复 …………………………… (89)
　第六节　脑瘫、偏瘫者的体育康复 ……………………………… (100)
　第七节　智力残疾的体育康复训练 ……………………………… (111)

第六章　残疾人休闲体育 ··· (113)

　第一节　残疾人休闲体育的定义与特点 ····················· (113)

　第二节　残疾人休闲体育的功能与意义 ····················· (114)

　第三节　残疾人休闲体育的基本原则 ························· (118)

　第四节　残疾人休闲体育的注意事项 ························· (121)

　第五节　残疾人休闲体育的练习方法 ························· (124)

　第六节　残疾人休闲体育的组织与管理 ····················· (130)

　第七节　开展残疾人休闲体育的策略 ························· (139)

　第八节　不同残疾人群的休闲体育方法 ····················· (140)

第七章　残疾人竞技体育与运动训练 ························· (144)

　第一节　残疾人竞技体育概述 ································· (144)

　第二节　残疾人竞技体育的分类 ······························ (149)

　第三节　残疾运动员选材 ····································· (151)

　第四节　残疾人竞技体育中的运动训练 ····················· (154)

第八章　残疾人运动员的医学和功能分级 ················· (171)

　第一节　残疾人医学和功能分级概述 ························· (171)

　第二节　田径项目的医学和功能分级 ························· (174)

　第三节　游泳项目的医学和功能分级 ························· (182)

　第四节　乒乓球项目的医学和功能分级 ····················· (189)

　第五节　轮椅篮球项目的医学和功能分级 ··················· (192)

　第六节　坐式排球项目的医学和功能分级 ··················· (196)

　第七节　轮椅网球项目的医学和功能分级 ··················· (198)

　第八节　其他项目的医学和功能分级 ························· (198)

第九章　残疾人体育竞赛 ····································· (200)

　第一节　残疾人体育赛事情况简介 ··························· (200)

　第二节　残疾人体育的主要项目和赛事 ····················· (205)

　第三节　田径裁判指南 ······································· (207)

　第四节　盲人门球裁判工作指南 ······························ (210)

　第五节　坐式排球裁判工作指南 ······························ (213)

　第六节　轮椅篮球裁判工作指南 ······························ (215)

　第七节　5人制（盲人）足球裁判工作指南 ················· (218)

　第八节　乒乓球裁判工作指南 ································· (220)

　第九节　轮椅网球裁判工作指南 ······························ (222)

　第十节　游泳裁判工作指南 ··································· (223)

参考文献 ··· (225)

残·疾·人·体·育

第一章　残疾人体育概论

本章概述、学习目标

本章从残疾人体育的起源、国内外残疾人体育运动的发展概况阐述了残疾人体育运动的基本发展情况。

1. 了解残疾人体育的起源及基本概念。
2. 了解国内外残疾人体育的发展概况。

残疾人是指在心理、生理、人体结构上，某种组织、功能丧失或者不正常，全部或者部分丧失以正常方式从事某种活动能力的人。

目前世界上生活着 5 亿多残疾人。据中国第二次全国残疾人抽样调查的数据显示，截至 2006 年 4 月 1 日，中国各类残疾人总数达 8 296 万人，残疾人占全国总人口的比例为 6.34%。全国残疾人口数量比 1987 年第一次全国残疾人抽样调查时增加了 3 132 万，占全国总人口的比例也提高了 1.44 个百分点。由于遗传、事故、疾病等难以避免的原因，我国残疾人口以每年 70 万～80 万的速度增长。残疾人事业将是构建和谐社会不可缺少的组成部分，而残疾人体育以其独特的作用、意义将推动残疾人事业的蓬勃发展。

第一节　残疾人体育的起源与发展

一、残疾及残疾人体育的概念

（一）残疾的基本含义

残疾（disability）构成的要素主要有 3 个：①由于疾病或外伤所导致的一种现代医学条件下尚无法使之完全"复原"的器官或组织的"终局状态"。这种终局状态的存在，是残疾的病理要素，又称病理损害。这是残疾的必备要素。②病理损害导致的躯体生理功能或精神心理功能的低下或丧失。这是残疾的生理功能障碍要素。③由于生理功能障碍或病理损害造成的在完成与其年龄、性别、文化相适应的社会角色方面的困难，这是残疾的社会角色障碍，又称社会功能障碍、社会环境障碍。狭义的残疾人主要指同时具备 3 要

1

素的或以社会角色障碍为主的残疾者，广义的残疾人实际上是指生理功能残疾的人。

（二）残疾人体育的概念

残疾人体育，目前尚未有一个确切统一的概念。概括的讲，任何一种身体或精神上残疾的残疾人的体育活动都可以称为残疾人体育。从目的与意义上来讲，在视力、听力、语言、智力、肢体等方面有缺损者，通过身体练习，以增强体质、增进健康、培养意志品质和生活自理能力，改善身体机制，促进其残疾的康复及身心和谐发展为目的的社会文化活动。从历史的进程来看，只要有人类存在就会有残疾人的出现，随着社会的进步，教育和体育事业的发展，必然会有残疾人体育运动。

二、残疾人体育的起源

《黄帝内经》一书中就有记载了残疾人通过导引、推拿、按摩，达到恢复生理机能、康复健身的做法。中国古代名医运用吐纳、五禽戏、八段锦、各种娱乐活动治疗瘫痪、肢瘫带来的肌肉萎缩等疾病，都有恢复患者身心功能的事例。如果论及残疾人体育活动的起源与治疗，中国古代应该是最早的，只是因为社会历史上的种种原因，残疾人这种健身活动没有开展起来。

残疾人体育运动的起源可以追溯到第二次世界大战期间。因战争而致残的人们，需要通过适当的体育活动，获得康复，重新参与社会生活。于是，残疾人体育运动逐步受到重视。后来，英国著名康复医学家洛特维西·古特曼博士提出了不用手术而以运动方式医治脊髓损伤的方案，并倡议组织下肢瘫痪的残疾人举行轮椅运动会，轮椅运动会便逐步发展成为残疾人的国际体育比赛。此后，相继出现了国际轮椅运动会、世界伤残人奥运会、国际特殊奥运会、远东及南太平洋地区残疾人运动会等国际赛事，残疾人体育运动迅速发展起来。到目前，国际奥林匹克体育运动已形成两大系列，一个健全人的奥林匹克体育运动，一个残疾人的奥林匹克体育运动；而且形成惯例，凡申办健全人奥运会的城市，要同时申办残疾人奥运会。

已故著名康复医学家、体育家中村裕先生说过："残疾人体育运动，不仅仅是为了比赛，它的主要目的是通过体育运动，把残疾人从病房和家庭解放出来，走向社会，享受与健全人同等的待遇。"不论在世界还是我国，残疾人体育竞赛都以其不畏艰难、百折不挠、乐观进取、顽强拼搏的精神和对人生的深刻理解及人道主义的深邃内涵为世人瞩目。它不仅有激烈的竞争性，而且有很强的感染力，给观众以体育竞赛之外的深刻启迪。

三、残疾人运动的发展

随着人类社会的发展，根据残疾人运动的发展情况及国际上对残疾人的立法情况，世界残疾人运动可划分为五个阶段。

（一）萌芽阶段（1780～1887）

残疾人运动的萌芽，是在欧洲文艺复兴之后的社会化大生产产生的初期，在人道主义思想的影响下，在社会化大生产的背景下，伴随着西方国家社会保障制度的产生而萌生的。这一时期，西方国家出现了包括残疾人在内的社会保障制度及为残疾人服务的组织。如19世纪80年代俾斯麦任首相时的德国，于1884年实行了工伤保险。1780年瑞典人士奥比建立了全球第一家为残疾人服务的机构。1820年德国建立了第一个同时为残疾人提供服务和教育的残疾人之家。1874年，我国北京建立了第一所盲校："启瞽明院"；1887年在山东建立了第一所聋哑学校"启喑学校"。

（二）形成初期（1887～1948）

19世纪末到20世纪中叶，伴随着生产力的发展、工业化进程的加快，生产日益社会化，家庭结构和功能的变化，导致工业社会风险加大，失业、事故、疾病、伤残等问题逐渐突出。这时，一方面工人维权运动蓬勃发展，工人为争取生活保障而斗争；另一方面资产阶级为了缓解社会矛盾和刺激经济发展；同时人权主义、福利国家思想倡导者为改善包括残疾人在内的弱势群体的生活状况做了许多促进工作，促使欧美一些国家的政府重视包括残疾人在内的福利保障政策。这期间，一是建立包含残疾人的社会保障制度的国家增多。如1898年法国实行了工伤保险，瑞典于1901年实行了工伤保险，英国于1911年实行了失业和疾病保险，美国于1935年实行了社会保障法，对老年人、残疾人和失业者进行保障；二是一些国家和国际社会出现了为残疾人服务的全国性、国际性组织。如，1915年海伦凯勒国际开展防盲服务，被公认为世界为残疾人提供服务的先驱者组织——美国复活节邮章社于1919年在美国俄亥俄州诞生，该组织在全美拥有数以千计的专业工作者和80万志愿服务者，为残疾人服务。1922年，第一个国际性的为残疾人服务的组织"国际康复会"成立。国际聋人联合会也于1924年成立；三是各国为残疾人服务的公立、私立单位也逐渐增多。我国也星星点点办起了一些盲、聋学校和慈善机构。这一时期，对残疾人问题的关注从工伤保险逐步拓展到康复、保健、福利、教育等方面，虽然仍没有跳出"生活保障"的圈子，但内容比先前丰富多了。

（三）发展阶段（1948～1968）

"二战"后，处于"冷战"时期的国际局势相对稳定，生产迅速发展，经济增长，社会福利成为西方各国各个政党竞选的必争之地。同时，国际人权事业的发展，残疾人特别是战后伤残人员强烈要求回归主流社会，在客观上推动了残疾人运动向更高层次发展。残疾人运动跳出了"保障生存"的圈子，开展了为残疾人争取人权和回归社会主流的斗争。社会初步改变了对残疾人的看法，"残疾人不仅是救济对象，同时也蕴藏着巨大的活力，可以为社会做贡献"的观念逐步确立。在这期间，1949 年新中国成立，1954 年新中国第一部宪法诞生，其中规定"劳动者在年老、疾病或丧失劳动能力的时候，有获得物质帮助的权利"。并在 50 年代设立了盲人福利会和聋人福利会，国家还制定了一系列保障残疾人生活福利的政策。期间，建立了数以千计的福利工厂、特殊教育学校和福利事业单位，奠定了新中国残疾人运动事业的基础。

（四）立法阶段（1968～1981）

进入 20 世纪中叶，随着人权运动在世界范围迅速发展，残疾人反对歧视、争取平等权利的运动空前活跃，残疾人作为人类社会一部分的观点逐步确立。国际社会相继从立法上确立残疾人的地位和维护残疾人的根本利益，其标志是：残疾人立法作为专门的法律主体独立产生。国际残疾人运动有了新的突破发展，如 1969 年联大通过了《禁止一切无视残疾人的社会条件的决议》、1971 年联大通过了《弱智人权利宣言》、1975 年联大经社理事会通过了《残疾人权利宣言》，明确了残疾人的定义，规定了残疾人应享有的权利，促进各国在制订实施经济社会发展计划时，应考虑残疾人的需要。一些国家也颁布了保障残疾人的专门法律。

（五）成熟阶段（1981 年之后）

伴随着"和平与发展"的世界主流，生产力极大解放，经济进一步发展，现代化进程加快，各国相互进行着多边联系和交往。在残疾人世界，残疾人组织更加壮大，各国残疾人的交往和合作日渐增多，在联合国的作用下，国际残疾人运动进入到了一个崭新的时期和快速发展时期，形成了世界残疾人的工作体系和残疾人工作的共同行动。联合国确定 1981 年为"国际残疾人年"，1982 年 12 月 3 日联合国通过了《关于残疾人的世界行动纲领》，宣布 1983～1992 年为"联合国残疾人十年"，12 月 3 日为"世界残疾人日"，确立了"充分参与、同等机会、平等分享"社会生活的崇高目标。行动纲领的实施，是国际残疾人工作空前发展的一个重要里程碑。1983 年第 69 届国际劳工大会通过了具有约束力的《残疾人职业康复和就业公约》。1993 年 12 月，联大经联会通过了《残疾人机会均等标准规则》，其宗旨是确保残疾人作为公民，能够行使与其他人同样的权利和义务，并要求各国承担坚定的道义和政治责任，在残疾人机会均等方面采取行动。在组织上，联合国确定一名副秘书长和经社理事会下的社会发展委员会主管残疾人事务，设立了残疾人事务报告员，并在秘书处设立残疾人股。这一时期，残疾人运动的观念更新、目标明确、法律逐步完善，各国政府对残疾人工作力度加大，国际和国内残疾人运动组织机构和其他组织活动也相当活跃、规范。

这一时期也是我国残疾人事业发展的最好时期。在我国，开始了改革开放和建设有中国特色社会主义的新时期，党和国家重视发展残疾人事业，1982年修改后的《宪法》增加了"国家和社会帮助安排盲、聋、哑和其他有残疾的公民的劳动生活和教育"的条款，1984年成立了"中国残疾人福利基金会"，1986年成立了"联合国残疾人十年中国组委会"，1988年成立了"中国残疾人联合会"，同年国务院下发了《中国残疾人事业五年工作纲要》，1989年国务院批准了《关于发展特殊教育的若干意见》，1990年制定了《残疾人保障法》，随后国家相继制定了残疾人事业"八五"、"九五"、"十五"计划和有关残疾人康复、教育、就业、扶贫、生活保障、无障碍设施等政策法规，解决了数千万残疾人的康复、就业、教育、生活困难等问题。国际交流也空前活跃。特别是以江泽民同志为代表的党的第三代领导集体提出了崭新的残疾人观和指导方针，极大地促进了我国残疾人事业的发展，也为推动世界残疾人运动做出了积极贡献，受到国际社会赞扬，被联合国和有关国际组织授予"联合国残疾人十年特别奖"，邓朴方还获得了"联合国人权奖"，中国残联取得了联合国特别咨商地位。

四、我国残疾人体育运动的发展

（一）新中国成立以前的萌芽时期

中国残疾人教育与体育运动已有一百多年的历史。中国在19世纪后半期开始兴办特殊教育学校。1874年在北京建立了"启瞽明院"，这是中国建立的第一所盲校；1887年在山东省蓬莱县建立了"启喑学校"，这是我国第一所聋哑学校。

1949年新中国建立前夕，全国共有盲校、聋哑学校、盲聋哑学校42所，在校学生2 000余人。其中公立的盲校、聋哑学校共9所，其余均为私人或教会所办。这些学校带有慈善救济事业性质，学校的教育教学工作没有统一要求，学制和课程设置带有很大的随意性。

（二）新中国的起步阶段

我国因为人口基数大，是世界上残疾人数量最多的国家。残疾人体育是与新中国的社会福利事业同步发展的。早在新中国成立初期，我国就兴建了一大批社会福利单位，在沿海地区和内地经济发达城市办起了盲校、聋校等特殊教育学校和社会福利工厂，使得残疾儿童和有一定劳动能力的残疾人有了学习、就业的机会。在这些单位、工厂和学校开展了丰富多彩的体育活动和强身锻炼，同时也广泛开展了广播操、生产操、乒乓球、篮球、拔河等群众性体育活动。在残疾人疗养院和荣誉军人休养院里，体育运动作为康复手段发挥着越来越重要的作用，医务人员和体育康复师对残疾人施以适合的体育锻炼，促进了他们各种功能的恢复和发展。

从20世纪50年代起，我国就多次举办了残疾人体育竞赛活动。1957年在北京举办了全国首届聋哑人田径、乒乓球、游泳比赛，有16个省、市的60名运动员参加；1959年举行了首届全国聋哑人篮球赛，大部分省、市自治区派代表队参加了比赛；1980年，云南昆明聋哑人体育协会举办了聋哑人篮球邀请赛，有20多个单位的代表队参加；同年北京、天津、唐山、张家口4个城市的聋校代表队也在北京举行了田径友谊比赛。

1957年6月，上海还举办了全国青年盲人田径运动会，北京、上海、武汉、南昌、长沙、沈阳、南京、青岛8个城市派队参加了比赛。这些比赛在当时的社会背景下，不仅丰富了新中国的体育运动，而且为以后中国的残疾人体育运动奠定了基础。

（三）改革开放时期的形成阶段

改革开放以来，加快了残疾人体育的发展步伐，全国的残疾人体育比赛逐步增多。1983年10月，天津市体委、民政局、劳动局、红十字协会联合发起并举办了伤残人体育邀请赛，来自全国13个省、市、自治区的近200名盲人和截肢运动员参加了田径、游泳、乒乓球等项目的比赛。这是新中国成立以来我国举办的规模最大的一次残疾人运动会，为我国残疾人体育事业的发展奠定了基础。借这次伤残人体育邀请赛，国家体委、民政部、劳动人事部、教育部、卫生部、中国红十字协会、中国盲人聋哑人协会、全国总工会、共青团中央等九家部委在天津召开了全国伤残人体育工作者和运动员代表大会，于10月21日成立了中国伤残人体育协会，并发出了《关于积极地、有计划地开展伤残人体育活动的通知》。在随后短短的几年里，全国有27个省、市、自治区相继成立了残疾人体育协会，我国残疾人体育工作迈入一个有组织、有领导的新的历史时期。1984年10月，中华人民共和国第一届残疾人运动会在安徽合肥举行，全国29个省、市、自治区和香港地区1 500多名残疾人运动员、教练员、裁判员参加了本届运动会。1985年、1986年又分别成立了中国弱智人体育协会、中国聋人体育协会等全国性残疾人体育组织。1987年8月，中华人民共和国第二届残疾人运动会在河北唐山举行，全国29个省、市区及香港、澳门两个地区共32个代表团近千名运动员参加了比赛。我国残疾人体育逐步开始进入制度化、规模化的快速发展时期。

（四）90年代以后的发展阶段

随着我国的国民经济的发展和人民的生活水平的提高，残疾人事业也有了更大的发展。1990年12月第七届全国人民代表大会常务委员会第十七次会议通过，并于1991年5月15日实施了《中华人民共和国残疾人保障法》，以法律的形式确立了残疾人的合法权利和义务。残疾人体育不仅仅是我国残疾人事业的一个组成部分，而且是衡量我国物质文明和精神文明发展的一个重要标志。在党和政府的亲切关怀下，在社会各界的热情支持下，经过广大残疾人工作者、体育工作者的积极参与和共同努力，我国的残疾人体育工作取得了历史性的发展。

1. 蓬勃发展的残疾人群众性体育运动

全国各省、自治区、直辖市残联及残疾人体育协会积极开展残疾人体育活动，组织各级残疾人体育业务培训班近300个，万余人次接受了培训，同时组织举办各类残疾人运动会。全国参加地、市、县级举办的残疾人运动会和选拔赛的业余运动员累计已达到20余万人次，经常参加体育锻炼的已超过1 000万人次；各级体校培训残疾人体育人才，逐步形成了残疾人体育业余训练队伍；有近百名高水平教练员、裁判员参与残疾人体育训练、竞赛组织工作；北京体育大学、上海体育学院、天津体育学院等部分体育院校先后设置了残疾人体育选修科目及体育保健康复、体育运动专业。

一些大、中城市及企业成立了残疾人体育组织或以残疾人体协为依托的轮椅篮球队、举重队、轮椅竞速队、轮椅网球队、坐式排球队等，开展了形式多样的交流和比赛。在城市街道社区、农村乡镇因地制宜，开展了简便易行的田径、游泳、自行车、举重、乒乓球等健身活动。特教学校校园体育日趋活跃，开展了盲人定向、田径、乒乓球、门球和聋人航模等有特色的体育项目，积极探索了有益于开发智残儿童潜能的体育、娱乐项目。每年各特教学校之间有组织、有计划地开展体育比赛，提高他们的运动技术水平，锻炼身体、增进健康、鼓舞生活的勇气和信心。

2. 日趋完善的残疾人体育赛事

第一届全国残疾人运动会于1984年10月7日至14日，在安徽省合肥市隆重举行，来自全国29个省、自治区、直辖市和香港地区的30个代表团，500多名运动员、教练员、裁判员参加了这届运动会。这是我国体育史上的一件大事，是对新中国成立以来我国残疾人运动水平的一次大检阅。运动会设田径、游泳、乒乓球三个大项和轮椅篮球表演赛。

第二届全国残疾人运动会于1987年8月23日至9月1日在河北省唐山市举行。这届运动会是我国残疾人体育史上的一座里程碑。有29个省、自治区、直辖市和港、澳地区共32个代表团参赛，900名运动员在田径、游泳、轮椅篮球、乒乓球4个大项中，共打破6项世界纪录，刷新197项全国纪录。

标志着我国残疾人体育运动水平达到了一个新的高度。

第三届全国残疾人运动会于1992年3月18日至23日在广东省广州市举行。其参赛人数之多、参与面之广、运动成绩之佳均史无前例，运动会开得精彩、圆满、成功。这届盛会也是《中华人民共和国残疾人保障法》颁布实施后举办的第一次全国残疾人大型运动会。全国30个省、自治区、直辖市和港、澳地区以及承办城市广州的共33个代表团，1 153名运动员在"平等、参与、自强、奋进"的宗旨下，在田径、游泳、乒乓球、轮椅篮球、射击、举重6个大项的角逐中，取得优异成绩，20人42次超27项世界纪录，136人238次超全国纪录。

第四届全国残疾人运动会于1996年5月10日至15日在辽宁省大连市举行。全国30个省、自治区、直辖市和中华台北、港、澳地区以及承办城市大连共34个代表团约1 200多名运动员参加了田径、游泳、举重、射击、乒乓球、轮椅篮球、盲人门球、盲人柔道8个大项的角逐。江泽民主席为本届运动会题词："平等、参与、自强、共进"。这也是在《中国残疾人事业"九五"计划纲要》、《全民健身计划纲要》、《奥运争光计划纲要》以及《体育法》颁布实施后举行的一次残疾人体育盛会。国务院委员李铁映、彭云同志担任本届运动会名誉主席。本届运动会取得了很好的成绩，为中国残疾人体育代表团参加在美国亚特兰大举行的第十届残奥会做了全面的准备。

第五届全国残疾人运动会于2000年5月6日至14日在上海举行。全国31个省、自治区、直辖市和新疆生产建设兵团、以及香港、澳门特别行政区共34个代表团的1 800多名运动员参加了田径、游泳、乒乓球、射击、举重、羽毛球、盲人柔道、轮椅网球、盲人门球、轮椅篮球、坐式排球11个大项的比赛，比赛项目比上届增加3项，参赛运动员比上届增加600人，其中智力残疾运动员首次参加残运会。本届残运会，为中国参加2000年10月在悉尼举行的第十一届残奥会做了全面的准备。

第六届全国残疾人运动会于2003年9月16日在南京开幕，9月17日至23日在江苏省南京、常州、扬州三市进行了比赛。这是全国残运会第一次由一个省承办、不在同一城市举行。本届残运会作为新世纪首次残疾人综合性体育盛会，充分体现了"平等、参与、共享"的主题。来自全国各省、市、自治区和香港、澳门特别行政区、新疆生产建设兵团的35个代表团参加了比赛。共设田径、游泳、举重、射击、射箭、乒乓球、羽毛球、自行车、盲人柔道、盲人门球、坐式排球、轮椅网球、篮球（轮椅、聋人）、轮椅击剑14个比赛项目，有2 229名残疾人运动员参加，与会总人数超过7 000人，参赛运动员总数、与会人员总数和比赛设项数均创全国残运会新纪录。在全部比赛中，共有 79 人超 95 项世界纪录，3 人平 3 项世界纪录，260 人破 447 项全国纪录。

3. 走向世界的中国残疾人体育

中国残疾人体育协会已相继加入了国际残疾人奥林匹克委员会（IPC）、国际残疾人体育组织（ISOD）、国际盲人体育协会（IBSA）、国际脑瘫人体育协会（CP-ISRA）、世界聋人体育联合会（CISS）、国际轮椅运动联合会（ISMWSF）、国际特殊奥林匹克委员会（SOI）、远东及南太平洋地区残疾人运动会联合会（FESPIC）等。

1984 年，美国纽约残奥会，拉开了我国参加残奥会的序幕。在过去的 7 届残奥会中我国先后有 747 名残疾运动员出征残奥赛场，为祖国夺得 232 枚金牌、188 枚银牌和 137 枚铜牌。

第七届残奥会（1984 年 6 月）：由 24 名残疾人运动员组成的中国代表队首次参加在美国纽约纳索县举办的第七届残奥会。北京盲人平亚丽获 B2 级别的跳远金牌，实现了中国残奥会历史上"零的突破"。此次残奥会我国共获 2 金 13 银 9 铜，9 人打破世界纪录。

第八届残奥会（1988 年 10 月）：由 43 名残疾人运动员组成的中国代表队参加了在韩国汉城举办的第八届残奥会，参加了 4 项（田径、游泳、乒乓球、射击）比赛，获 17 金 17 银 10 铜，有 11 人打破 9 项世界纪录。

第九届残奥会（1992 年 9 月）在西班牙巴塞罗那举行。我国有 34 名运动员参加，获 11 金 7 银 7 铜，金牌数居第 11 位，奖牌数居第 18 位，有 8 人 14 次打破 7 项世界纪录，11 人 21 次打破残奥会纪录。

第十届残奥会（1996 年 8 月）在美国亚特兰大举行。我国有 37 名运动员参加，获 16 金 13 银 10 铜，金牌总数居第 9 位，首次跻身十强，有 10 人 16 次打破 11 项世界纪录。

第十一届残奥会（2000 年 10 月）在澳大利亚悉尼举行。我国由 122 人组成代表团，获 34 金 22 银 16 铜，金牌榜第 6 位；有 15 人 25 次创 15 项世界纪录，书写了中国残奥史上最辉煌的一页。

第十二届残奥会（2004 年 9 月）在希腊雅典举行。中国体育代表团的 200 名残疾人运动员不畏强手，顽强拼搏，在所参加的 11 个大项、284 个小项的比赛中，共获得金牌 63 枚、银牌 46 枚、铜牌 32 枚，奖牌总数 141 枚。金牌总数和奖牌总数在 136 个参赛国家和地区中双双名列首位。

第十三届北京残奥会（2008 年 9 月）中国残奥代表团 547 名成员第七次挥汗赛场，获 89 金 70 银 52 铜，超出第二名英国多达 47 枚金牌。

总之，残疾人事业的发展水平，是社会文明、进步的标志之一。残疾人体育运动重在参与，残疾人参与得越多，越能显示这项体育运动的意义。残疾人运动员经历了更多的人生磨难，对人生意义有深刻的领悟。我国残疾人运动员珍视、热爱生活，热爱祖国，以生命的创造力为祖国赢得荣誉。这不仅是一场技能与体能的角逐，而且是向生命的潜能挑战。在中国残疾人这个数目庞大的群体中，蕴藏着巨大的能量，一旦释放出来，就是巨大的社会财富。

第二节　残疾人体育的功能与意义

残疾人体育是随着社会的发展而逐步发展起来的，对残疾人体育功能的认识经历了一个由简单到复杂、由低级到高级的过程。最初，人们对残疾人体育功能的认识还仅限于它的康复功能，而且残疾人体育的诞生也直接源于其独特的康复功能。第二次世界大战期间，在欧洲出现了伤残士兵康复活动小组，体育手段对伤残士兵的康复起着积极作用。于是在欧洲引起了一次医学革命——第三医学——康复医学的诞生，而这又推动了残疾人体育的发展。

残疾人体育作为一种社会文化现象，之所以能从无到有，并随着人类社会的发展而不断发展壮大，并对当今世界产生越来越广泛的影响，皆因它具有满足人和社会发展需要的实际效用。这种实际效用就是残疾人体育的功能。它不仅是残疾人体育存在的社会前提，也是残疾人体育发展的根本动力。从某种意义上说，人们对残疾人体育功能的价值取向决定着一个国家、地区甚至世界残疾人体育发展模式、发展方向和对策措施，因此，认识残疾人体育对社会发展、人类生活的重要价值，从而更有效、更自觉地发挥残疾人体育的功能，对于完善和丰富残疾体育理论体系、促进残疾体育事业的发展有着重要的理论和实践意义。

所谓功能是指系统与外部环境相互作用时，系统表现出来的外部规定性。残疾人体育系统是人类社会的组成部分，相对独立于社会其他系统，并与其他系统相互作用，表现出相对特殊的社会作用和效能，这种社会作用和效能即残疾人体育的功能。简而言之，残疾人体育的功能就是残疾人体育系统所具有的作用行为、能力和功效等。我国体育理论界对体育功能的提法尚不一致，有的学者主张用体育的生理功能、心理功能和社会功能来分类；有的主张从体育的多功能出发，将之分为健身功能、娱乐功能、促进个体社会化功能、教育功能和经济功能；还有的建议大致分为生物效能和社会效能。目前较为权威和普遍的观点是把体育的功能分为本质功能和非本质功能。

一、残疾人体育的功能

（一）本质功能

残疾人体育的本质功能是指残疾人体育这一社会现象本身所固有的功能，它不是人为的，也不是以人的意志为转移的客观存在。具体包括：

1. 残疾人体育的教育功能

教育功能是体育也是残疾人体育最本质的功能。从原始社会出现体育的萌芽时期起，体育一直是作为教育手段之一流传下来。我国周代制定了较完整的教育制度"六艺"，其中的"射"、"御"均含有体育教育的成分。现代奥林匹克之父顾拜旦提出："如果离开了教育，奥林匹克将毫无价值。"《体育运动国际宪章》明确指出："体育运动并不局限于人体的幸福与健康，还有助于人的充分和平衡的发展。"因此，要"寻求把体育运动与文化和教育融合起来，创造一种在努力中求欢乐、发挥良好榜样的教育价值并尊重基本公德原则为基础的生活方式"。体育活动具有深刻的思想内涵，积极参加体育运动，身心将得到健康发展，通过体育观念排斥和抵制不良的社会风气；通过竞赛，培养奋发向上、拼搏进取、胜不骄败不馁、为集体荣誉而战的良好道德风尚。残疾人运动员通过复杂动作的练习，可以克服来自生理、心理等各种阻力的困难，从而表现出刻苦、勇敢、顽强、坚毅的意志，是提高人的思想品德素养的有效途径，对整个社会的教育作用十分广泛和深刻。

2. 残疾人体育的健身康复功能

康复功能是残疾人体育最直接的作用。体育是促进身体发展，增强体质的最有效的手段。它是以身体练习为基本手段，通过各种单一的或组合的肌肉活动方法，来有效促进人体的发育，增强身体各部分的肌肉力量，发展速度、耐力、灵敏、柔韧身体素质；通过长期系统地科学锻炼，来不断改善人体运动系统、呼吸系统、心血管系统和神经系统等机能水平，提高人体对自然环境的适应能力、耐受能力和免疫能力。对残疾人而言，通过参加体育锻炼，可以有效地改进各器官、系统的功能，提高机体的能力，最大限度地弥补因为残疾所带给他们的困难。特别是青少年时期身体发展的可塑性很大，即使是残疾部位也不能说完全定型，而潜伏着转化的可能。"用进废退"，进行合理的功能锻炼，加以避免残疾人部分的肌肉萎缩和神经坏死，使他们的机体重新获得改善和发展。"生命在于运动"可以说是对体育健身功能的最充分的肯定。

3. 残疾人体育的价值补偿功能

价值补偿功能是残疾人体育特有的功能，也是残疾人体育区别于其他体育形式明显的标志之一。从残疾人体育诞生的那刻起，价值补偿功能就作为最基本的功能发挥着巨大的作用，这是因为人体是一个整体，各部位、各系统之间有着相辅相成的联系，即便是个别肢体功能难以恢复，通过加强其他相关部位的功能，也可以使自身得到部分补偿，从而提高身体的活动能力。比如视力残疾者，通过盲人门球或盲人乒乓球的练习，可以提高听力功能；下肢残疾者，通过轮椅网球、轮椅乒乓球等活动，可以有效地提高上肢的活动能力。随着社会的发展、科技的进步和人们对残疾人体育认识的不断深入，残疾人体育的价值补偿功能也逐步从单一性向多面性发展、从局部向整体发展、从体能向智能发展。

4. 残疾人体育的娱乐功能

娱乐是指使人快乐的活动。残疾人体育的根本目的不在于比赛，因而它常常是融游戏性、竞赛性、艺术性和娱乐性于一体，特有的娱乐功能十分明显。通过参加或观看那些自己喜爱的运动项目，可达到松弛神经、调节心理、愉悦身心的作用。

（二）非本质功能

残疾人体育的非本质功能是一种人为的、利用残疾人体育手段所达到的目的。包括以下一些功能：

1. 残疾人体育的政治功能

体育的政治功能表现在振奋民族精神，争取祖国荣誉，促进本国兄弟民族间的团结，增强民族凝聚力等，其影响已远远超出了体育本身的范畴。历史和现实告诉我们，体育不可能脱离政治，残疾人体育也同样不可能与政治无关。

2. 残疾人体育的科技功能

现代残疾人体育与科技的联系日益紧密，二者相互依存、相互促进。有人把体育称为"现代科学技术的橱窗"，也有人认为"奥林匹克运动场上的竞争实质上是各国科学技术的竞争"。而残疾人体育更是集中体现了现代科学技术的成就。残疾人体育在许多方面可以说是现代科技的产物。在运动服装、运动器械、训练方法、竞赛场地、运动营养等方面都与科技密切相关。可以说没有科技的发展，就不可能有今天的残疾人体育，而残疾人体育反过来又促进了运动科技的发展，如人体科学、卫生保健、安全防护、新材料等，如果没有残疾人体育的推动，也无法达到今天的发展水平。

3. 残疾人体育的促进个体社会化功能

残疾人由于在行动和生活上与健全人之间存在着明显的差异以及社会上个别人对残疾人的误解和歧视，造成了残疾人与社会在某种程度上的隔离。通过参加体育活动既可以增加与其他残疾人之间的接触，也可以加强与健全人之间的联系，扩大生活的视野，为生活注入更多的活力。同时，通过自己亲身的体育实践，可以向社会展示自己生命的顽强活力，显示自己克服身体和精神残疾的决心和勇气，赢得社会的尊重、理解和支持，从而有助于打破与社会生活之间的屏障，帮助他们积极投身于社会生活中去。

4. 残疾人体育的社会教化功能

对残疾人的认识是反映人类文明程度的一面镜子，而残疾人体育的历史就是一部与世俗抗争、以自己光辉的业绩对社会进行教化的历史。残疾人体育的社会教化功能是双向的：一方面，残疾人体育本身就是社会文明的产物，是社会文明的标志；另一方面，它又反过来极大地促进了社会文明的发展。如果说健全人体育也具有一定的社会教育意义，那么与之相比，残疾人体育的社会教育意义可以说更深刻、更感人、更具有震撼力。残疾人由于肢体、精神或智力的残疾使他们与健全人相比处于弱者的地位，因而他们在体育活动中取得的每一点成绩和进步都付出了比健全人多不知多少倍的努力。

5. 残疾人体育的完善人格功能

残疾人由于本身就是生活的弱者，若不能克服自身的弱点，塑造完善的人格，则很难在社会上立足。而残疾人体育可以将这一体质、意志、精神的教育有机地融为一体，使残疾人走上身心健康发展的道路。残疾人参加体育活动，不仅仅是比赛运动技术，可以说，残疾人体育是超越极限、超越自我，通过意志、技能、体能的较量，向生命潜能的挑战。它对残疾人的作用决非是单一的，而是融合了体质、意志、品质、精神等现代人所需要的各种素质，因而是培养完善人格的绝佳途径。

二、残疾人体育的意义

中国残联主席、"联合国人权奖"获得者邓朴方说："残疾人体育运动从一开始，就具有特殊意义。它超越缺陷，通过意志、技能、体能的较量，向生命的潜能挑战，展示人的创造力和价值。同时促进康复，陶冶情操，增强生活信心和勇气，推动平等参与。"邓朴方的这段讲话是对残疾人体育的重要意义所作的深入浅出的精辟论述。

(一) 促进残疾人身心健康发展，增强自信、融入社会

残疾人由于生理缺陷和机能障碍，给生活、学习和工作带来许多困难，与正常人比较，他们在社会生活中往往处于弱者地位。这种不公正的现实往往使残疾人产生自卑感和焦虑心情，容易对生活丧失信心和勇气。

残疾人虽然是人类社会中的不幸者，但是他们也是我们人类大家庭中的一部分，应当与正常人一样享有生活的幸福、学习和工作的乐趣以及社会主义祖国经济文化发展的成果。这一方面依靠社会为残疾人提供良好的环境与

条件，另一方面主要依靠残疾人本身的努力与奋斗。通过残疾人自己积极参与各种社会活动来实现，参加体育活动就是一种积极有效的途径。

体育活动是现代社会生活的重要内容之一，是人们娱乐、健身、交往的一种手段；竞技体育又可以充分挖掘和显示人的体能、智能与意志。残疾人参加体育活动，不论是戴上假肢或者是乘坐轮椅进行活动，都可以感到生活是美好的、愉快的，也可以自豪地感到自己能像正常人一样参加体育活动，更能够对自己的进步与成功而感到惊异和振奋。由此可以让自己回归到人类社会大家庭之中，并产生巨大的生活的勇气和积极性，从而更好地认识自我、肯定自我、战胜自我。

（二）富有感染力，激励健全人

残疾人体育与健全人体育相比，从某种意义上讲，它的社会教育意义更深刻、更感人、更具有震撼力。残疾人由于肢体、精神或智力残疾使他们与健全人相比处于弱势地位，他们在体育活动中取得的每一点成绩和进步要付出比健全人更多的努力。残疾人参加体育比赛活动，比的不仅是单纯的比赛运动技术和战术，更重要的是通过意志、技能、体能的较量，向生命潜能挑战。残疾人运动员取得的成绩，是用汗水、鲜血和生命战胜困难的凯歌。许多观众在观看残疾人体育比赛后激动地说，健全人比赛震撼了我们的心灵，而残疾人体育比赛则震撼了我们心灵的内核。

（三）为国争光，展现中华民族不屈的灵魂

残疾人体育和健全人体育一样，所产生的影响已远远超出了体育本身的范畴，在为国争光的平台上发挥着重要作用。残疾人运动员以自己强烈的爱国主义、自强不息和无私奉献的精神，在国际赛场上，奋勇拼搏，摘金夺银，为祖国赢得了荣誉，给中国8 000多万残疾人塑造了一个坚韧不拔、超越自我的形象。正如在第九届国际残奥会上荣获金牌的残疾人运动员孙长亭所说："健全人为祖国夺金牌、升国旗、奏国歌，代表中国；我们残疾人和健全人一样，夺得金牌之后，照样升国旗、奏国歌，我们残疾人也代表中国。"

2003年8月24日，双腿重度残疾的大连青年谢延红，历经16小时44分钟的顽强拼搏，成功横渡位于英法两国之间的英吉利海峡，横渡直线距离32公里，成为世界上第一位成功横渡英吉利海峡的残疾人。有资料记载，自1875年以来，已经有6 000多人尝试横渡英吉利海峡，成功者仅有800多人，成功率为13%。而谢延红作为一位重度残疾人，他挑战人生极限，成为了这13%中的一个。谢延红曾在2002年6月4日用了10小时26分就成功横渡琼州海峡，成为世界上第一个横渡琼州海峡的残疾人。谢延红在横渡时总是默默地鼓励自己："只要我不断气，只要心脏还在跳，我就要游下去！"

横渡英吉利海峡前，在接受英国记者采访时，谢延红抒发了心中的豪情："其实，人生就是一个不断战胜风浪、挑战自我的漫长游程。我只想用横渡的行动证明，正常人能做的事，残疾人照样能做！肢体的残缺与完整我无法选择，但我可以选择壮丽的人生境界！"

第三节　特殊奥林匹克运动

特殊奥林匹克运动，简称"特奥运动"，是智障人士在正常人组织、引导下，力所能及地参加的体育运动，旨在使智障人士增强体能开发智能，提高社交活动能力，从而促进其生理和心理的康复，为他们平等参与社会生活创造条件和机会。特奥运动是一项特殊的体育事业，更是一项造福于智障人士这一特殊社会群体的社会福利事业，被国际社会公认为是社会文明进步的重要标志之一。

一、特殊奥林匹克运动的起源

1963 年 6 月，特奥运动创始人，美国前总统约翰·肯尼迪的妹妹尤尼斯·肯尼迪·施莱佛女士在她的家乡开始为一些智障儿童和成年人举办夏季露营活动，通过各种体育活动和身体锻炼开发他们的潜能。

1968 年 7 月 20 日，施莱佛女士于美国伊利诺伊州芝加哥市的士兵广场举办了首届世界特殊奥林匹克运动会。有来自美国 26 个州和加拿大的 1 000 名运动员参加田径、游泳、曲棍球的比赛。

1971 年 12 月，美国奥委会正式允许国际特奥会作为它所认可的组织，可以使用"奥林匹克"的称呼。直到 1988 年 2 月，国际奥委会正式承认和接纳了"特奥"。国际特奥会是唯一得到国际奥委会授权，在世界范围内使用奥林匹克标志的组织。

二、特殊奥林匹克运动的意义

特奥运动的目标是通过为全球 1.7 亿多名智障人士提供参与运动的机会，提高他们的生活质量，使智障人士有机会成为对社会有用，被社会认可和尊重的公民；同时积极致力于人们对智障人士的认可，让漠视与排斥变为包容与支持，让全社会理解和接纳他们。

无论运动员能力高低、年龄大小，参加特奥运动给智力障碍人士将带来明显的好处。

身体方面：可提高协调能力、耐力，改善心血管系统机能。

精神方面：对竞赛规则知识的学习及对比赛中技、战术的研究，将培养运动员的自尊、自信和自豪感。

社会方面：通过在比赛中和正常人、同伴通力合作，相互激励，在不同地方旅行和学习中培养兴趣，增加家庭荣誉感，提高对社会的认识程度，为社会所接受和认可；可获得丰富有益的生活，在学习、工作、家庭和社会生活等方面提高技能，建立自信，提高领导才能。通过参加特奥运动，智障人士可以增强身体机能、动作技能、自尊及自信，培养友谊以及得到家庭成员的支持。特奥运动员将这些益处带入他们的日常生活、工作、学习和社区活动中，家庭成员可以变得更加紧密，社区志愿者可以和运动员成为好朋友，每个人都可以看到智障人士的价值。

三、我国特奥运动的发展

我国的特奥运动源于特殊教育。在我国，特殊教育已有近五十年的历程。1958 年在北京西城第二聋哑学校内开设了第一个弱智教育辅读班，其开展的活动是我国智力残疾人体育活动的萌芽。改革开放之前，我国特奥运动的开展是自发的、零星的、局部的、不系统的，没有为社会所重视。改革开放以后，1985 年 6 月 17 日中国特奥会的前身弱智人体育协会成立，7 月 6 日加入国际特奥会组织，我国成为国际特奥会的成员国。1985 年 11 月国际特奥会主席萨金特·施莱佛先生率团访华并参观了西城培智中心学校，由此特奥圣火在我国点燃。同年年底，我国选派了首批特奥工作者赴香港地区参加特奥知识和教练员培训。1987 年 3 月，国际特奥会在我国深圳举行了第一个特奥高级讲师及足球教练员培训班，首届全国特奥会也在深圳举办。同年，我国首次组团参加了第七届世界夏季特奥运动会。

2005 年 5 月国际特奥会在墨西哥举行董事会会议，中国特奥会主席王智钧在会议上介绍了中国特奥运动的开展情况和 50 万特奥运动员发展目标的完成情况，受到与会者的广泛赞誉。截至 2005 年年底，全国共有 28 个省、市、自治区建立了特奥会；共培养特奥运动员 53 万，圆满完成了"中国残疾人事业十五计划纲要"的目标。我国的特奥运动走出了一条适合国情的发展道路。

本 章 小 结

残疾人体育是残疾人事业不可缺少的重要组成部分，随着社会、经济的发展，国际残疾人体育的发展逐步走向成熟，我国在改革开放以后残疾人体育事业发展迅速，无论是在残疾人竞技体育上还是在残疾人群众性体育上都有很大的突破。残疾人体育具有独特的魅力、深远的励志意义和特殊的功能，残疾人体育事业将会始终伴随着人类社会的进步与发展。

>>> 思考题

1. 国内外残疾人体育运动的发展情况。
2. 残疾人体育有何功能？
3. 发展残疾人体育事业有何意义？

第二章　残疾人体育健身锻炼

本章概述、学习目标

　　随着社会的进步、生活质量的提高，残疾人健身锻炼越来越被社会各界重视，本章介绍了健身锻炼对残疾人的作用；残疾人健身锻炼方法与目标的确立；各类残疾人的健身锻炼方法及中国传统体育对残疾人健身锻炼的影响。

1. 了解健身锻炼对残疾人的作用和各类残疾人的健身锻炼方法。
2. 掌握如何指导残疾人进行健身锻炼。
3. 了解中国传统体育对残疾人健身锻炼的影响。

第一节　健身锻炼对残疾人的作用

　　众所周知，生命在于运动。对于已有身体功能障碍的人来讲，运动锻炼尤其重要，因为，运动是健康的基础，也是康复的有效手段。如果经常参加运动锻炼，可以从中获得许多益处。

一、健身锻炼可以促进身体健康，增强体质，补偿功能

　　肢体患病的人，由于部分肢体或全部肢体受到损伤，如果基本上或完全停止了体育锻炼，而其日常生活中的体力活动也大大减少，就会使得他们的运动器官及其相连的其他器官、各个系统的功能也相应下降。这不仅表现在速度、灵敏、耐力等素质方面，而且也反映在内脏机能上。由于机能和功能的下降，又进一步限制了人进行体力活动和体育活动的可能性。在这种恶性循环的影响下，残疾人的体质和健康状况比正常人有明显的差别，情绪低落，更不利于正常生活和交往。

　　我们常常看到，一些能经常系统的参加体育锻炼的残疾人，通过经常性地锻炼，有效的改善了各器官、各系统的功能，提高了机体的能力，最大限度的弥补了因为残疾所带给他们的困难。特别是在青少年时期，身体发展的可塑性很大，即使是残疾部位也不能说完全定型，仍潜伏着转化的可能性。进行合理的功能锻炼，不仅避免了残疾部分的肌肉萎缩和神经坏死，而且他

们的机体重新获得改善与发展，即使是难以恢复的肢体功能。由于人体是一个整体，各部位、各系统之间具有相辅相成的作用，其他部位的功能增强了，自身也能得到部分代偿。

二、能促进心理康复、克服自卑、树立信心、走出封闭、融入社会

积极的体育锻炼，可以提高人奋发向上的勇气，扬起生活的风帆。可以说，残疾人参加体育活动是接触社会非常有效的途径，各种形式的体育活动为残疾人与现实世界之间架起了桥梁，使他们能与社会广泛接触，参加集体活动，养成时间观念，感受到个人在社会中的价值和地位，获得满足感和自尊感，治愈因残疾所带来的精神创伤。开展残疾人体育活动，是一项药物治疗也难以比拟的康复手段。

三、残疾人体育可以展示残疾人的潜能，进而感染社会

残疾人在运动场上参加运动竞赛，不仅仅是比赛运动技能，可以说，残疾人体育是超越缺陷，通过意志、技能、体能的较量，向生命潜能的挑战。它展示了人的创造力和价值，它使人们陶冶了情操，增强了生活的信心和勇气。不论是在世界其他国家还是在我国，残疾人体育竞赛都以其不畏艰难、百折不挠、乐观进取、顽强拼搏的精神和对人生的深刻理解即人道主义的深邃内涵为世人瞩目。它不仅有激烈的竞争性，而且有很强的感染力，给观众以体育之外的深刻启迪。

综上所述，残疾人积极参加体育锻炼，不仅能够增强体质，改善和增强残缺肢体的功能，而且增添了生活情趣、陶冶了情操、促进了身心健康、扩大了生活领域。残疾人参加体育锻炼是他们与社会交往的有利手段，是一项非常有意义的社会活动。

第二节　残疾人运动处方

一、运动处方的基本概念和种类

1. 运动处方的概念　康复医师或治疗师对从事体育锻炼者或患者，根据医学检查资料（包括运动试验和体力测验），按其年龄、健康情况和心血管功能状况，用处方的形式规定了运动种类、运动强度、运动时间及运动次数，指出运动中的注意事项，以达到健身和康复的目的。它是指导人们有目的、有计划、科学安全地运动的一种重要方法。这里主要介绍有氧运动的运动处方。

2. 运动处方的种类

（1）治疗性运动处方：以治疗疾病和功能障碍为主要目的，针对伤病残者的运动处方。

（2）预防保健性运动处方：以强壮身体、预防疾病、提高健康水平为主要目的，主要针对中老年人和体弱者的运动处方。

（3）健身、健美运动处方：以提高身体素质、提高运动能力和水平为目的，针对健康人的运动处方。

二、制定运动处方的基本原则

1. 因人而异的原则　要根据每一个参加运动的人的具体情况，制定符合个人身体条件及康复要求的运动处方。不同人员、不同疾病、同一疾病的不同时期、同一个人在不同功能状态下等情况，运动处方都应该不同。

2. 有效的原则　运动处方的制定和实施应使参加运动的人的功能状态有所改善。在制定运动处方时，要科学、合理地安排各项内容；在运动处方的实施过程中，要按质按量认真完成每个运动项目。

3. 安全的原则　按运动处方进行运动，应保证在安全范围内进行，避免引起运动损伤及其他器官、系统的损害。

4. 全面的原则　运动处方应遵循全面身心健康的原则，既注意局部器官的功能状态的提高，又要注意全身体力的改善，注意维持人体生理和心理的平衡，达到全面健康的目的。

三、运动处方的基本内容

1. 运动目的　改善心肺功能、提高体力、强身保健、减肥健美等。

2. 运动项目

（1）有氧运动：健身、改善心血管代谢机能，防治运动缺乏导致的疾病，如代谢性疾病等。

（2）力量性训练：增强肌肉力量的训练。

（3）放松性项目：缓解神经系统的紧张，以放松精神和躯体，消除疲劳。

（4）矫正训练。

3. 运动强度　是指单位时间内的运动量。运动强度是运动处方中最重要的部分，直接关系到运动训练的安全性和有效性。

（1）有氧运动的运动强度：①最大耗氧量的百分数：对一般健康者而言，$60\% \sim 80\%$ VO2max 是合适的运动强度，可以提高身体的功能储量，开始健康水平越高，要求的运动强度越大。对于心肺功能障碍者、患有慢性疾病者或老年人，应根据个体情况，一般取 $50\% \sim 70\%$ VO2 max，起始的时候可以更低。②代谢当量（METs）：代谢当量指运动时的代谢率对安静时代谢率的倍数。1 MET 指每公斤体重从事 1 min 活动消耗 3.5 ml 的氧对应的运动强度（1MET＝3.5 ml. kg-1. min^{-1}）。③心率（Heart Rate，HR）：由于心率与耗氧量呈线性关系，且心率容易测得，所以经常作为运动强度指标。一般健康者经常用（70％～85％）HRmax 的运动强度（相当于 60％～80％VO2max），HRmax 为最大心率＝220－年龄。对于患者，HRmax 最好由运动试验测得运动强度的靶心率（Target Heart Rate，THR）一般取（60％～70％）HRmax 或更低。

（2）增强肌力训练的运动量：①参加运动的肌群大小：大肌群运动量大，小肌群运动量小。②运动时用力程度：与对抗阻力的大小有关，对抗的阻力越大，运动量越大，反之亦然。③运动节奏：自然轻松的运动时运动量小，过快或过慢的运动其运动量大。④运动的重复次数：次数越多运动量越大。⑤运动时的姿势和位置：不同的姿势、位置对维持姿势和克服阻力的要求不同，运动量也不同。⑥力量练习的运动强度以局部肌肉的反应为准。⑦等长训练时，运动量以所抗阻力和持续时间决定。等张训练以所抗阻力和运动次数决定，大阻力、少重复，主要增强肌肉的力量；小阻力、多重复，主要增强肌肉的耐力。

4. 运动时间

（1）有氧运动的运动时间：一般需持续 20～40 min，其中达到靶心率的时间不少于 15 min。

（2）力量训练的运动时间：应遵循运动项目的要求。

5. 运动频率

（1）有氧运动的频率：每周 3～4 次，即隔天锻炼 1 次的运动效率较高。小运动量的运动可以每天进行。

（2）力量性运动的频率：根据运动项目的特点，每天或隔天 1 次。

6. 注意事项

（1）有氧运动的注意事项：①运动处方中有针对性提出运动的禁忌症，如：不稳定的心力衰竭和严重心功能障碍；急性心包炎、心肌炎、心内膜炎；严重的心率失常；不稳定心绞痛，心肌梗死后的不稳定期；严重高血压；不稳定的血管梗塞性疾病等。②停止运动的指标：患者运动中出现下列情况应马上停止运动，立即就医。运动中出现胸痛、头昏、恶心、出冷汗、呼吸困难等症状；运动后出现胸痛、心绞痛发作频繁或原有病情加重；运动中发生肌肉、关节、韧带扭伤等情况。③要用 3～5 天时间逐步达到运动强度。④运动过程中出现其他疾病，应暂停运动，前去就医。⑤运动后不能马上进行热水浴。⑥避免全力以赴的运动。⑦定期复查，调整运动量。⑧运动前要有充分的准备活动，运动后有整理活动。⑨运动治疗要与其他治疗相结合。如：糖尿病患者的运动疗法应与药物治疗和饮食控制相结合。

（2）力量性训练的注意事项：①力量训练不应引起明显疼痛；②训练前有准备活动，训练后有整理活动；③运动中保持正确的身体姿势；④必要时，他人给予保护和帮助。

第三节　残疾人健身锻炼方法与目标的确定

一、开始锻炼的必要准备

残疾人从事适宜的运动锻炼对身心的恢复是有益无害的，但就个人来讲，在决定进行体育锻炼之前，还是要对自己的身体状况有一个基本的了解，咨询一下医生或健身指导员，如果有条件，还应当做一些检查。医学检查是个好的方法，其目的是根据我们的健康状况和残疾状况判断能否进行锻炼。一般情况下，伤残状况稳定后是可以参加健身锻炼的，但如果身体还有其他疾病，如冠心病、癌症、高血压、糖尿病等，在急性期是绝对禁止运动的。也可以做包括血压、体温、脉搏等临床检查。经过上述诊断，医生即可决定是否可以从事运动锻炼。

二、根据自己的需要确定锻炼目标

从事运动的人，其目的因人而异，有人为了身体健康而运动，有人为了娱乐消遣而运动，有人为了减肥健美而运动，而相当一部分残疾人是为了提高生活能力和生活质量而进行体育锻炼。我们讲的健身运动是指以促进人的健康和增强体质，包括残疾人健身和提高生活能力为目的而进行的锻炼。在以增进健康、增强体质为目的的运动锻炼中，也还有不同的情况，如有人为了提高全身耐力水平（有氧运动能力）而锻炼，有人为了减肥而锻炼，有人为治疗糖尿病、关节炎等疾病而锻炼，这都属于确定身体锻炼的范畴。

在多个锻炼目标中，应以提高人的耐力水平（心血管机能）为主。在确定目标时，要注意是为了健身而进行运动锻炼，不可无止境地追求运动技能和运动能力的高水平，这一点与健全人运动员的目的明显不同。健身锻炼中的运动项目是为了增强体质而选用的，因此要量力而行，要避免选用高难度、大负荷的竞技运动项目。运动并不是消除压力的最佳治疗剂，它只对在通常压力下的人具有治疗作用。如果处在极度的情绪压力状态下，千万不要运动。所谓情绪压力，是指一个人遭逢重大变故，如亲人不幸死亡、工作被辞退等而情绪处于极度不安状态。假如健康状况不佳，就不能做竞技性运动，充其量只能做中等强度的运动。但这不是说，在恢复健康的过程中不能做任何竞赛性运动，而是说应分外谨慎，不要把较量竞技水平高低的竞技运动与增强体质的健身运动混为一谈，而要把选择运动项目与确定锻炼目标结合起来。

美国、日本的健身锻炼较流行采用有氧运动项目，因为有氧运动是一切健身锻炼的最基本运动。这种运动要消耗大量氧，又不会产生使人难以忍受的氧债，所以可以长时间持续进行，并可以引起身体良好的变化，如肺部轻松用力即可吸入大量空气，心脏收缩次数不多即可输出大量血液，肌肉可得到更多血液供应，全身参加循环得血液量大增等。增加耐力作用的运动项目，按照其作用大小依次为跑步、游泳、骑自行车、步行、原地跑、壁球、篮球和排球。

三、制订健身锻炼计划的基本步骤

健身锻炼计划的特点是针对性强，换而言之，锻炼计划是个案化的。对于残疾人而言，这个计划应在医生、健身指导员的指导下，根据自己身体的状况来制定。练习的过程中最好有健身指导员或家人陪伴，并且结合本人的主观感受共同形成反馈信息，从而对初期制订的锻炼计划进行适时、恰当地补充、调整，以保证锻炼效果的良性发展。在残疾的早期，进行锻炼的目标主要是康复与治疗，当残疾基本稳定、不再发展的时候，其锻炼的目的是健身与挖掘潜能，提高身体机能能力。无论为哪种目的而制订锻炼计划，所追求的都应是增强体质、提高适应能力、拥有理想的健康状态。

四、健身锻炼中应注意的一般性问题

在实施健身锻炼时，首先要对自己所选用的锻炼内容、运动场所和运动器械等有充分的了解，并且要对运动场所和运动器械的安全性做全面的检查，将伤害和事故的发生消灭在萌芽状态。其次在选择锻炼负荷量时，必须根据自己身体状况选择适宜的运动负荷量，在锻炼过程中，负荷量切不可过强过快，要循序渐进地进行身体锻炼，并不断地分阶段的修正自己的健身目标，以期达到不断完善身体的目的。

无论采用什么样的健身方式，一般都应包括准备活动、健身体操、有氧代谢运动和整理运动这四大内容。准备活动是让身体预热、逐渐适应运动所需要的过程。只有做好准备活动后进行健身锻炼，最后再配以整理活动，健身锻炼才能取得理想的效果。

准备活动的顺序一般应遵循下列原则：先慢慢的活动手、臂、腿和脚，因为这种活动对心脏的刺激不大，对于患心血管疾病的残疾人来讲，也是一

个对健身锻炼过程中运动负荷的逐步适应、逐步提高的过程。同时，准备活动中要根据气候条件和残疾人类型、残疾程度，适当地增减衣服，以保证机体不至于感到寒冷，又不妨碍做运动。随着运动的进行、体温的升高、机体代谢速度的加快，还可以减去一些衣服。

在健身锻炼之后，机体处于较为兴奋的工作状态，如果此时立刻停止运动，或坐下和躺下休息，会使体温急剧下降，从而导致眩晕、恶心、出冷汗，以及血管性迷走神经反射症状，有时还会出现一些更严重的伤害事故，给身体造成严重的损伤。所以，在健身锻炼后要及时对机体进行整理活动，使身体代谢的速度缓慢下来，使机体逐步处于稳定状态。

整理活动和准备活动的内容一样，应与健身运动的方式、强度有关。常见的方式有慢走、放松活动（体操）等。

健身锻炼出汗后，应保持皮肤清洁，但不能突然用凉水洗澡，也不能突然进行热水浴。一般应在结束活动 15 分钟之后，使身体逐渐平静、消汗后再洗温水澡。

在健身运动锻炼时，如果遇到下列症状，必须停止锻炼：胸痛伴随运动的进行而加重；胸内绞痛，呼吸严重困难；恶心、头晕、头痛；机体感到十分疲惫；四肢肌肉剧痛、两腿无力，行动困难；足、膝、腿等关节疼痛；脉搏显著加快；脸色苍白，出冷汗，嘴唇发紫；跑的姿势或动作不稳，不正常；运动速度忽然缓慢。

锻炼中止后，如果症状无进展，在对机体判定可继续运动不会出现问题后，可继续进行健身锻炼，但是要减小锻炼的负荷量。

从事健身锻炼切忌性急，要在轻松愉快的心情下进行，这样才能更加充分地体现健身的效果。

健身锻炼后的身体恢复也需要引起高度重视。既然把健身锻炼的方法当做增强体质的最佳手段，就要按照增强体质的规律去锻炼。不论如何实施健身锻炼，它只是实现健身目标的中间层次，还需要注意锻炼后对身体的补充及调节，即身体恢复过程。调整身体首先要改善饮食结构。根据健身过程中负荷的性质、负荷量的大小、不同年龄和身体状况对营养物质的需要，有计划、科学地选配食品，以保证机体对营养需要的平衡。同时要注意饮食卫生，饮食过程要做到定时、定量、定营养结构。其次是对机体的调节，包括时间安排、适宜的放松和理疗手段的运用等。

我们还应注意不要在饭后立刻进行锻炼，特别是空腹状态下的晨练对身体的损害较大。

参加体育锻炼的目的是为了增强体质，提高抵抗疾病的能力，而关键的环节是提高心肺功能和心血管系统的有氧能力，这对增进健康至关重要。

耐力运动对增强呼吸系统摄取氧、心血管系统负荷载及输送氧的能力，以及组织的有氧代谢利用氧的能力有显著的训练作用。因此，有氧运动对机体的影响有生理学的、生化学的、心理学的及社会学的多方面的运动效果，是保持身体健康最有效、最科学的方式。

在制订和实施锻炼计划时要注意处理好以下几个问题。

（一）锻炼计划要个体化

由于人身体条件千差万别，不可以预先准备好适应各种情况的计划，即使可能，由于个人的身体或客观条件在经常变化，今天的计划明天就不一定适合，所以，必须根据每个人的具体情况，因人而异，个别对待。

（二）锻炼计划要修订调整

一个安全、有效、愉快的锻炼计划，不是别人给予的，而是自己制定的。要善于根据自己的实际情况作调整。

（三）以全身耐力为基础

在制订锻炼计划时，体力的差别比性别和年龄的差别更为重要。因此，即使不根据性别、年龄，而只以体力（全身耐力）情况和残疾特点做基础来制订锻炼计划也是适宜的。

（四）保持安全界限和有效界限

为了提高身体适应能力及全身耐力水平，必须达到改善心血管和呼吸功能上的有效强度，这就是靶心率范围。如果运动超过这个上限，就可能有危险性，这个运动强度或运动量界限，称为安全界限；最低效果的下限，称为有效界限。安全界限和有效界限之间，就是健身锻炼安全而有效的范围。如果身体障碍程度严重，必须严格规定运动内容。运动强度、时间和频率愈高，效果也愈大，但它有个最高和最低限度。具体地说，危险性少而且效果高的适宜强度是 $60\% \sim 85\%$ HRmax，相当于 $57\% \sim 78\%$ VO2max（即靶心率）。

（五）体质基础和运动效果的特异性

锻炼前体质差的人，从事强度小的运动也能收到显著效果；而锻炼前体质强的人，则要求更高的运动强度的刺激，才能见效。

运动时身体生理的适应，根据运动种类或方法有所不同，这称为运动效果的特异性。一般人认为运动效果是有特异性的，因此根据目的而选择适合的运动种类很重要。例如，以自行车训练程序的效果，只在自行车运动时才有特异的发挥；仅一条腿进行训练时，只在训练的腿出现生理变化等。故想进行增强体力运动的人，应自己知道要用什么方法训练身体的哪个部位，而不必盲从教练、指导者的指示。明确自己锻炼的目的、意义和方法，是坚持长期锻炼并收到效果的重要问题。

五、基本身体素质训练的基本内容

一般来讲，基本身体素质是指一个人的精力和体力胜任日常生活和工作的能力。美国健康体育娱乐和舞蹈联合会认为：基本身体素质是指一个人的全面身体健康状况（精神和体力），具有这种身体素质使人们有充沛的精力和体力去完成日常生活和工作娱乐的需要，并减少由于缺乏体育锻炼而产生不良健康状况或疾病的危险性。也有人认为：基本身体素质是指那些直接影响到日常体力活动和健康状况的身体素质的组成部分。

基本身体素质包括有氧耐力、身体成分的组成（去脂体重——瘦体重和体脂含量）和骨骼肌的功能。

（一）有氧能力

有氧能力是指机体在大强度和中强度的运动中摄入氧、运动氧和利用氧的能力。这种能力取决于一个人呼吸循环和骨骼肌肉系统的生理功能。

有氧能力一般用有氧代谢能力来测定，有氧代谢能力是指机体在运动期间的最大摄氧率和耗氧率。由于残疾人本身的残疾障碍条件，美国学者设制了一些针对残疾人的不同残疾条件的测量方法，这些方法是测量一个有残疾的人在规定的时间内（例如 15 分钟或 40 分钟），持续做某项力所能及的运动能力。运动强度要在中等以上，运动强度的标准和正常人预测的标准相似（最高强度＝220－年龄）。例如，一个 10 岁的下肢瘫痪者用手摇自行车来进行有氧训练，根据上面的公式，他的最高心率预测是 210 次每分钟，他的中等强度运动心率要达到 126～147 次每分钟（60％～70％的最高心率）。运动持续时间要达到 15 分钟。随着年龄的增长，运动持续时间也要增加。但在训练中要根据个人的不同情况去增加或减小运动的强度（用50％～60％的最高心率为标准）。

（二）身体成分的组成

身体成分的组成涉及到机体中脂肪和肌肉（瘦体重）的含量问题。当一个人体内脂肪指数太高时，他的身体活动能力就会受到影响，而且有很大的可能性会得肥胖症，得肥胖症的人得冠心病或其他疾病的概率很高。测量身体组成成分的方法有几种，比较准确而又不是十分昂贵的方法是皮褶测量法。

这种方法是通过用夹钳将身体特定的几部分的皮肤轻轻地夹起来测量皮下脂肪的含量（男性测量：股四头肌、腹肌、胸肌；女性测量：股三头肌、股四头肌和髋股沟上面的部分），然后将几部分的总和去对照身体成分的比例测量表，得出身体成分中瘦体重和脂肪的含量（一般用百分率表示）。从而推测一个人的健康状况。这种测量方法需要通过一定的训练才能得到较准确的数据。

（三）骨骼肌的功能

骨骼肌的功能决定于柔韧性、肌肉力量及肌肉耐力三个方面。

柔韧性是指肌肉和关节的伸展幅度。因为柔韧性牵涉到各个不同的关节和韧带，所以单一的测验项目不可能测量一个人的全面的柔韧性和决定一个人的柔韧水平。在学校体育课中运用流行的坐和延伸的方法测量柔韧性，这种方法主要是测量躯干和髋部的柔韧性。对于残疾人来说除上述方法外，还有肩伸展、肩关节柔韧性和髋关节柔韧性的测量。

肌肉力量是指肌肉能够承受最大压力的能力（最大推举量或最大蹲起量）。在学校体育课中测量肌肉力量是看一个人最多能举起多大的重量（只要举起一次即可）。卧推是常用的测量项目。

肌肉耐力是指在中等强度条件下肌肉持续工作的能力。常用于测量肌肉耐力的方法是仰卧起坐和俯卧撑，一般用一分钟时间为标准，看一个人能在一分钟内完成多少次。

六、个人身体素质训练方案的安排

由于身体残疾的局限，残疾人身体素质训练有其特殊性，最好由经过专门训练的人来帮助制订基本身体素质训练计划；同时，也要得到家人及其他成员的支持和帮助，这一点是很重要的，家人和社会要鼓励和帮助需要锻炼的残疾人去完成他们的个人基本身体素质训练计划。

制订计划的目标是满足个人的特殊需要，由于残疾人的身体残疾存在着巨大的个体差异，因此训练时要因人而宜、量力而行，不断调整训练的强度、密度和持续时间，以促进基本身体素质的提高。

（一）基本身体素质训练的原则

为发展和保持个人基本身体素质水平，我们要理解和遵循以下四个基本身体素质的原则：密度、强度、持续时间和活动形式。

密度：密度是指一个人在一周中进行几次基本身体素质训练（一周3次或5次等）。

强度：强度是指一个人在一次训练课中的运动量或一个人在一堂训练课中使多大劲去参加训练。

持续时间：持续时间是指一堂训练课的时间或一个人在一定强度下持续活动的时间。

活动形式：活动形式是指体育活动的形式。例如跑步、骑自行车、游泳等。在训练某种特殊身体素质时，要针对这种身体素质的特点选择合适和有效的活动形式。例如在进行有氧代谢能力训练时，跑步和骑自行车或轮椅运动就比举重训练更加适合于发展和提高这种素质。

（二）训练周期和进度

基本身体素质训练的周期和进度，应根据个人的身体机能、健康状况、年龄和个人身体素质训练的目标来确定。对于基本身体素质水平很低和刚开始进行身体素质训练的人，我们的身体素质训练计划至少要包括以下三个阶段：开始阶段、提高阶段和保持阶段。

开始阶段：此阶段的训练计划主要包括轻度的体育活动。在这个阶段，训练后不会感到疼痛或过于疲惫，不会感到因训练而增加痛苦，运动的强度应在个人最高心率的30％～50％之间（前面已阐述了预测最高心率的方法）。由于残疾人的个体差异，运用最高心率的预测方法时要因人而适当加以调整。在训练计划的开始阶段，有氧代谢能力部分的训练应该约在10～15分钟之间，开始可能只做5分钟，然后在几周内逐步增加到15分钟。有些残疾人，像耐力素质水平很低的人，运动开始后短时间内就会感觉疲劳，因而坚持不了连续10～15分钟的有氧代谢能力训练，在这种情况下，可在活动之间有一定的间歇时间（活动几分钟然后休息几分钟）。开始阶段周期一般要四周左右时间，但对脑瘫疾患者、肌肉萎缩患者和其他健康状况不良的人，这个周期要拉长到6～10周。

提高阶段：在这个阶段，参加者对自己的基本身体素质训练计划有所适应，所以可以进度快些。大多数情况下，运动强度可增加10％～15％（也就是说强度在40％～65％的最高心率之间），持续时间可增加到15～30分钟。根据每个参加者个人的基本身体素质训练的目标和本身情况，强度和持续时间可逐步地增加。这个阶段周期可能持续到15～20周。

保持阶段：在此阶段，参加者要保持与提高阶段同样的强度、密度和持续时间，每周活动3～5次。这个阶段的基本身体素质训练应成为个人生活中的一部分，坚持终身。

（三）一次训练活动的基本程序

一次全面的身体训练活动应包括适宜的准备活动（一般和专门）、主要训练内容（速度、耐力、力量等）和整理活动。一般的准备活动包括伸展体操、慢跑、压韧带等。专门的准备活动是做一些与主要训练内容直接相关的活动。整理活动包括压韧带、放松活动等，目的是帮助身体从剧烈活动阶段过渡到休息放松阶段，这种活动还可以帮助减轻剧烈活动后肌肉酸痛的症状。

七、指导残疾人进行基本身体素质训练应注意的问题

（一）应由专业健身人士指导执行。

（二）充分与其家庭成员交流。

（三）训练过程如遇头晕、不舒服、身体局部疼痛时应及时中止运动。

（四）个人身体素质训练前进行全面体检。

（五）指导低体适能者，遵循以下原则：

1. 利用简单的活动：

（1）无重力活动

（2）关节压力较小的活动

2. 配合频率、强度、时间

3. 注意自我概念和动机

4. 适合于个体的进步速度

（六）运动频率、负荷强度、时间因人而异。

第四节　残疾人的健身锻炼

一、视力障碍者的健身锻炼

对视力障碍者而言，确保锻炼的安全性是相当重要的。应尽量选择有导盲设施以及相应的安全措施的地点进行锻炼。另外，考虑到安全性方面的问题，有视觉障碍的人需要方向定位和指导。

有视力障碍的人因为看不见往往不喜欢出门，在家的时间较多。如果长时间坐卧对身体健康极为不利，若有条件允许，不妨在家里进行锻炼以增强体质，增进健康。在家里健身的方法有很多，大致可以分为3类：即上肢练习、下肢练习及腰腹练习。

（一）上肢练习方法

1. 俯卧撑 2. 对墙俯卧撑 3. 撑椅臂屈伸 4. 角力 5. 引体向上 6. 屈臂撑 7. 杠铃练习：弯举、头后弯举、坐推、颈后推、卧推、卧拉、腕屈伸、单手抓举、单手挺举

（二）下肢练习方法

1. 摆腿 2. 压腿 3. 踢腿 4. 胖、骗腿 5. 弹腿 6. 静蹲 7. 跪坐压腿 8. 半劈腿前压 9. 半劈腿转体坐 10. 纵劈腿 11. 仰卧劈腿 12. 俯卧收腿 13. 助木压腿 14. 立定跳远 15. 单脚立定跳远 16. 蛙跳 17. 单脚前后左右跳 18. 双脚前后左右跳 19. 纵跳摸高 20. 跳台阶 21. 跳箱上下跳 22. 鸭子走步 23. 举腿 24. 腿屈伸 25. 蹲跳起 26. 转身跳

（三）腰腹练习方法

1. 仰卧起坐 2. 仰卧起坐手摸脚 3. 仰卧举腿 4. 仰卧收腿 5. 仰卧蹬腿 6. 仰卧交叉合腿 7. 仰卧左右侧转举腿 8. 两头起 9. 仰卧挺腹 10. 跪跳起 11. 俯

卧抬上体 12. 俯卧抬腿 13. 跪立波浪 14. 站立波浪 15. 前下腰 16. 向后下腰 17. 向侧下腰 18. 收腹跳

　　经常保持体育活动可以提高人的机体灵活性、皮肤的感觉灵敏度，发展听觉、定向和平衡能力，发挥机体代偿作用，以弥补视觉的缺陷。同时也能帮助人战胜心理障碍，克服困难，树立其积极进取的生活信念和勇气，追求人生的价值。

二、聋哑人的健身锻炼

　　听觉是人体最主要的感觉之一，个体对外界刺激的感知，很多是通过听觉来进行的。在生活中，特别是在学习和健身中，听觉的作用有时超过了视觉。由于听觉不同程度的损失，从而大大减少了来自外界的刺激——声音刺激。久而久之，就必然会降低机体对外界的反应，造成了聋人一定程度上的行动迟缓。

　　耳是由外耳、中耳、内耳三部分"组装"而成的。其中，内耳是直接与人的反应中枢相连接的，不仅对各种刺激做出一定的反应，还与平衡功能有关。内耳如果出现故障，就会对人的平衡造成很大影响。反映在体育活动中，则会出现动作不协调、不灵活，即缺乏节奏感，且空间定向能力也差。

　　聋人的心理与正常人既有相同之处，也有不同的地方，了解他们心理表现，有针对性的进行健身活动非常重要。

　　由于生理上的缺陷，聋人无形中同社会之间产生隔阂。由于他们感到难以理解社会，同时也难以被社会理解，因而往往产生畏缩情绪，有自卑感、孤独感和寂寞感。一般来说，聋人的情感明显、强烈，内心活动溢于言表。他们观察事物限于表面而不深入，表达方式也比较简单。当他们对一个问题表述不清，对某一个技术动作的掌握和其他人比较起来出现差距，而对方又不能理解他所表述的意思或曲解他的原意时，他们很容易激动，情绪波动大。虽然聋人多有自卑情绪，但是自尊却强于自卑，且具有盲目和脆弱的特点。

　　总而言之，聋人的这些特殊心理表现是因生理障碍造成的。在体育健身中应给予他们更多的同情和理解，关心和支持他们积极地参加健身活动，使他们残而不废。

　　直观视觉方式是聋人采用的手段，因此，在指导聋人练习动作技术时，应尽可能要求他们的动作规范、准确。掌握动作是与观察、思考相互作用的，同时使聋人与周围的环境发生直接联系。任何认知活动都是从人的感觉开始的，但应注意的是，对健全人传授动作时可边讲解边示范；而对聋人则应分别进行，即先做动作，然后再讲解，或辅助打手势。打手势时，指导者应注意，手势应形象、直观、简单，能直接说明动作的性质。指导聋人时，应尽可能站在聋人的对面，便于聋人看清楚所做动作，和聋人保持适宜的位置，一般为3~5米，要使他们在学习中始终能够看到指导者的动作示范。指导者尽量不要背对聋人做动作，否则不利于技术动作的掌握。另外指导者的表情要自然，不要过分夸张，否则会引起聋人的困惑。

除利用直观方式外，还应注意触觉的合理适用，这对聋人来说尤为重要。这种方式是通过聋人在动作活动中运用一些体育辅助用具所实现的。

触觉与肌肉直观性，也可以在指导者给予直接帮助下反映出来，如帮助聋人练习者端正姿势，通过手的接触引起正确的肌肉紧张的感觉，从而达到修正姿势的目的。

三、脑瘫患者的健身锻炼

（一）脑瘫患者的健身锻炼

脑瘫是终生的身体障碍，主要是由于控制人类行动和动作的大脑某些区域损坏而引起的。这种障碍可能没有明显的症状，也可能有多项特征，比如面部和肢体活动不灵活、言语表达困难等。据估计，每500个婴儿中就有一个可能是某种程度的脑瘫患者。但是脑瘫不是一种疾病也不会威胁生命，它是一种既不会传染也不会消失的身体障碍。

其锻炼要点分为身体和心理两个方面。

在身体方面，脑瘫患者会因为身体障碍、脑性麻痹种类和瘫痪程度，影响动作的灵活性、反应速度和操纵体育设备的能力，同时也会影响其运动技能，例如下列的动作：

接触、抓住、操纵和放开物体。

对运动设备和人做出的迅速反应。

控制能动速度。

移动时保持平衡。

因此，应避免快速的重复性动作。重复性动作会缩小活动范围，使脑瘫患者无法有效达到动作技能的目的。

在心理方面，提供一个适当的环境，为脑瘫者创造一个和周围人交流的机会，将会增进脑瘫者参与体育活动的兴趣。家庭对体育的重视可能影响脑瘫者对体育的态度。脑瘫者可能因恐惧而不愿参加体育活动或者抵制运动，因此提供一个鼓励的、安全的环境将有助于减轻脑瘫者对体育的恐惧感。

（二）脑瘫患者的锻炼计划

脑瘫者对基本运动技巧的掌握不如其他残疾类别者快，在制订健身锻炼计划时应考虑到计划的适应性和必要性。制订计划的要点如下：

（1）准备活动

由于痉挛性的肌肉常常会表现为紧缩的状态，所以对脑瘫患者来说，下

列区域的刺激活动尤为重要。包括:

①手指和脚腕的准备活动。

②脚跟韧带的准备活动。

③大腿后面的准备活动。

④上臂前面的准备活动。

(2) 肌肉强度的训练

着重伸张紧缩的肌肉,比如上臂前部的肌肉(肱二头肌)和上臂后面的肌肉(肱三头肌)的训练。

(3) 心血管的训练

在心血管的锻炼活动中,重要的是让脑瘫者稳定心跳速度,减轻动作表现的压力,否则会加剧肌肉的痉挛,降低运动的效率,最好是以循序渐进的训练方式改变脑瘫者的肌肉痉挛现象。

(4) 移动技能的训练

使用轮椅的脑瘫者,不管是手动的还是电动的,都要鼓励他们在狭小的空间里前后移动,绕行塔形障碍物、上下坡、用正确的手臂操作轮椅的推动力,这样才能提高他们使用轮椅的技能。

一般的脑瘫者走路摇摆、乱晃或者滑动,不会跑步、踏跳、单腿跳。因此,对于跳绳或者跳跃这样的运动他们会很难有正确的动作的。当脑瘫者练习有跳跃动作的运动时,应鼓励脑瘫者在其能力范围内练习。

(5) 手的操控技能

许多脑瘫者的手和腕部肌肉萎缩,使得他们很难抓握东西、用手控制或者放开物体。为了使他们成功的做这些事情,应提供各种各样的物体,允许他们独自练习,把一个动作分为若干动作逐一让他们掌握和学习。

运动的具体内容如下:

(1) 手的操作活动(见下表 2-1)

表 2-1 手的操作活动

活动	
投掷动作	首先给脑瘫者足够的球,提供尽量多的机会。 把球栓在轮椅的扶手上。 投掷橡皮圈,毛巾包住橡皮或滚动的物体。 用改变大小球体、距离、高度的方式改变目标。 对于开放球体有困难的人,要教他把球推离大腿。 提供一个斜坡或在投掷前用托盘将球接住。

活动	
抓	选择容易抓到的物体，如毛巾、气不足的球或泡沫球。 在屋子的角落建立挡球的屏障。 把球挂起来，增加学生的独立性，最大限度的练习、尝试，增加成功机会。 白痴抓球的运动。
踢	让脑瘫者把橡皮圈踢离他的脚。 使用大而且较轻的球。 把踢球的人的轮椅的脚踏板拿掉。 如果使用拐杖的学生能移动到球那里，便将球踢走。
拾球	用气球或者泡沫球。 用更轻的工具。 把球捏起来。

（2）户外运动

积极的户外运动可以促进脑瘫者的求生技能的发展。可鼓励脑瘫者短距离行走，或参加不同程度的滑雪运动、溜冰或滑冰等，这些运动可以提高他们的平衡能力。但要注意身体，以防得病。

骑自行车或者三轮车能增加脑瘫者的独立性、稳定性，并能增强体质。

（3）水上运动

游泳尤其在水温温暖的情况下能减轻脑瘫者的肌肉僵硬，可以装置一些漂浮的器具，尽量使脑瘫者独立活动。

四、不同程度脊髓损伤的康复训练

脊髓损伤后的康复在早期即应开始。只要病情稳定，无其他合并损伤，就可以进行适当的活动，以消除或减轻功能上的障碍，在身体许可的范围内，并根据实际需要，最大限度地恢复其生活能力和劳动能力。需要注意的是，早期的活动不应范围太大，更不应影响手术效果。

适宜的康复锻炼可以改善中枢神经系统的调节功能；加强局部血液供给，改善营养，促进新陈代谢；逐渐建立新的条件反射，发展代偿机能；预防肌肉萎缩，关节强直，增加残疾肌肉力量；增强腰背肌、肩带及两臂支撑力量。

（一）颈 4 完全性损伤致四肢瘫痪的患者如何进行康复训练

这类患者除头部能自由活动外四肢和躯干均不能活动，日常生活完全不能自理。

应训练他们用嘴咬住一根小棍（口棍）来操作一些仪器或做其他活动。

加强呼吸功能的训练，可通过做深呼吸、大声唱歌和说话来达到目的。

每天都应由他人进行被动关节活动（即活动四肢关节），以预防四肢关节僵硬，每个关节每次活动 10～15 次，范围应足够大。

（二）颈 5 完全性损伤致四肢瘫痪的患者如何进行康复训练

这类患者由于肋间肌麻痹而致呼吸功能差；躯干和下肢完全瘫痪；上肢肩部能活动，肘关节能主动屈曲，但缺乏伸肘和腕、手所有的功能；不能独立翻身和坐起；自己不能穿戴辅助工具。

对患者的训练：

增强二头肌（屈肘肌）的肌力，学习使用矮靠背轮椅，并在平地上自己驱动。

有条件时可使用电动轮椅。

学会使用固定于轮椅靠背扶手的套索前倾减压。

可把勺子固定于患者手上，练习自己进食。

呼吸功能训练同（颈 4）。

站立训练同（颈 4）。

关节活动训练同（颈 4）。

（三）颈 6 完全性损伤致四肢瘫痪的患者如何进行康复训练

这类患者缺乏伸肘、屈腕的能力，手功能丧失，其余上肢功能基本正常；躯干和下肢完全瘫痪，呼吸功能减弱。

对患者的训练：

驱动轮椅的训练。

单侧交替的给臀部减压（用肘钩住轮椅扶手，身体向同侧倾斜，使对侧减压），每半小时进行一次，每次 15 秒。

利用床脚的绳梯从床上坐起。

站立、呼吸、关节活动训练同（颈 4）。

（四）颈 7 完全性损伤致四肢瘫痪的患者如何进行康复训练

这类患者上肢功能基本正常，但由于手的内在神经支配不完全，抓握、释放和灵巧度有一定的障碍，不能捏，下肢完全瘫痪；呼吸功能较差。

对患者的训练：

上肢残存肌力增强训练。

坐在轮椅上可把双手撑在扶手上减压，半小时 1 次，每次 15 秒。

用滑板进行移动。

关节活动范围、肺活量、站立练习同（颈 4）。

（五）颈 8 ～ 胸 2 完全性损伤致双下肢瘫痪的患者如何进行康复训练

这类患者上肢功能完全正常，但不能控制躯干，双下肢完全瘫痪，呼吸功能较差。

对患者的训练：

加强上肢肌肉强度和耐力的训练，可通过使用哑铃、拉力器等各种器材达到目的。

坐位注意练习撑起减压练习。

尽力进行各种轮椅技巧练习，以提高患者的适应能力。

转移训练仍然必要。

由于上肢功能完好，应进行适宜的职业训练。

（六）胸3～胸12完全性损伤致双下肢瘫痪的患者如何进行康复训练

这类患者上肢完全正常，肋间肌亦正常，因而呼吸功能基本正常，耐力增加，躯干部分瘫痪，双下肢完全瘫痪。

此类患者除颈8～胸2患者所做的训练之外，应主要进行站立和治疗性步行，其中包括使用长下肢支具、助行器、双腋拐，先在步行双杠内练习站立平衡和行走，然后在杠外练习行走，胸6～胸8迈步练习，胸9～胸12练习迈越步。

（七）腰1～腰2完全性损伤致双下肢瘫痪的患者如何进行康复训练

这类患者上肢完全正常，躯干稳定，呼吸功能完全正常，身体耐力好，下肢大部分肌肉瘫痪。

对患者的训练：

训练患者用四点步态行走，这是一种很稳定的步态。

练习从轮椅上独自站立。

上下楼梯。

身体条件优越者应练习安全的跌倒和重新爬起，这对借助支具对拐杖行走的患者非常重要，以免跌倒时易于损伤和跌倒后不能自立爬起。

其他训练同胸3～胸12损伤的患者。

（八）腰3及腰3以下完全性损伤致双下肢瘫痪的患者如何进行康复训练

这类患者上肢，躯干完全正常，双下肢有部分肌肉瘫痪，用手杖和穿高帮鞋即可达到实用步行的能力，腰5以下损伤不用任何辅助用品亦可达到实用步行的目的。

对患者的训练：

因这类患者残疾程度相对较轻，康复训练主要以双下肢残存肌力为主，可利用沙袋等各种方法来提高肌力。

用双拐练习四点步态。

用手杖练习行走。

早期的训练方法同腰1和腰2损伤的患者。

轮椅运动：

因脊髓损伤造成的截瘫痪患者可以广泛地利用轮椅来进行体育活动和健身锻炼。

轮椅体育运动具有竞争性、娱乐性、集体性等特点。通过训练，可激发患者残存的潜能，使其多项生理指标得到改善，减少疾病的发生。

通过轮椅体育活动，能使患者的轮椅操作能力得到提高，减少他们在日常生活中的困难。另外，还可以培养他们坚忍不拔的精神，使他们发现自身的价值，改善不良的心理状态，促进人际交往，为回归社会创造良好的条件。

可在轮椅上完成下列内容的轮椅体操：

提肩运动、肩绕环、扩胸运动、体侧运动、腹背运动、坐位双臂屈伸（撑轮椅）。

另外，患者还可以参加其他形式的轮椅体育运动，包括轮椅篮球、轮椅乒乓球、轮椅网球、轮椅田径（包括轮椅竞速、轮椅铅球、轮椅标枪、轮椅铁饼）、轮椅射箭等竞技性项目，以及轮椅拳击、轮椅头顶球、轮椅飞盘、轮椅拔河、轮椅拉轮胎等趣味性活动。

五、截肢后的全身性训练

截肢对人的精神、全身都有很大影响，特别是老年人或一些有合并损伤的人，所以在假肢装配前应认真进行全身性锻炼。

锻炼内容有：

（一）卧床期间注意呼吸训练，预防肺部感染。

（二）尽早开始健肢屈伸、抬高、向内、向外、旋转活动。

（三）下肢截肢者应尽早开始双上肢力量的训练：重点训练双侧伸肘的力量，准备尽早下床扶双拐站立。

（四）下肢截肢者单足站立、跳跃训练：有助于全身肌力协调、平衡功能和体力的恢复。可以先从双手扶床栏、扶墙站立，逐渐过渡到手不扶物站立，再过渡到单足跳跃。

（五）上肢截肢者应加强双肩活动范围，肌力训练。

（六）有条件者应积极参加游泳运动（可用气圈保护），有助于全身体力、心肺功能、关节活动范围、肌力恢复。

六、上肢截肢后的体育健身活动

对上肢截肢者来说，第一步就是要训练下肢的协调性和灵活性，从而使他们的双腿能担负身体的挪动和行走，还能进行某些特殊的服务，如用脚提起重物等，这些机能也需要长期艰苦的锻炼才能获得。下面介绍几种练习方法：

（一）下肢协调柔韧练习

压腿、正压、跪坐压腿，半劈腿前压，半劈腿转体坐，纵劈腿，仰卧劈腿，助木压腿。

（二）腿部力量练习

1. 腿举

这是为了减少腰部负担而发展腿部力量的辅助练习，单双脚都可以做。

仰卧在地上，用双脚（或单脚）抬起或蹬起杠铃或其他重物，做腿屈伸动作，杠铃重量 20～40 千克；练习 10 次为一组，完成 4～6 组。必要时需有人在旁帮助。

2. 腿屈伸

发展大腿肌肉和膝关节力量，单双脚健全者可以做。

在凳上或轮椅上，脚尖钩住壶铃连续做小腿的屈伸；连续屈伸 10～15 次为一组，完成 3～5 组。

（三）腰腹肌练习

腰腹部练习是以提高腰腹肌肉力量为主的练习方法，只要腰部能动者，都可以根据自己的情况进行腰腹肌练习，增强腰腹力量，提高活动能力。具体方法有如下几种：

1. 仰卧起坐

此练习是发展腹部肌肉力量，在床上、草地上、垫子上都可以完成。练习方法如下：仰卧在地，手或残肢抱于胸前，利用收腹力量使上体抬起，用头碰膝盖，然后慢慢向后倒，又成仰卧姿势。如此反复进行。根据练习者具体情况，可加快起坐速度，或身背重物，以增加难度。练习次数：每组 15～40 次，完成 3～6 组。

2. 俯卧抬腿

此练习可发展腰、背部肌肉力量，适合在床上、草地上、垫子上进行。练习方法如下：俯卧在地，双腿伸直，利用腰背力量将双腿向上抬起，然后慢慢放下，反复进行。抬起双腿时尽量伸直，抬得越高越好。练习次数：每组 20～40 次，完成 3～6 组。

（四）上残肢练习

主要是指残肢或装配上上肢假肢后的残肢者日常功能恢复练习，如吃饭时拿筷子、洗澡等生活能力训练。上肢截肢者除可采用以上介绍的健身方法外，还可以进行其他形式的锻炼，如长跑、散步、郊游等。总之，只要是练习者所喜爱的，又有利于身心健康的体育活动，上肢截肢者均可参加。

七、下肢截肢后的体育健身活动

下肢截肢者的上肢在他们生活中很重要，行走离不开有力的上肢的帮助，有的甚至依靠上肢支撑身体移动。因此合理而有益的体育锻炼，可以使下肢截肢者双臂粗壮有力而且更灵活自如。对残肢进行合理有效地锻炼，还可以改善残肢的功能，同时，进行大量的体育活动还可以促进身心健康。

一般常见的训练方法有力量练习方法，如俯卧撑、爬绳、爬杆、引体向上、曲臂撑，此外还可以进行专门的杠铃练习。这些方法均适合下肢截肢者，也适合单臂或双臂健全者。

（一）康复健身型活动

主要作用是全面改善截肢侧肢体的肌肉和关节的活动功能。可根据截肢者的年龄、全身状况、伤病特点和平时锻炼的程度来选择运动的项目和适宜的运动量，如可进行卧位、坐位或站立的体操锻炼。在截肢后，利用拐杖等辅助设备对下肢进行康复性练习，进度顺序为：在有人保护的情况下扶拐走——扶单拐杖走——自己走——双手提重物走。

（二）力量练习

大腿残肢肌力练习法，可采用主动运动和抗阻力运动方法。小腿残肢肌力练习法，健肢肌力训练可手扶助木做跳跃练习及跳绳运动。对于施行肌肉瓣成形术的残肢，应进行残肢末端承重的锻炼，以适应装配全接触接受腔假肢的需要。具体方法是练习者站在承重架或承重板上身体保持平衡，双手杵拐或扶物，开始残肢同健全肢均匀受力，然后健全肢屈膝抬腿离地，这时身体重量全部由残肢末端承受。应注意开始时练习时间应短，经过一个阶段的训练，逐渐延长单独由残肢端承重的时间，然后再进一步在双手不扶物的情况下练习。注意每次练习后都要对残肢和残肢端进行按摩。

（三）球类项目练习

残肢者可利用健全肢采用适合自己的规则打乒乓球、羽毛球、坐地排球、轮椅篮球、轮椅网球等。但进行这些项目练习时，应降低规则要求，以适应自己的需要。如轮椅网球项目可以允许网球在自己场区内多次反弹，坐地排球可增加人数进行等。单独练习时，可采用对墙练习，如对墙打乒乓球、网球等；或个人进行某些单个动作的重复练习，如坐在轮椅上投篮、原地垫排球等。

（四）休闲娱乐项目

下肢截肢者可经常在户外进行散步，进行郊游、钓鱼、下棋、投飞镖练习等。

总之，健身娱乐项目应根据各个下肢截肢者的残疾程度和兴趣爱好而选择，不可不顾自己的身体状况而盲目进行。

第五节　中国传统体育与残疾人健身锻炼

中国是一个有着五千年文明史的国家，历史上体育运动十分盛行，而且项目众多，涉及领域广泛：既有古老的足球运动——蹴鞠，也有被许多人认为是现代高尔夫球运动鼻祖的捶丸；既有形式独特的跑步运动——走及奔马，也有与现代跳高跳远运动名异实似的逾高超远；既有展示力量的杠鼎、拓关河举石，也有现代相扑运动的前身——角抵；既有对应时节的端阳龙舟、重阳登高、清明秋千，又有娱乐表演的种种球戏和杂技；既有修身养性的各种气功导引术，又有防身健体的摔跤和武术；既有嬉水、马术、射箭等夏季项目，又有冰嬉、滑雪等冬季项目。

中国传统体育历史悠久、自成体系，有着自身独特的表现方式和文化内涵。它与西方传统体育侧重竞技、重视比赛结果不同，中国传统体育更侧重于健身、娱乐和教化功能，因此中国传统体育更适合于残疾人健身和锻炼，其中最典型的是中国太极拳和气功。

一、太极拳的健身功效

由于太极拳的养生健身效果、文化渊源、运动特点、武术内涵、韵律审美、交际娱乐、哲学思想等浓厚的中国因素，深受国人的喜爱。同时，又作为中国传统文化的精粹，为世界不同民族、不同文化的人所尊崇。因此，依据喜爱、参与此项运动的人数和其广泛的影响力，被誉为：世界第一运动。

太极拳的健身作用已经被长期的大量实践所验证，也有很多体育工作者、医学家、科学家进行了原理性研究。从传统的养生、中医学和现代医学等方面都得到论证。其中一些主要原理有：

（一）呼吸方式科学

太极拳强调腹式呼吸，不管是用自然呼吸还是拳式呼吸，都强调腹式呼吸。呼吸还配合意念，这种呼吸锻炼扩大了肺活量。科学实验表明，肺活量的大小与力量的大小及生命长短成正比。诸如，人体处于睡眠状态，呼吸深、细、匀、长的必是强健者，而呼吸短促无力或长、短不匀者，非病即弱无疑。再者，太极拳运动是有氧运动，所有的有氧运动项目都有良好的健身效果。

（二）气血运转流畅，促进血液循环

太极拳锻炼要气达梢节。人体从外形的四肢八节、筋骨皮到内在的五脏六腑、精气神，都离不开血液的滋补润泽。太极拳行功走架，竖项贯顶，虚领顶劲、气沉丹田、以意导气、以气运身、内气上至百会、下通涌泉、达于四梢，促进了血液循环，还疏通了经络，加快了循环频率，大动脉畅通无阻，毛细血管经久不衰，四肢百骸肌肤延缓了老化。长期坚持太极拳锻炼，则气血饱满，健康长寿。

（三）汗腺通畅，促进新陈代谢

人体新陈代谢所产生的废物，除通过眼、耳、鼻、口七窍和谷道排泄外，机体内分泌主要靠汗腺外排。除此，汗毛与汗毛孔尚具有保温、散热的自然调节功能。因此，中医有"汗腺通则百病不侵，汗腺堵则乱病缠身"一说。太极拳作为一门内家功法，在肌肤的锻炼上有其独到之处。行功走架不分春夏秋冬，每每于身形的开合收放之中导引肌肤的膨缩和毛孔的张闭。比一般不练拳的人较好地保持了肌肤的纯洁性和通透性。新陈代谢渠道畅通，病毒垃圾不易滞留，故而小病不生、大病不长。

（四）陶冶超然脱俗的心境

众所周知，清心寡欲的人多高寿。反其道而行者往往早亡。原因是：多欲之人必多求，多求之人必贪饮、贪食、多忧、多虑、多思、多恼、多惊、多恐，凡欲有多必伤。中医认为，哀伤神、怒伤肝、忧伤肺、思伤脾、虑伤心、恐伤肾、食多伤胃、房事多行伤精又伤气。太极拳的锻炼过程就是调节心性的过程。行功走架求规矩时，身心各部讲究松、静、空、灵，举手投足、身形变换贵在遵循自然，故而进退往来状若行云流水，身心俱佳。

（五）具有交际娱乐的功效

参加什么项目运动是根据个人喜好而定的，由于太极拳的博大精深和文化底蕴，太极拳爱好者们很容易形成一个文明和谐的群体。在长期的练习太极拳过程中，交了一批"志同道合"的拳友，大家在圈子里相互交流、相互鼓励、相互切磋、相互促进、相互帮助、相互友爱——不亦乐乎。

（六）调节人们心理健康的良方

正确的"得失观"；"矛盾的对立统一"；"不丢不顶"的运化转换；"左顾右盼"的全局观等，都能使您消化掉生活、家庭、工作、事业等中的烦恼和忧愁。从而得到现代社会中最珍贵的心理健康。

（七）运动适度，保持人体机能的中和态

就运动与生命的关系而言，历来说法不一，通常以为：生命在于运动；但也有人认为：生命在于静养，以减少机体的磨损和功能的消耗。实际上这两种观点都有道理，关键在于动与静不可偏废。超负荷的剧烈运动，会使机体疲化早衰；而多静少动者，往往消化不良，食欲不振，四肢乏力，精神萎靡，病气易侵，故多常年不断药。所以只有运动适度、动静相间的运动才能有利于人体健康。太极拳行功走架，进退往来为动，但用意不用拙力，消耗不大；就心境而言，行功走架中强调放松入静。这里所说的"静"，是指走架或推手时须摒弃杂念，动中求静，神意专注，以一念代万念，所以说外形动心犹静。而在练桩功时，外静，内却在翻江倒海地调节平衡。太极拳的这种独特运动方式，对保持人体机能的中和平衡态量为适宜，故而久练可使人延年。

（八）延缓骨质、关节、韧带的老化

无论是从自然界的动、植物看，还是从人类自身的生理发展过程看，凡是生命力旺盛者，其肢体或肢干都具有良好的柔韧性；凡是行将死亡的有机体，都会变得僵硬、枯萎。就人体而言，老年人骨质疏松发脆、关节旋转不灵、韧带松弛、血管干瘪等，无不是失去柔韧性的结果。欲使人体康壮不衰，就必须使周身筋骨皮保持良好的弹性。太极拳行功走架，旋指、旋腕、旋膀、旋腰、撑裆开胯、抻筋拔骨、缠绕拧翻，所有招式动作，无不在划弧走圆中完成。这种螺旋运动的内涵，其实就在于强化周身筋、骨、皮及其内脏各部器官的弹性，亦即柔韧性。所以，功深艺高的太极拳手，多为肺活量大、膀胱胀缩差大、筋长骨坚、肌肤松软、关节正逆旋转角度大，这都是机体柔韧性良好的表现。柔韧性的延长，本身就是长寿；反之，人体内脏任何一个器官失去了弹性，也就意味着生命的终结。

（九）对称运动，弥补人体机能后天不足

人们在日常生活、工作中，有意或无意地形成了诸多习惯定式。凡是习惯动作多属单向偏颇运动。如日常生活中上肢运动一般多用右手；下肢运动多以右足发力；中上肢运动也多用右肩。左撇子反之。无论是左还是右，均系单向运动。这种外形的单向运动，天长日久，使大脑中枢神经减弱了逆向调节功能，由此势必导致人体内部机能左右失衡，故人体患病多集于一侧确为常见，有"男左女右"的俗话。太极拳的造型结构，抽招换式强调欲左先右、欲上先下；发力时，讲求前吐后撑、上枯下踩。周身上下对立统一、浑然一体。从而，有效地强化了大脑的逆向调节功能，保持了人体运动的整体协调与平衡发展，克服了单向运动致病的缺陷。

（十）用意不用力，提高神经系统的敏感度

人体老化，最先发于神经系统的萎缩和衰竭。如，面部皮肤松弛起皱、前额脱发，源于细胞再生神经的功能下降；耳聋眼花，源于听、视神经的老化；反应迟钝、记忆力下降，源于分辨检索神经的老化；腿脚不利索，源于中枢支配神经的老化。凡此种种，人体所有功能无不是源于十余万条神经的作用。任何一条神经的萎缩，都将直接导致人体某一器官功能的下降。太极拳与其他拳种的最大区别，就在于它是一种用意不用力、重意也重形、以意念支配肉体的运动。太极拳行功走架，全神贯注，以意导气，所有外形变化，一招一式无不讲求意在身先，意动身随，意静形止。正是由于太极拳的这一功法特点，功深艺高的老拳师即使到了晚年，也多是耳不聋、眼不花、脚不沉，其肌肤的敏感性仍异于常人。

二、气功的健身功效

"有病治病，无病强身"，这是前人对气功作用的总结概括。近年来随着气功的广泛传播，数百万人的练功实践进一步证实前人对气功防病与治病作用的总结概括。下面介绍一下练气功对健康者的益处。

（一）预防保健

《黄帝内经》讲："正气内存，邪不可干"，"精神内守，病安从来"。这表明练气功具有预防疾病、保健强身的作用。现代研究证明，练气功具有明显的消除心身疲劳，恢复体力和精力，提高工作效率，增强机体免疫力，预防疾病等作用。随着社会的发展，人们日常生活节奏越来越快，心理紧张程度也随之越来越高。长期的心理紧张会降低机体的免疫力，引起机体生理功能失调，导致功能性甚至器质性病变。因此，善于在紧张的节奏中学会适时地松弛，对健身和防病都是非常必要的。气功锻炼恰好能有效地起到这个作用。实践证明，长期练功的人不容易疲劳，平时总感到精力充沛，很少患感冒等病。

（二）陶冶性情

中国传统气功强调练功要修心养性，即优化人的情绪、意志与性格等。这既是练功取得良好效果的前提，也是通过气功锻炼能逐渐得到的直接效益。实践告诉我们，人们在气功入静状态下，会体验到非常愉快和舒适，不仅有身体的舒适感，而且心情也非常舒畅，整个心身都沉浸在一种超脱的意境中。长期坚持气功锻炼，就能起到陶冶情操、开阔心胸、培养意志、塑造健全的人格、增强心理适应能力的作用。练功还可使人感到做事得心应手，效率增加，而且有利于改善人际关系，提高心理健康水平。

（三）开发智能

气功实践可以开发人的智能，这一点在古代气功典籍中有很多明确的论述。随着气功研究的深入，逐步证实了气功的这一作用。通过气功锻炼，能使大脑的疲劳较快地消除，使精力旺盛，注意力集中，感知觉敏锐，记忆力增强，思维能力提高，从而能提高智能水平。有关专家认为，气功有可能成为提高人类智力的一种行之有效的手段。

（四）延年益寿

中医认为人到老年，阴精虚衰，真元渐亏，身体各种机能都逐步减退。也有一些人因种种原因未老先衰。实践证明气功能够调动和发挥机体内在潜力，推迟或延缓衰老，防治老年智能减退，增进老年人身心健康，达到延年益寿的功效。

此外，气功还可以广泛应用于书法、绘画、歌舞、竞技、体育、演奏乐器、杂技训练等多种领域，可以帮助从事这些活动的人增强心理稳定性，消除紧张心理，调动生理潜力，提高其所从事活动的效率。

本 章 小 结

残疾人的健身习惯直接影响了残疾人的生活质量，科学的健身方法是健身不可缺少的，无论是残疾人的自我健身锻炼还是指导残疾人健身锻炼都应该在科学方法的指导下进行，让残疾人爱上一种或几种体育活动是残疾人群众体育工作的重要指导思想。

>>> 思考题

1. 简述健身锻炼对残疾人的积极作用。
2. 假如你身边有一位残疾人朋友你应该怎样对他进行健身锻炼指导？

第三章　残疾人体育教育

 **本章概述、学习目标**

本章介绍了残疾人体育教育的发展、目标与任务；残疾人体育教育的师资培养与教学原则；重点介绍了各类残疾人学校的体育教育。

1. 简单了解残疾人体育教育的发展。
2. 了解残疾人体育教育的目的与任务。
3. 了解残疾人体育教育的师资培养与教学原则。
4. 重点了解各类残疾人学校的体育教育。

第一节　残疾人体育教育的意义

《中华人民共和国残疾人教育条例》已经由国务院批准，于 1994 年 8 月 23 日颁布实施。《中华人民共和国残疾人教育条例》是我国第一部有关残疾人教育的专项法规，它的颁布实施，将从法律上进一步保障我国残疾人平等受教育的权利，促进残疾人教育事业的发展。

一、残疾人享有良好的体育教育是教育公平的体现

教育公平是指国民在教育活动中所处的地位平等、接受教育的机会平等和公平地占有教育资源。教育是和谐社会建设的基础工程，而教育公平是社会公平之本，它是社会公平在教育领域的延伸和体现，也是社会和谐的一个重要评判标准。

任何人都会承认，某个个体尽管身有残疾但他仍是一个人，有生存和发展的权利，而能否平等地接受教育是他能否有质量地生存并得到发展的前提条件。体育作为教育的重要组成部分，对教育公平的实现起着重要的影响作用。在我国，残疾儿童的教育主要分为两种形式，一种是在普通学校随班就读，另一种是在特殊教育学校接受专门教育。在普通学校随班就读的残疾学生主要是一些肢体残疾或者有一些轻度生理或心理上疾病的儿童，虽然普通学校的残疾学生能和正常学生一样共享教育资源，但是由于在普通学校里残

疾学生的人数很少，残疾情况又各不相同，再加上多数体育教师对残疾学生的体育教育问题缺乏研究，班级学生人数又多，在体育教学中对残疾学生难以照顾周全，因而往往出现忽略甚至放弃对残疾学生开展体育教育的情况。特殊教育学校又称残疾人学校，主要招收盲、聋哑和弱智三类有特殊障碍、无法在普通学校随班就读的学生。近年来，在党和政府的关怀下，特殊教育学校的体育教育条件得到了很大程度的改善，在一定程度上满足了残疾学生体育发展的需要。但是，由于我国在残疾人体育场地器材研究、制造方面的发展相对比较滞后，再加上体育师资的专业性不强，不能根据残疾学生的独特的身心特点实施体育教育，这些问题都构成了对残疾学生在教育活动中本应享有的地位平等、机会均等的制约因素。

二、体育教育是残疾人人权保障的重要内容

人权是指人依据其自身的本性和尊严所应当享有的权利，是人之生存所必需的、基本的并不可剥夺的权利。当今时代人人享有平等的教育权已被世界公认为是人权保障的重要内容，也是衡量一个国家一个民族文明程度、教育发展水平的最重要指标之一。残疾学生虽然是人类社会中的不幸者，但是他们也是人类大家庭中的一员，他们也有人的尊严和权利，所以他们应该和普通学生一样拥有接受适合其身心发展特点的体育教育、共同享受教育资源的权利。

和谐社会是以人为本的社会，是建立在尊重与保障人权的基础之上，人的基本权利和需要能够得到充分保障和满足的社会。现阶段，我国经济发展迅速，再加上党和政府比较关心残疾人这一弱势群体，残疾人的温饱问题已经得到了不同程度的解决，生存问题已经不再是残疾人要面对的主要问题。当前，如何满足残疾人对教育的需求已成为残疾人事业发展的关键。中国特殊教育起步较晚，再加上中国经济比较落后，虽然党和政府非常重视特殊教育，特殊教育的质量和数量也得到了不同程度的提高，但是与普通学校相比还有比较大的差距，使得体育这一受物质条件限制比较大的课程不能得到很好地开展。这种状况是和我们国家当前的基本国情相适应的，却是与和谐社会的发展目标不相协调的，它直接影响着残疾学生平等权利的行使，影响着他们健康体质的塑造，对残疾学生毕业后是否能继续坚持体育锻炼也影响比较大。如果这种状况不能得到改善，残疾教育事业不能与经济、社会的发展相协调，残疾学生不能和普通学生一样平等地接受教育、共同分享丰富的教育资源，那么，我国的和谐社会建设就会失去了其真正内涵和意义。

三、良好的体育教育能促进残疾人身心健康

生理或心理上的缺陷使残疾学生的活动范围受到很大程度的限制，相对

于正常人而言，社会的偏见、生活的窘迫以及肢体的伤残都给残疾人带来了常人无法想象的生理与心理压力，而这些压力如果不能得到及时、有效的宣泄，这对于残疾学生的身心健康和社会的稳定发展都是非常不利的。

体育教育是我国国民素质教育的一个重要组成部分，对残疾学生的身心健康的塑造起着非常重要的影响作用。接受合理的、有针对性的体育教育不仅可以增强残疾学生的体质，传授给他们科学锻炼身体的知识和方法，使他们养成经常锻炼身体的意识和习惯，通过体育锻炼能使其增进生理机能、促进身体康复、提高生活适应能力，还可以使他们真正享受到运动所带来的乐趣，克服自卑心理，培养自尊、自信、自强，敢于竞争、勇于拼搏、奋发向上、团结协作等优秀的心理品质，这对于改善残疾学生的人际关系，增强其广泛参与社会生活的信心和勇气都有很重要的影响作用。总之，体育可使残疾学生在融入社会的同时感受到做人的价值，享受到和健全学生同样的权利和乐趣，是残疾学生平等参与社会生活的桥梁。与此同时，它也是新时期推进社会文明进步、不断发展的动力之一，是构建社会主义和谐社会的重要基础和努力方向。

四、良好的体育教育能增强残疾人的社会适应能力

随着我国社会经济的不断发展，人民生活水平得到了极大的提高，残疾人积极参与社会各项活动的愿望也在一定程度上得到了满足。但是，不容忽视的是，大多数残疾人仍然生活在孤独、封闭的小圈子里，他们参与社会生活的状况与正常人相比还存在很大的差距。造成这种现象的原因是多方面的，有来自社会的，有来自残疾人自身的。要改善残疾人的生活状况，需要全社会的关心和支持，而残疾人自身观念的改变、能力的提高也是至关重要的。

一名残疾人要想真正融入社会，必须拥有和正常人同样的参加各种活动的权利，而这种权利在很大程度上必须以接受教育提高能力作为前提。由于受到生理或心理上缺陷的影响，致使大多数残疾人在受教育方面处于劣势。虽然教育改革进行了多年，但应试教育的影响依然根深蒂固，以升学率来考核一个学校工作业绩成果的现象还非常普遍。残疾学生教育主要以补偿教育为主，以提高学生的生存能力、适应能力为目的，投入大、见效慢，又无法用升学率等硬性尺度来加以衡量，这使有些教育管理部门对于特殊教育学校的工作支持力度、投入比重都受到很大影响。残疾学生的教育问题虽然得到了一定程度的改善，但是和普通人相比还是远远落后的，特别是像体育这些受场地设施影响较大、对师资专业水平要求较高的课程，这些课程如果不能很好地加以开展，将直接影响残疾学生及其成年后参与各项体育活动的可能，这其实也是社会中的一种潜在的不公平现象，对残疾人权利的行使、自身的

发展都是十分不利的。体育是一种精神需求，更是一种重要的媒介，它给人们提供了一个娱乐身心、展示自我、参与社会交往的广阔平台。但是，在我国群众体育事业迅猛发展的同时，残疾人体育锻炼场地的匮乏、体育教育质量不高却直接影响着残疾人体育活动的开展，致使残疾人企图通过体育这个渠道更好地融入社会的愿望受到很大程度的限制。

五、实施体育教育有助于人们端正对残疾人的态度

随着现代社会政治、经济的发展与文化、文明的进步，科学地认识残疾现象、正确地对待和帮助残疾人回归主流社会已经成为全社会的共识。但是，我们不能不承认在社会的范围内依然还存在着对于残疾群体的偏见、歧视，社会的偏见导致残疾人的健身权利还没有引起社会的广泛关注，导致残疾群体的健身状况十分的不乐观，尤其是对残疾群体充分参与体育活动更是抱以怀疑的态度，加之受到传统思想的影响，体育在残疾人群体自身的头脑中也没有形成清晰的、明确的概念意识，认为体育是正常人的游戏这种错误的观念还很根深蒂固，对于自身本该享有的体育权利还没有很好地重视和争取。受这种思想的影响，许多人对于残疾人接受体育教育还持怀疑和观望的态度，认为残疾人身体有缺陷不适于参加体育活动，如果让他们参加体育学习和锻炼，又需要专人提供帮助，只会给别人增加负担和麻烦。他们却没有清醒地认识到：残疾人参加体育活动可以促进身体的康复，提高生活适应能力和自理能力，在一定程度上能减轻其家人和社会的负担等。

"平等、参与、共享"是新残疾人观的核心。新残疾人观的主旨就在于帮助残疾人平等地参与社会生活、回归社会主流。实现残疾人的全面发展既离不开社会观念的根本转变和社会障碍的全面消除，更离不开残疾人自身素质的逐渐提高和综合能力的不断增强，所以，不断提高全民对残疾人及残疾人体育教育的正确认知，不断修正残疾人的自我定位、树立积极参与社会生活活动的思想认识、逐步地提高其应对挫折的心理素质。总之要通过多方面的共同努力才能使残疾人能够在一个相对和谐的社会氛围中以比较积极的态度和较高的能力参与到包括体育在内的丰富多彩的社会活动中去。

第二节 国外残疾人体育教育

一、国外残疾人体育教育发展阶段

（一）愚昧阶段

欧洲的奴隶社会，对残疾人采用不许生存的极野蛮和愚昧的做法。例如

古代斯巴达、罗马等国就是如此。

（二）嘲笑阶段

欧洲中世纪，宗教神学占统治地位，它不承认人的平等权利，不承认人的肉体的作用，残疾人对财产没有继承权；侏儒人当佣人，常常被人捉弄。但是此时并不剥夺残疾人的生命。虽然有个别人研究过残疾人问题，但还谈不上有残疾人的体育教育。

（三）起始阶段

欧洲文艺复兴时期，新兴的资产阶级提出"自由、平等、博爱"、"人皆有用"、"人皆平等"的口号，对提高残疾人的社会地位起了积极作用。医学、解剖学、精神病学等自然科学的发展，强烈地冲击宗教所鼓吹的"宿命论"的观点，动摇了残疾人是上帝惩罚的结果的谬论。夸美纽斯（Johann Amos Comenius）、裴斯塔洛奇（Johann Heinrich Pestalozzi）等人的普通教育学理论的问世，为残疾人接受教育奠定了一定的理论基础。于是在 18 世纪末叶，各类残疾人教育陆续出现。1760 年，巴尔的摩市开办了第一所盲校；1816 年，古根默斯在意大利的哈里斯特建立了专门的弱智学校；瑞典的特殊教育已有一百多年的历史。

在残疾人获得教育的机会后，又开始向体育领域扩展。1888 年，柏林建立起世界上第一个残疾人群众性体育组织——聋人体育俱乐部。在第一次世界大战期间，在欧洲出现了伤残士兵复活小组，体育手段对伤残士兵的康复起着积极作用。于是在欧洲引起了一次医学革命——第三医学即康复医学的诞生。这又推动了残疾人体育的发展。第二次世界大战期间，伤兵的增加，使医学界更加重视体育的医疗和康复作用。

（四）发展阶段

随着社会文明程度的提高，残疾人受教育开始得到法律保护。1960 年在日内瓦召开的第23届专门教育会议，其中讨论了弱智人教育等内容，强调残疾人教育要培养残疾人独立性、自信心、积极性；培养良好的情感；要创设最少限制环境；要采取多样化的教学方法；促进残疾人身心发展；选择教育有最大的自由等。此后，世界上陆续发表了各类残疾人宣言，例如 1791 年发表了《智力落后者宣言》，弱智人的教育受到重视，倡议将弱智人数纳入义务教育系列（苏联为 8 年制），其中规定 5～6 岁实龄而智力为 2～3 岁者进入学校接受训练；实龄 6～10 岁而智力为 3～4 岁者进入班级学习；实龄为 10～13 岁而智力为 5～6 岁和实龄为 14～17 岁而智力为 6～8 岁者进入中学学习。1975 年发表《残疾者宣言》；1977 年发表《盲聋者宣言》；美国在 1975 年 11 月 29 日，由福特总统签署了议院法案 S～6，于是有名的公共法 94～142 开始诞生。此法的全称是"全体残疾儿童教育法令"。此法主要作用在于保证残疾儿童自由的、适宜的公立教育的权利，并保证残疾儿童享受为满足他们特殊需要而设立的服务项目。公共法 94～142 的一个最显著的特征就是：在特殊教育计划所规定的学科中，体育形成了唯一的一种课程形式。这就是说体育教育的所有形式（包括特殊体育学、适应体育学、运动发展、竞技和游戏、舞蹈、校际比赛以及终身体育活动等），都必须为残疾儿童所享用。在此背景下，各国特殊教育都有长足的发展。1990 年，日本有盲校 70 所，学生 6 000人；聋校 108 所，学生 8 000 人；养护学校 769 所，学生 8 000 人。在特殊教育中，体育占有重要地位。例如法国特殊教育学校对 6～14 岁残疾儿童进行每周 10 个学时的体育教学，使他们得到适当的体育锻炼。

近年来，残疾人体育（Adaptd Physical Education）在世界范围内迅速形成及发展，越来越受到各国教育系统的重视，并逐步成为体育师资培养教学大纲中不可缺少的科目之一。残疾人体育在国外起步较早而且发展较快，尤其在美国、加拿大、德国、英国、澳大利亚等国家的大学里早已设置了由本科到博士的残疾人体育学位，并成为大学本科教师的必修课程。1990 年以来，由于融合教育运动的推动及影响，许多不同残疾的学生回到主流学校（Mainstreaming）享受与其他同龄学生同等受教育的机会。

二、美国的残疾人体育教育发展情况

美国残疾人体育在世界上处于领先地位。美国残疾人体育的发展总是随着特殊教育的发展而发展，其发展过程可大约分为三个阶段，即：

20 世纪 60 年代以前：残疾人的平等地位及科教育性的认识过程（Educable）。

70～80 年代：法律的建立对残疾人受教育的权力的保护（0～21 岁的受教育权力，EHA，977）。

90 年代至今：为残疾人提供平等以及最适合的教育（Integration & Inclusion）。

美国残疾人的教育从 19 世纪末期、20 世纪初期到今天，残疾人从被歧视为怪魔和被上帝惩罚的结果开始，经历了被社会分隔到回到主流学校等不同的时期和阶段直到今天的融合教育，其社会地位不断提高，享受到与其他同龄学生一样的权利及自由，从而反映了美国社会的进步及全社会各行各业教育及社会工作者的不懈努力。这些运动对残疾人教育带来了很大影响。

近 20 年来，由于美国融合教育的影响，千千万万不同程度的残疾儿童及学生，由特殊学校及机构转到普通学校中来。由于世界很多国家有关残疾人的法律及政策的制定总是跟随着美国、加拿大等国家的发展及实践，美国融合教育运动自然也影响到各国教育体系的制定，它的理论及实践也成为各国教育系统中不可分割的一部分。然而，尽管目前融合教育在美国的发展已有近20年的历史，但融合教育仍在处于发展及探讨阶段。许多理论及实践还处于尝试及争论之中，尤其在师资培训方面还远不能满足学校的需求。美国残疾学生与残疾专职教师的比例为104∶1，全国对体育专职教师的需求目前为79.4%。而残疾人体育教师的短缺也极大的影响了教学质量及融合教育运动的发展。因此融合教育在美国也是根据各地学校的条件及情况而实施，而非一刀切。州与州之间、城市与城市之间有较大的差别。有些州已实施全融合教育多年，但有些州或者城市仍处在结合式教育或者主流式教育阶段，而对如何实施融合式教育仍处在探讨与争论之中。

第三节　残疾人体育教育的目的与教学组织形式

"十五"期间，我国将特殊教育纳入到九年制义务教育中，在学校体育工作中明确提出：针对残疾学生特点开好体育课，广泛开展多种形式的体育活动和竞赛，使残疾学生掌握正确的体育锻炼方法，养成锻炼身体的习惯。要对残疾学生进行卫生常识和正确对待自身残疾的教育，适时进行青春期教育，使学生养成良好的卫生和自我保健的习惯，培养战胜自身缺陷的能力。

为达到对残疾学生实施全面教育的目的，不仅要加强文化知识、思想品德教育，而且要通过体育活动康复和补偿功能缺陷，不断提高残疾学生的身体素质，使机体获得最大限度的改善和发展，培养学生适应社会的能力。

一、残疾人体育教育的目的

目的是开发残疾学生的身心潜能，增强残疾学生体质，增进残疾学生健康，促进残疾学生身心和谐发展；培养残疾学生从事适宜体育运动的态度、兴趣、习惯和能力，为其终身体育奠定良好的基础；促进残疾学生个体社会化，培养残疾学生良好的思想品质，使其成为能够适应社会发展需要的有用人才，加强残疾学生的自信心、自尊心，使其不会自暴自弃，对生活失去希望从而一蹶不振。

二、残疾体育教育的教学组织形式

教学工作不仅要通过各种教学方法去进行，而且也要通过各种组织形式来进行。残疾人的身体、心理都跟健全人有较大差异，所以在教学组织形式上也应该根据残疾人的特点来教学调整优化。长期以来班级授课制是主要的教学组织形式。

（一）班级授课制

长期以来班级授课制是主要的教学组织形式，班级授课制主要有以下优点。

（1）有利于提高教学工作效率。教师面对全班学生进行集体上课，克服了个别施教的弊端，大大提高了教学工作的效率。

（2）有利于发挥教师优势。

（3）有利于发挥班集体教育作用。

（4）有利于提高教学质量，完成教学任务。

但是，班级授课制也有局限性。这种教学组织形式面向班级，使用统一的教材，统一的教学要求和教学进度，不利于因材施教，教学领域主要局限于课堂，容易产生脱离残疾学生实际，不利于学生生动活泼主动地学习。因此，残疾人体育教学组织形式还应该进行其他的改革和尝试。

（二）残疾人体育教学其他组织形式

在教学组织形式的发展中，多样化是发展的方向。不同学者有不同的见解，下面介绍一些国外的教学组织形式新的尝试，可以给残疾人体育教学提供参考。

（1）能力分组

能力分组出现在19世纪末和20世纪初，20世纪50年代以来欧美国家重视英才教育，这一教学组织形式被提倡和进一步完善，它的目的是在于克服班级授课制不能适应学生的个体差异，有利于因材施教。

残疾人的残疾类别不一样，也就决定了他们的参与体育运动的能力不一样，合理的对残疾人教学能力分组教学有助于教学任务的完成。

（2）选科制

选科制是近二三十年来西方国家尝试的一种教学组织形式。采用这种教学组织形式的目的是使教学符合学生和家长的需要、愿望和学生的学习准备。在残疾人体育教学中，学生可以在教师的指导下选择学习的课程内容。

（3）小队教学（协同教学）

小队教学又叫分队教学、协同教学，1954年后美国兴起的一种教学制度。由高级教师、助理教师、实习教师等组成教学小队，共同负责一个班或几个平行班的教学工作。

第四节　残疾人体育教育的教学原则

教学原则在教学理论中占有特别重要的地位。教师要顺利的进行教学工作，除了明确教学过程的特点，认清教学规律外，还必须研究和掌握教学活动中应遵循的一系列教学原则。教学原则是教学活动必须遵循的准则，是教学规律的具体体现，对残疾人教学工作具有指导作用。

一、整体性原则

教学整体性原则主要包括两方面的内容。一是教学任务具有整体性。教学是实现教育目的的基本途径，残疾人体育教育应当使残疾人在体育康复、体育休闲、体育交际等方面都得到发展，把他们培养成能适应社会发展、提升生活能力、具有良好心理健康和积极生活的残疾人。二是教学活动本身具有整体性。教学是一系列教学要素构成的一个完整系统，这就要求教师在教学过程中必须协调好教学诸多要素之间的关系，使各种教学要素有机的配合起来，在共同达成教学目标的过程中产生良好的整体作用。

二、因材施教原则

早在两千多年前，孔子就善于根据不同学生的特点选择教学内容和使用教学方法。对残疾学生，既要教具体的内容，也要因人而异，因教学内容而异。事实上，许多学习困难和注意力缺乏症学生还是有潜力的。按照布鲁姆的研究，除少数智力落后的学生外，95％的学生学习差异在习得性方面，只要改善教学过程，应该有95％以上的学生成绩是优秀和良好。所以在教育教学中不能用一个统一的模式，而应在最大限度的个别化的基础上进行教学，使每一个学生都能够得到适合实际情况的教育，并在其原有的基础上取得尽可能大的进步。

三、师生协同原则

师生协同原则，是指教学活动中，教师充分发挥主导作用的同时，还要充分调动学生学习的主动性和积极性，使教学过程完全处于师生协同活动、相互促进的状态之中。有的残疾学生由于对活动缺少兴趣，对自己期望低，学习主动性、自觉性不够，思维常处于被动状态。要努力改变这种被动状态，培养他们的主体意识以及学习中自我控制、自我调节能力，让他们学会了解和监控自己的学习以及了解解决问题的过程，如自我指导、自我提问、自我反思、自我评价等。必要时，对他们进行学习策略的训练，从而提高他们的学习效果。

四、直观性原则

通过直观形象的教学，有利于学生理解和掌握抽象概念，调动学生各器官的活动，刺激大脑皮层引起兴奋，使同一内容的学习在大脑多处留下痕迹。

学生可在教师的指导下模仿动作，如教师在教跑步的正确姿势时，可以一边示范一边讲解，也可以手把手地教，帮助学生摆好手、脚、身体各部位的位置。

五、有序性原则

有序性原则，指教学工作要结合学科的逻辑结构和受教育者的身心发展情况，有次序、有步骤地进行，使残疾人能够有效地掌握系统知识，促进身心健康发展。残疾学生的身体器官无法正常工作，但是他们其他器官的功能比较正常，甚至可能因为功能的补偿性作用而表现得比较突出。因此在体育教学的过程中，体育教师力求做到示范、讲解和学生实践相结合，充分发挥残疾学生各个器官的作用。比如在对视力残疾学生的教学中，教师要让每个学生能够通过老师的讲解抓住学习内容的要领，并做到一边讲解学习内容，一边做示范动作。对于一些比较复杂的动作不仅要逐一分解而且要手把手地示范讲解，每次示范的内容尽量少而精，以求得他们容易记忆，这一点对于低视力者尤为重要。

六、启发创造原则

启发创造原则，是指教师在教学中最大限度的调动学生学习的积极性和自觉性，激发他们的创造思维，从而使学生融会贯通地掌握知识技能的同时，充分发展自己的创造能力和创造人格。在体育教学中，要采取以表扬引导为主，多给予鼓励的方法。当学生在体育活动或训练中遇到困难和挫折时，教师应及时给予正面引导，加以鼓励。引导和培养良好的学习动机是启发教学的首要要求。学习动机一般分为直接动机和间接动机。启发创造原则要求我们，在教学过程中不能单纯地向学生传授知识，而要全面规划教学任务，培养思维能力。

第五节　各类残疾人学校的体育教育

一、盲人学校体育教育

（一）盲人体育的内容

盲人体育的内容可分为一般性体育活动和适应性功能训练两大部分。

1. 一般性体育活动

盲人可以参加多种体育活动，例如体操、田径、游泳、舞蹈、划船、骑马、铃球、摔跤、柔道、双人自行车、溜旱冰等；德国科隆体院赛尔教授介绍说，摔跤是唯一的盲人可以与正常人一起比赛的项目，美国的五分之四的盲校都有自己的校际摔跤队。

上面这些体育内容，都可以用来健身，其中一部分还可用来进行比赛，比如田径、游泳、摔跤、柔道等。

2. 适应性功能训练

（1）触觉训练

触觉是盲人感知周围物体的重要途径，触觉训练对于盲人来说，可以看做是体育教育的一种方式，也可以看做是体育的一项内容。触觉训练的内容很多，例如：

①用手触摸各种体育器材和设备，了解其形状、硬度及用途等。

②用手触摸教师或同伴的身体或某个部位，了解做某个动作时的身体姿态。

③用脚触摸地面，感知地面的光滑和硬度，便于运动，例如跑到跑道转弯处时，脚感知地面凸起和变硬，就会变向转弯跑步。

身体各个部位都可以起到触觉作用，要根据需要而定。

（2）听觉训练

听觉是盲人感知世界最重要的器官，对盲人的补偿作用最大。

听觉训练主要采用声音信号引导盲人进行体育活动。从产生的效果来看，连续不断的声音比间歇的声音好。为了有利于引导盲人进行活动，声源最好是在盲人的前方，使他们直接向着声源方向移动；另一种较好的方法是将声源放在盲人背后，以便盲人直线地离开它。盲人最难感觉和最难跟踪的是来自身体旁边的声音。为了使盲人学习掌握各种声音，必须经过一个由简单到复杂的过程。当他们已经能应付单一的声源时，一定要让他们处在包括指示声源在内的、各种不同的声音的指示的刺激之中，并辨别和追踪其中已有的某种声音，例如：

①区别不同充气皮球反弹的声音。

②通过声音判断篮球反弹的高度，并通过这种训练能够接住他人或自己抛出后反弹回来的球。

③辨别地上滚动球的方向，并通过此项训练能够截住或踢到向自己左侧、右侧或正面滚过来的球。

④在滚木球游戏中，训练能区别球沿着木槽滚下的声音。在木槽的另一端区别是一只栓子被打倒，还是几只栓子被打倒了。

⑤在射箭中，训练辨别由于箭击中气球或者箭穿过（用可以发出声音的材料所制作的靶子）时所发出的声音。

⑥在自然条件下跟随录音机的声音行走。

⑦跟随铃声或其他声音在水中行走、游泳等。

⑧听摇长绳打地面的声音，辨别摇绳的节奏，以便掌握何时跑进去跳动，何时跑出来，进而学会跳绳。

（3）空间感训练

了解自己在空间的位置，学会占有空间和合理地使用空间，对于盲人参加体育运动是十分重要的。

①走直线练习。在平衡木上行走，或先在地面上做出特设标记，盲人在上面行走，然后到普通地面上行走，尽量减小偏离的距离。

②听声音信号，转体 90 度、180 度、270 度或 360 度。盲人平均转动在 320 度～325 度，所以转体 360 度是困难的。

③在同伴陪同下，走一段距离；然后自己沿原路走回出发点。

④在户外能感到阳光的地方练习面对东、南、西、北，在各种游戏中把方向和目标联系起来。

⑤练习在地面上走不同的图形，并且试图重试同样的运动。

应当为盲人提供一根导线，使这根导线从活动场地（或馆）的一端伸展到另一端，这根导线使盲人能适应这样的挑战，如以最快的速度跑步、以最快的速度滑旱冰、以最快的速度骑三轮车或者自行车。盲人被系在短绳上，而短绳环绕在导线上；或者用手指触摸，沿着导线运动。绳子与髋同高最合适，在绳的远端打个结，以示运动者绳子已经到头。在固定的运动场，这根导线应为永久性的。

（4）定向和灵活性训练

这是盲人适应环境，能独立地行动的重要训练内容。美国（盲校校长）查理·扬为刚进入盲校学习的盲童设计下面一些方案：

①盲童在教师指导下，由同伴陪同，在校园内进行短距离的、安全的和使人快乐的散步。

②对自己的校园能做出一般地描述。

③能说明如何运用声音、地标、气味和风向在校园内独立地行动。

④能以轻松自如的姿势走路，避免各种不必要的痉挛。

⑤在没有帮助的情况下，能够从宿舍走到体操馆、田径馆等。

同样，体育教育工作者必须能够指导盲人运用体育场地和各种器械。盲人（童）常常擅自攀爬和悬垂的技艺，不能看到自己与地面的距离，他们对于占据高度极高的位置而毫不恐惧。在这种情况下，可以将铃系在可以摆动的支持链上，以示危险，引起盲人注意。

下面也是盲人定向灵活性训练的方法示例：

①在定点发出某种声音信号，训练盲人对准声源（目标）前进。

②教师在某处拍一下手，训练盲人找到老师（如果发生偏差，可以提醒一次）。如果有的盲人多次总向一边倾斜，要检查平衡器官。德国有的材料介绍，盲人一般右腿比左腿要短些，大约短1～2厘米。

③盲人跑步前进时，听到信号，立即跑向目标（信源处）。

④盲人背向声源前进，找到声源位置。

⑤盲人自己滚出带声音的球，然后自己去找球。

⑥设置一个或多个移动声源，让盲人去寻找。

⑦"追捕"游戏：一正常人击掌并随意跑动，盲人根据声音去抓他。

⑧一人原地击掌，盲人围绕其转2圈。

⑨根据对方发出不同信号，决定前进跑还是后退跑。

⑩扔下不同的物体，由盲人判断是何物体（也可以给回物体）。

盲人还可以从事发展力量、耐力、速度、柔韧等素质的活动。

（二）盲人体育教育的方法

1. 讲解法。讲解的目的在于引起动机、了解动作、明确任务、指导环境等，这是向盲人传递信息的一种方法。

2. 触摸法。一种是教师做动作，由盲人触摸，了解身体以及各个部位的姿势；另一种是盲人做动作，由教师通过触摸给予肯定或者纠正；再一种是盲人互相触摸，完成规定动作。

3. 信号（条件）引导法。一种是声音信号引导运动的方向或速度；另一种是绳索等物体引导运动的路线；也可以由同伴引导。

4. 分解练习法。盲人应先学会局部动作，然后再掌握完整动作。

5. 消除恐惧法。做动作之前，应使其熟悉环境与场地，形成良性心理。

6. 互助法。盲人互相之间应团结合作，不仅有利于完成动作，而且有利于增进友谊，加强感情交流，社会意义很大。还可以运用游戏法、竞赛法、重复练习法等。

（三）盲人体育教育的基本要求

由于视觉器官残疾，导致盲人对环境和体育动作观察不到，在体育活动中容易出现抑制和静候，自卑感又将导致对运动缺乏兴趣，有些盲人不能约束自己，表现出冲动行为，但又不能无拘无束的放开活动。所以下列几条注意事项是很重要的。

1. 熟悉教师，建立信任感。

2. 鼓励成功与进步，强化自信心。

3. 了解自己身体并知道各个部位的名称。

4. 经常使盲人接触各个身体器械。

5. 基本活动训练是学习动作技能的前提。

6. 适当采用竞赛性游戏和竞赛性形式，提高其感知水平。

二、聋人学校体育教育

（一）聋人体育的内容

聋人可以参加多种体育活动，但是强烈旋转、增大头颅内压的运动，应尽量避免。

1. 刺激——反应——做动作的练习

（1）看教师手势做动作（向前、向后、向左、向右移动）。

（2）用各种颜色的卡片代替不同的手势，聋人看卡片做出相应的动作。

（3）看不同的手型（拳和掌）做出规定的动作。

（4）双人"影子跑"：正常人在前面做动作，聋人尾随其后做出相同的动作。

（5）双人练习：两人对面站立。一人做动作，对面的聋人做相同的动作。

做相反的动作：聋人根据手势，做出相反的动作。

（6）"交通警察指挥交通"练习：聋人分四点站好。中间为交通警察。交通警察可以两臂胸前交叉，可以两臂侧平举，站在原地并可以移动方向，指挥聋人可以沿着四周运动，也可以沿对角线运动。经常变换方向，效果更好。

以上练习都分为信号、手势、动作这三个基本组成部分。

2. 协调性练习

（1）原地拍球；转身拍球；由低→高→低→高拍球。

（2）直臂拍球；用手背接球；跳起接球。

（3）用单足拍球。

（4）俯撑，两手交换拍球；或左（右）手抛球，右（左）手接球。

（5）各种"耍球"练习：

①两脚开立，绕两脚做"∞"字运球。

②两腿并腿坐，球经脚→臀部绕球；分腿坐，再绕环。

③立膝坐姿，球从臀部→经膝下→绕过脚尖成"∞"字绕环。

④分腿站立，左右手互相传接球；或单手向上抛球后，双手拍球，再接住球。

（6）两人对面站。各持一球，互相传接球；可以同时向对方滚球；也可以同时向对方传反弹球。

（7）手指或抬平肘关节托住向上直立的体操棒。可以原地踏步；也可走几步突停，使棒不倒。

（8）坐姿拍球，上体后倒继续拍球（可闭目）。

（9）坐姿双脚夹球，抛球自己接住（双人做）。

（10）抛起球坐下接住；抛起球起立接住。

（11）坐或右手将静止的球拍起来。

3．节奏性练习

（1）有节奏的跳跃：按教师的手势，匀速而整齐地跳跃。节拍是1—2—3—4—5—6—7—8。聋人可先手拉手练习，然后自己独立练习。

（2）聋人分为两组，一组按1—2—3—4节拍跳动；另一组按5—6—7—8节拍跳动。先以手势指挥，然后过渡到不给手势。

4．平衡练习

（1）两臂侧平举，踩地上的直线行走（可头顶轻物体）。

（2）球拍托球走（跑）步。

（3）单腿站立（金鸡独立、燕式平衡等）。

（4）前滚翻单腿起立。

（5）走过平衡木（高度、宽度视情况而定）。

（6）蹦床练习。

（7）经过选择的体操动作。

（8）经过选择的转体、翻滚动作。

（二）聋人体育教育的方法和要求

聋人可以做任何动作，学习掌握运动技术也不十分困难。选择与运用适当的教学方法，对于掌握运动技术技能，有积极意义。

体育教育常用的方法，例如：直观法、言语法、练习法、游戏法、比赛法等，在聋人体育教学中都可以运用。但由于聋人有特殊性，所以对他们的体育教学方法和要求，也有一些特殊性。

1．口语、手势法。教师应能熟练地使用口语、手势或二者结合的方法，完善信息和感情的交流。

2．多用"全交流方法"。这是指聋人能够按照教师的要求，做出正确的动作时，教师则帮助聋人找到自己所做出的动作的词或者手势。例如：当教师要求聋人用不同的方法从房间的这边走到房间的那边，而聋人正确做完以后，教师帮助他们找到形容他们正确做的动作的词或者手势。这是将体育动作与词语和手势相结合的一种方法，对聋人是非常重要的。也可以在黑板上写上练习动作的名称，教师做这个动作，然后学生练习。

3．综合感觉法。体育教学应保证使聋人的视觉、触觉、平衡觉等多种感觉器官参加活动，特别是节奏感强烈的动作，如聋童上"律动课"做练习时，

残·疾·人·体·育

58

教师通过弹钢琴并同时敲击大鼓振动空气和地板，使聋童获得不同性质的振动的信号，从而完成节奏一致的动作。

4. 直接信息法。体育教学环境要有利于信息的接收。体育教师要始终处在聋人能看得见、看得清楚的地方；户外活动，聋人不要面对阳光听讲和观察；讲解时，必须使聋人看清楚口形；在黑板上写字或背对聋人时，不要讲话，也不要指示方向；当某人听不清讲话内容时，应再重复所讲解的内容，直到听清楚为止；篮球、排球和手球裁判只能用小旗当手势；田径发令员的位置，应使所有的运动员都能看到。

5. 保护性方法。聋人不宜做过分屈体和妨碍视觉的活动；为防止游泳时过分抬头，眼睛露出水面，可利用水下灯光作用作信号；闭眼和蒙眼的体育活动对聋人没有益处，所以可多安排些提高视觉能力和运动能力的活动，如舞蹈、蹦床、筋斗等动作；做支撑跳跃等动作时，要加强保护措施。

6. 矫治性方法。对于聋人不端正的体态、运动方式等，应通过体育教学予以矫治。例如，为了改变拽足而行的步态，可以有目的地练习从足跟到足尖的迈步动作。

三、弱智人类学校体育教育

（一）弱智人体育的内容

弱智人可以参加多种体育活动，大致可分为以下几类。

1. 一般性身体活动

（1）在垫子上仰（俯）卧，直体侧滚。

（2）在垫子上团身滚动。

（3）在垫子上做肘膝支撑（俯卧）爬行。

（4）"呼啦圈"练习。

（5）走步（跑步）练习。

（6）在地上旋转 3 种不同颜色的轮胎或者铁环，用单脚或双脚跳跃。相同颜色动作也相同。

（7）平衡木练习：开始时慢速小步走，以后可逐渐加快行走速度，也可以两臂侧平举或头上顶沙包行走。平衡木可逐渐升高。

（8）平衡板练习：直径约 60 厘米的圆形木板，底面中心处有一 10 厘米左右的凸起。弱智人站在板上，靠移动身体重心维持平衡。起初，两脚距离较大，以后可逐渐缩小；还可以沿着平衡板的边缘移动脚步。

（9）踏板弹接沙包练习：取一长条形木板，下面中间处钉一方木条，以做支点。在木板远端放一沙包。用脚猛踏近端，沙包即被弹起，用手接住沙包。

（10）传接"多角球"：用胶皮制成具有 6 根牛角似的"多角球"，其中一对是红色的。接住传来的球角即得分，如接住红色的角，则加倍得分。

（11）跳绳（短绳或长绳）。

（12）手持器具（纸篓或广口瓶）接对方传来的小球。

（13）抛掷小圈，套住立柱。

（14）地上画好方格，将球投到指定的方格内。

（15）踩罐头盒行走：用两个一样的铁罐头盒，打孔后穿上绳子，手握住绳子另一端，两脚踩在罐头盒上行走。

（16）跳竹竿：两根竹竿，两人两手各握住竹竿的一端，将两竿时分时合，另一人练习跳过竹竿。可从在地面上移动竹竿开始，跳熟练以后，可考虑使竹竿离开地面有一个适宜的高度，以增加练习的难度。当然，这种变化要十分慎重。

（17）单手持乒乓球拍子托球（沙包、皮球、乒乓球等）行走。

（18）手指托直立的体操棍行走。

（19）手指按住在地上直立的体操棍，松开手转体一周后再抓住体操棍，使其不倒。

（20）蒙住双眼走直线。

2. 感官训练练习

弱智人感官有障碍，通过训练提高其感官功能这是主要目的，而不是身体练习本身。即通过大量的身体活动，全面发展弱智人的感官、大脑、肢体活动功能。

（1）视觉练习

①弱智人一人一个小气球，用手打到空中，然后一手做成手枪式，描绘划出球下降的路线。弱智人左右手概念不清，可两手分别系以带子或手表等具体标志物以示区别。

除用手以外，还可用头、肘、肩、脚等使球上升，应不断变化、提问题，让弱智人动脑子。

②教师抛球，弱智人用手瞄准射击。

③教师在地上滚一个大球，弱智人用小球打之。

④弱智人滚球入门。

⑤一个弱智人观察其他几个人的微小变化在何处。

⑥几个人造型，一弱智人先看；然后让他背过脸去，造型人改变动作；再让他转回来仔细观察，说出造型人有何变化。

⑦做"领头人"游戏。

⑧两人对面站好，一人做动作，另一人跟着做；一人在另一人后面跟随做动作。

⑨五人拉绳，绳置高位时，让弱智人从绳下面走过去；置低位时，则要求他从上面迈过去。

⑩弱智人难于辨别左、右。下面介绍一种美国的"眼睛舞蹈"练习（有音乐伴奏）。解说词如下：

现在，我们将用自己的眼睛来舞蹈，预备起：

闭眼、睁眼，闭眼、睁眼，闭眼、睁眼、眨眼，睁大眼！闭眼、睁眼，闭眼、睁眼，闭眼、睁眼、眨眼、睁大眼！上、下、上、下、上、下、眨眼、睁大眼！上、下、上、下、上、下、眨眼、睁大眼！闭眼、睁大眼！

向右看、向左看，右、左、眨眼、睁大眼！

向左看、向右看，左、右、眨眼、睁大眼！

向四周看、向前看，集中看任何一个物体！再看别的东西。

向左看、向右看，左、右、眨眼，睁大眼！

向右看、向左看，右、左、眨眼、睁大眼！

向上看、向右看，向下看、向左看（再重复两次）。

有的孩子平时两眼发直，眼球很少活动，做上面练习 2 分钟后，他们会喊："眼睛太累了。"但久练之后，不仅有助于他们区别左、右，眼球也会加多活动或转动更灵活些。

（2）听觉训练

①大家坐成圆形，一人蒙眼站在中间，由周围的某个人发出 1～2 次舌声，蒙眼人找声源。

②一人蒙上眼睛，听沙包落地声音后，爬行去找沙包。

③引导人发出声音，蒙眼的弱智人跟着走。

④节奏训练也属听觉训练范畴（如拍手声）：

A. 一个人发出一种节奏声音，其他人跟着模仿。

B. 一人拍一下手，几个人组成节奏声响。

C. 教师拍手，学生用脚击地板，组成声音节奏。

⑤弱智人报数，教师喊几号，几号队员就跑出（正面做、背向站立向后转跑等）。

⑥慢跑，听不同信号做急停、转体 180 度或 360 度后继续跑步。

（3）触觉训练

①指导者触摸弱智人身体某个部位，叫他说出该部位解剖学名称。

②在弱智人背上慢慢用手指写一个字母或数字，叫他说出写的是什么字

母或数字。

③头顶沙包行走，不要掉下来。

④蒙上眼睛去触摸另外一个做某种动作造型的人的身体，说出做的是什么动作并尽力模仿做出来。

3. 手眼协调动作训练

(1) 投筷入瓶。

(2) 用筷夹豆。

(3) 投准。

(4) 用针线串珠子。

4. 健身练习

(1) 各种不同方式，距离，速度及环境的走步。

(2) 走跑交替练习。

(3) 游戏。

(4) 足球。

(5) 游泳。

(6) 乒乓球。

(7) 仰卧起坐。

(8) 收腹举腿。

(9) 俯卧撑。

(10) 屈臂悬垂。

(11) 引体向上。

(12) 立定跳远。

(13) 跳远或跳高。

(14) 爬山。

以上这些体育活动，在选择使用时，要视参加者弱智的程度而定。即便是同一种体育活动，弱智程度不同，具体练习方法和难易也要有所区别。

(二) 弱智人体育教育的方法

1. 指导法

指导法：是指导者设计并实施的使弱智进行感知和练习所学动作的活动方式和总和。

(1) 讲解法

指导者用语言向弱智人讲解所学动作的名称、意义、做法及练习的步骤与要求等。要求讲解正确、简练、生动、清楚，一定要使弱智人听得见、听得清和听得懂。

（2）示范法

指导者亲自做动作或用演示教具模型等方式，使弱智人观察到所学动作的形象、结构等，以便在头脑中形成该动作的运动表象。示范法要求动作正确、适当、站位适宜，使弱智人看得见、看得清和看得懂。

（3）激励法

指导者用语言、表情、掌声、实物等方式，调动弱智人的积极性，保持适宜的兴奋性，防止保护性抑制的出现。

（4）表率法

指导者用自己的言行举止为弱智人做出行为的榜样，天长日久，潜移默化，对弱智人的社会化水平提高是有益处的。

（5）感情法

指导者应利用各种方式，使弱智人信任自己，尊重自己，师生之间形成良好的情感，这是很重要的方法。

（6）个别法

指导者对弱智人应区别对待，尽量做到个别指导。如有困难，则必须对特殊（例如有某种疾病的人等）弱智人实行区别对待。

（7）集体法

指导者应注意创造一良好集体，个别弱智人在良好的集体中，会受到好的行为习惯的熏陶，有利于克服不良习气。

个别法与集体法是辩证统一的。

2．感知法

感知法是指弱智人通过各种感官了解所学动作的行为方式的总和。

（1）观察法

弱智人运用视觉感知和动作的形象、结构的方法。弱智人往往观察到的是事物局部的、表面的性状，而该看到的却看不到。所以应提醒弱智人观察什么、怎样观察，提高观察法的效果。

（2）听讲法

弱智人用听觉感知动作的名称、意义、做法，节奏及教师的评价等。这属于第Ⅱ信号系统的活动。弱智人对抽象的言语难以理解，所以应使弱智人能听得懂，才有效果。

（3）本体感觉法

弱智人通过本体感觉来感知动作的用力大小和用力时间与方向。任何体育运动都需要肌肉活动（收缩与放松），而任何肌肉活动都会刺激，产生本体感觉。本体感觉越清晰、越正确，学动作技能也越快。

（4）标志物法

用具体实物为弱智人指示动作的方向、幅度，使其做出正确的动作。

3. 练习法

练习法是弱智人通过反复练习形成与完善动作技能的方法。

（1）模仿法

弱智人模仿指导者或者其他所感知到的动作。模仿是开始阶段，是动作技能学习的必经阶段。

（2）重复法

弱智人经过多次反复练习某个动作，才能在大脑皮层中形成动力定型，掌握动作。每次教学课，反复、重复练习一定次数的已学动作是必要的。

（3）独立法

即弱智人独立练习某个动作的方法。这是经过反复练习，已经初步掌握该动作的前提下才可运用的一种方法。

（4）游戏法

这是弱智人通过游戏的方式学习动作技能的方法，选择游戏要有明确的目的。

（5）比赛法

这是弱智人运用比赛的形式改进和提高动作技能的一种方法。

（6）转换法

这是弱智人通过变换练习的方式、条件、姿态等方法，以保持兴奋性和注意力，从而改进和提高动作技能。

（三）弱智人体育教育的基本要求

1. 弱智人反射弧的几个环节都存在着不同程度的缺陷，任何一个环节的缺陷都会影响神经冲动的快速准确地传递，无疑这是有碍动作技能的掌握的。因此，弱智人动作技能的教学首先要保证反射弧功能的提高，即提高感知能力；中枢接收、处理、储存、输出信息的能力；效应器（如肌肉）发生动作的能力等。

2. 人出生后，首先通过触觉感知世界，几个月的婴儿就能理解母亲用手抚摩头部和用手拍屁股的不同含义；其次是通过观察认识世界，婴儿用眼睛看到鲜艳色彩的气球时，就会做出用手去抓的动作；最后是用听觉了解事物，开始能听懂人们简单言语的含义。弱智人由于大脑受到损伤，触觉、视觉、听觉能力较正常人较低，对于学习动作技能，听觉的缺陷显得更大些。因此，要充分发挥弱智人触觉、视觉在学习动作技能中的作用。讲解的语言要生动、形象、简单，容易被弱智人接受，发挥和增强其听觉的作用。

3. 神经系统应保持适宜的兴奋，过高兴奋和过低兴奋都会降低人体的工作能力。

正常人对外界刺激有能力进行选择，吸收适宜强度的信息；而弱智人没有能力加工处理各界刺激，大脑中接受许多同等强度的信息，妨碍神经系统保持适宜的兴奋性，人体不能达到最高的机能状态。弱智人兴奋性过高和过低，都会出现学习困难的问题，影响动作技能的形成与提高。所以要通过科学的教学法，在适当的时候，给予适当的刺激，这主要运用生理—心理调节法：

（1）开始练习时应先做熟悉的动作，给身体加大负荷，促进肾上腺素增多，提高兴奋性。活动后，激素减少，兴奋性就降低了。一般可先做 5～8 分钟熟悉的动作，千万不要在开始时就做新的动作。

（2）在完成一定负荷的活动以后，可休息 2～4 分钟，这时，可令其闭眼躺下。因为运动后，心率每分钟可达到 160～180 次，休息后下降到 100～120 次。再观呼吸，呼吸正常时，就恢复过来了。

（3）适宜的兴奋性状态，应保持 10～15 分钟，这时做精巧的动作，才会顺利成功。

（4）在闭眼休息时，教师的导语要轻松，若再播放轻音乐伴奏，则效果会更好。此外，还可以叫弱智人集中注意力听敲钟的余声，或者听大头针掉落在地上的声音，这些方法的恢复效果也都较好。"绝对的"放松，效果并不一定好。

4. 要有一定的运动负荷，使机体保持一定的紧张度。阈下刺激的反应量小、刺激重复数量不足则不能形成动力定型。弱智人的惰性较大，更需要较强的刺激和一定数量的重复刺激。

5. 多样化和个别化结合。联系手段、方式要多样化，以引起弱智者的学习兴趣，诱发积极性，保持注意力，防止保护性抑制的出现。个别化是指区别对待，这是从实际出发，因人施教的意思。弱智人身心特征个体差异显著，个别化教学尤其重要。

6. 循序渐进。弱智人体育教育不同于正常人或其他残疾，应循序渐进。

四、截肢人学校体育教育

由于截肢种类很多，每一种截肢都有其特殊性，因而其体育的内容、方法及要求也是多种多样的。有的体育动作，上肢截肢者可以练习，下肢截肢者也可以练习。这里我们只简单介绍以下几种练习。

（一）上肢截肢者"脚踢网球"

1. 全场 20×8 米（半场 10×8 米），网高 1 米。每队 4 人，只许在本方半场内用下肢传球不超过 3 次，球反弹 1 次就踢，不许球在地上滚动。

2. 发球时可将球直接踢出去，一脚踢过网去，对方接球后可在自己半场内踢传球不超过 3 次，将球踢过网。

3. 队员可灵活机动地在本方半场内移动。

（二）上肢截肢者反弹球练习（有完整单臂者）

1. 全场 16×8 米（半场 8×8 米），场中央悬挂 40 厘米高、5 厘米粗、一半黑、一半黄的绳子（非正式比赛可在中央放长凳子）。

2. 每队 3 人或 4 人，只许用单手握拳击球。每人只许击球 1 次，每队击球 3 次过网。

3. 输分队发球，15 分满局；或各发球 10 分钟，20 分钟时，得分多者为胜。

4. 击球先在本方场地弹起才能过网。

5. 练习方法：

（1）队员隔网对面站立，轮流握拳向下击球反弹过绳子。

（2）多练 3 人三角传球，要准确、利落。

（三）下肢截肢者的游戏

1. 截肢者围坐一圆圈

（1）从圆心滚球，叫谁的名字，球就滚向他（叫号也可以）。

（2）自己用两只手交互传球、滚球。也可交叉进行。

（3）互相交叉来回滚球，互相叫名字或叫号。

（4）每人 1 球，向同一方向传球，1 球追 1 球。

2. 分成两队，对面坐好。相距 2～3 米，迎面传球，然后移向对方。这个练习是球类运动的基础。3、4～5 人围成小圈，互相扔传球

（1）开始 1 个球，以后是两个球。

（2）1 个球顺时针传递，另 1 个逆时针传递。

（3）反弹传球（用 1 个球或 2 个球）。

（4）反弹传球，不能持球，从中间传。

（5）反弹传球，只许触 1 次球。

上述活动，均可用手支撑移动物体。

（6）头上传球，先接再传，然后可以直接传。

（四）轮椅练习

轮椅练习是下肢截肢者的一项体育活动方式，乘坐轮椅还可以从事田径等多种体育活动。

轮椅行驶，一种在馆内，主要为了健康；另一种在场外，主要为了比赛。

初学者为了学轮椅，要求达到非常熟练，应使轮椅像身体的一个组成部分似的。

轮椅一般用手驱动前进。用双手制动轮椅，应当学会驶动、变向、转圈、上坡下坡、急停等。轮椅应能在不同的地面行驶。

截肢人要学会自己上下轮椅。因为不能总坐在轮椅上，需要经常下轮椅。坐10分钟左右应用手支撑"站立"一段时间，一方面防止褥疮，另一方面可以适应直立状态，促进血液循环，提高平衡能力等。

乘坐轮椅练习或参加打篮球、打乒乓球、射箭、击剑等活动。参加轮椅马拉松比赛。乘轮椅出发时，轮子放正，不要打横，否则要后退。启动时要推大轮子的辐条，移动3～5米后，再推小轮子，手轮的位置要在髋关节水平处为好。手用力要匀，不要突然发力，出发时手在身体前边推辐条，否则车前部要翘起来。轮椅转弯较难，转弯时外面手的力量要大些，身体向里侧倾斜。不同的轮椅的结构稍有不同，竞速轮椅的手轮小，速度快。两个轮子的轴有点倾斜（轮子也有点倾斜），便于转弯。国际有统一的标准，制造方法可不同。手握手轮不要太紧，以利省力，较好的方法是推一下，压（搓）一下。

（五）游泳

游泳是截肢人进行康复、锻炼和比赛的一项极有价值的运动项目，得到了广泛的开展。因而，学校体育教育业应重视截肢学生的游泳运动。

1. 游泳池的设计

游泳池底中间深，两边浅，深度分别为64厘米和98厘米、132厘米、180厘米。池底可升降，四个深度可随意调整。

2. 截肢人游泳教学方法

目前世界上并没有一个截肢人初学游泳的成熟方案，一般有以下一些情况待考虑。

（1）水的作用

①水中压力大，呼吸难度大，动作时费力，于是心跳加快。所以游泳前要检查心血管机能，是否适应水的压力。

②水的密度大，水中运动阻力增大，使皮肤的感受性加强，有较大的物理和化学作用。

③水中浮力大，但人体在水中不同姿势，会有不同的浮沉现象：

当仰卧时，下肢下沉，膝关节和踝关节易成直角状态；手放体侧时，易下沉。当俯卧在水面时，躯干很平，下肢下沉，髋关节易成直角状态，膝、踝关节也成弓形，这是因为大腿只能前抬，不能后屈的原因。

双大腿截肢者，在水中易漂浮与保持平衡。当手臂前伸时，身体下沉些。

双臂截肢者更难些。因为正常人身体重心一般在髋关节附近，双腿高位截肢者的重心上移到胸口附近。

单臂截肢者，仰卧水中时，身体逐渐下降，下肢下沉，头往上移动，躯干常向截肢方向倾斜。单臂如果上举，身体斜立下沉。

双臂畸形者，俯卧或仰卧后会逐渐成身体直立状态。这是因为正常人重心在骨盆，双臂残者，重心往下移（与双腿截肢者相反）。人体在水中受到的浮力与重心方向相反，大小一样。

一般人，头离浮力点近些。当人脚下沉到使身体重心与浮力点成一条直线（垂直姿势）时，身体停止转动。

（2）截肢学生游泳的教学方法与步骤

一般应从俯卧开始，先观察各种截肢学生在水中的静止姿势变化，再教学，这很重要。

减小身体的阻力面很重要，因为划水作用力大，反方向用力也大。身体的阻力增大，游泳速度变慢，可使心跳加快（例如，1分钟游泳50米，阻力小者每分钟心跳可达96次，阻力大者可达到156次）。

心理紧张程度也可以影响速度，例如，正常人在陆地上每分钟心跳为80次，在水中放松游泳时可降到70次；如果害怕时，可上升到140次，所以要消除恐惧紧张心理。为此，可以自制游泳用的器材。例如，用充气的轮胎套在腰部或大腿部；戴上手、脚蹼；将两个浮漂捆绑在一根横竿的两端等。

截肢学生游泳时水温应在27～33摄氏度，水温太低，呼吸困难，肌肉紧张，不利于动作与技术的发挥。

在水中游泳时要去掉假肢，使活动范围扩大，身体放松，比在陆地上平衡感更强。

截肢学生出入水池不方便。应有人帮助其出入水，可以拉着双臂使其慢慢下水；出水时，拉着双臂，师生应面对面站好，交叉双臂上拉，使其身体一转就能坐在池壁上。

截肢学生游戏的方法步骤：

①"玩水"阶段。

此阶段主要是使截肢学生熟悉水中环境，积累水中活动经验，消除紧张、恐惧心理。

具体方式：用脸盆装满水，在水中练习呼气、转头吸气；截肢小孩与家长、老师有紧密的身体接触（下蹲、举起、水中漂浮等）；水中行走；学习水中闭口（水中放小物体，教孩子用口去叼物体），练习水中呼气；练习水中睁眼（水底放物体，比赛谁的手取到的快等）。

②水中"活动"阶段。

体育老师扶持截肢学生在水中进行走动、跳动，抱膝团身浮起——展体俯卧，水中垂直、侧面、混合方向转体练习，水中体操及力量练习，水中漂浮，水中滑动，以及学习基本的游戏方法，以便能独立游泳。

③截肢学生在水中"积极停留"。

3. 应注意的问题

（1）失去双臂的学生，适学蛙泳；失去单臂者，适学侧泳，健侧在水中，将海绵块捆在残肢上，增加浮力。失去单臂者也可以学习自由泳。

（2）下肢截肢的学生，也适合游泳，但应去掉假肢。主要学习自由泳、侧泳，仰泳更便于呼吸，也可以学习蝶泳。

（3）注意小步子教学，采用分解教学法。刺激不要太多，一般先学习腿部动作，用器材或手扶池壁；然后水中滑行腿打水；熟练后，再加上手臂动作；最后教呼吸，做完整的游泳动作。

（4）入水前，在陆地上做热身运动。

本 章 小 结

残疾人的体育教育在残疾人的成长过程中具有其他教育形式不能替代的功能，在各类残疾人学校里进行的体育教育应根据不同的残疾类型来探索教学的方法和手段，从而促进残疾人的身心健康发展。

>>> 思考题

1. 简述残疾人体育教育的目的与任务。

2. 论述残疾人体育教育的作用与意义。

第四章 残疾人体育行为特征

本章概述、学习目标

本章阐述了残疾人的心理特征及休闲体育行为特点，自卑、孤独、敏感多疑、自尊心极强等是残疾人的主要心理特点。心理学特征、社会学特征、文化学特征、经济学特征、个性化特征、体验化特征构成了残疾人休闲体育的行为特点。

1. 了解残疾人的心理特征。
2. 了解残疾人心理活动机制。
3. 掌握残疾人休闲体育行为特点。

第一节 残疾人心理特征

一、基本特点

残疾人作为一个特殊群体，由于多种原因造成了具有特色的心理特点，形成了与正常人不同的生活模式和行为模式。

（一）自卑

自卑的意思是低估自己的能力，觉得自己各方面不如人。自卑，可以说是一种性格上的缺陷。表现为对自己的能力、品质评价过低，同时可伴有一些特殊的情绪体现，诸如害羞、不安、内疚、忧郁、失望等。自卑是残疾人比较普遍的一种情感体验。残疾人在生理上或心理上缺陷给他们在学习、生活、就业等方面造成了比普通人多得多的困难，丧失了健全人的生活能力，或认为被瞧不起和低人一等，而且可能从他人甚至亲属那里都得不到足够的帮助，甚至受到厌弃或歧视，使之产生自卑情绪。与健全人相比，他们在婚恋、家庭等问题上遇到的不顺心会加重其自卑情感的体验。

（二）孤独

残疾人在生理上或心理上有某种缺陷（如行动障碍、语言障碍、心理障碍等），导致他们的活动范围受限，交往对象受到限制，无法像正常人那样进行正常交流，缺少朋友，久而久之就会产生孤独感。孤独感产生后随之带来的通常是情绪低落、忧郁、焦虑、失眠等不健康状态。心理科医生指出，有孤独倾向的患者来就诊时并不知道自己症结在此。他们的失眠、焦虑等临床症状严重影响了正常的工作和生活，结果就医时发现已患了严重的孤独倾向，也就是说，是孤独倾向直接或间接造成了上述症状。

（三）敏感多疑、自尊心极强

残疾状态会导致残疾人注意力过度集中，过多的注意别人对自己的态度，对别人的评价极为敏感。别人对自己带有贬义的、不恰当甚至是无意的称呼，常常会引起他们的反感。如果他们的自尊心受到损害，就会当即流露出愤怒情绪或采取自卫的手段。这种敏感容易形成猜疑心理，猜疑是一种消极的自我暗示，由于缺乏根据，往往影响人对客观事物的正确判断，残疾人在这种心理状态下容易胡思乱想，出现恐惧不安情绪。

（四）怨恨情绪

有些残疾人常常抱怨父母、抱怨社会、抱怨命运，认为天地之间，难以容身；人海茫茫，惟我多余。

（五）情绪不稳定但富有同情心

残疾人情绪表现常不稳定，容易从一种情绪状态转换成另一种情绪状态。由于过分敏感，他们对外界的情绪反应强烈，容易与别人发生冲突。残疾人较少与非同类人交流，除了"话不投机"的原因外，还与交流不方便有关。而残疾人对同类人有特别深厚的同情心，容易在情感上产生共鸣。

二、类别特点

残疾人交往的圈子比较小，周围环境与普通人不同，于是就形成了某些特殊的心理特征，如孤僻和自卑是各类残疾人的共同心理特征。但每一类残疾人又有其独具的心理特征。

（一）盲人——因缺少视觉感受、行动不便，平时多较文静，爱听音乐、听广播、看小说等。天长日久大多数人形成内向的性格。情感不外露，盲人喜欢谈话也爱沉于幻想，焦虑也是盲人的显著倾向。由于没有视觉信息的干扰，而形成了爱思考、善思考的习惯，抽象思维和逻辑思维比较发达，言语听觉能力发达，记忆力比较好，词汇比较丰富，促成了他们语言能力强的特点。

（二）聋哑人——比较外向，情感反应强烈，频度高但持续时间短，性格豪爽耿直。他们通过兴趣、具体行动和自己的情感表达来分析生活，观察问题往往只看表象，不太注意内在联系，多倾向于眼前时间，较少考虑长远利益。

（三）肢体残疾人——截至 2006 年 4 月 1 日我国各类残疾人总数为 8 296

万人，其中肢体残疾人口为 2 412 万人，占各类残疾比重的第一位，达 29.07%，占全国总人口的 6.34%。肢体残疾人除极少数系先天发育异常所造成的残疾外，绝大多数是由于后天的各种疾病和外伤等因素致残。由于其中很多人都是从身体健全者在缺乏心理准备的情况下遭遇剧烈的突变而改变了其人生道路，心理问题十分突出，产生强烈的人生"丧失"或者"失落感"。加之这种感觉受到强烈的情绪冲击，出现明显的心理反应，甚至出现以情绪异常为主要表现的严重的精神症状。他们情绪容易波动，出现一定的、往往是周期性的抑郁症状。他们在较强的形体和能力自卑感的作用下，在挫折和歧视面前产生失望、忧虑、悲观、愤怒和绝望的情绪。在长期得不到调整和心理矫治的情况下，则易形成淡漠、狭隘、孤僻和暴躁等不良性格，他们的社会适应性比较低，暗示性和冲动性较高，疑心较重。

（四）智残者——整个心理水平都是低下的，难以形成一个完整的个性。认知能力较差，情绪表达幼稚、肤浅，意志力薄弱。

第二节　残疾人心理活动机制

了解心理活动的机制，能够更好地了解残疾人的心理活动，从而揭示残疾人运动行为的心理特点。人类心理活动机制比较复杂，这里只从"需要"、"挫折"与"防卫"三个方面进行诠释。

一、需要

需要是个体对内外环境的客观需求在脑中的反应。它常以一种"缺乏感"体验着，以意向、愿望的形式表现出来，最终导致为推动人进行活动的动机。需要总是指向某种东西、条件或活动的结果等，具有周期性，并随着满足需要的具体内容和方式的改变而不断变化和发展。需要是人的活动的基本动力，是个体行为积极性的源泉。它使人朝着一定的方向，追求一定的目标，以行动求得满足，需要越强烈、越迫切，由它引起的活动就越有力。同时，人的需要又是在人的活动中不断产生和发展的。人是具有自然与社会双重属性的统一体。需要是人脑对生理需求和社会需求的反应——即人的物质需要和精神需要两个方面。它既是一种主观状态，也是一种客观需求的反应。

人类的需要包括两个层次的内容，其一为生物性需要，即食物、空气、水分、休息、性活动等，这些需要的对象和满足方式是受社会生活条件制约的。其二为社会性需要，这是高一层次的需要，是后天习得的需要，为人类所特有，如对生产劳动、社会交往、文化学习的需要，对道德、威信、审美的需要等。社会需要通常是从社会要求转化来的。

残·疾·人·体·育

人本主义心理学家马斯洛提出需要层次理论，人的需要包括不同的层次，而且这些需要都是由低层次向高层次发展的。层次越低的需要强度越大，人们优先满足较低层次的需要，再依次满足较高层次的需要。马斯洛把需要分为五个层次，即生理的需要、安全的需要、归属与爱的需要、尊重的需要和自我实现的需要。

残疾人因个体情况不同，而站在不同的位置上。参与体育运动对残疾人来说已经超越了基本生理和安全的需要，更多的是一种重塑自信和获得尊重的需要。运动从原始的动机角度来看，可以归属于获得生命基本保障、获得生活物质的基本需要，随着人类的进化和物质生活水平的发展，运动被赋予了更多的含义，现代人类对运动的需要始终离不开有益于身心健康这一意义。在此基本前提下，残疾人由于自身身心健康状况的特殊需要，运动的内在意义就更加显得突出。

残疾人对运动的需要，有两种不同层次：其一，运动可以作为残疾人身心康复的手段，这是残疾人尤其是肢体残障者健康方面的基本需求，这种需求在残疾人伤残治疗康复期更为明显；其二，建立在健康基础上的休闲娱乐，这是更高层次的需求，是残疾人谋求身心健康向着更加理想的方向发展、为了生活质量的进一步提升而出现的心理需求，是一种自然发生的过程，与正常人一样的心理需求。

运动行为的具体产生，必须有一个动机的激发，动机的激发需要有一定的外部刺激。显然，这种外部刺激只有与个体的内在需要结合在一起时，活动的动机才会出现，个体才会有具体的行动。

动机对活动有三种功能：第一是始发功能，它激发一个人开始进行某种活动；第二是指引功能，它是行动朝着指定方向、预定的目标进行；第三是激励功能，不同性质、不同强度的动机对行动产生程度不同的激励作用。

因此，人的行为是原动力的动机，动机推动行为。行为的结果又使动机加强或减弱以致消失，人的需要是行为主体的内在要求，是动机产生的原因。比如，当残疾人在运动需要时，心理上便产生一种紧张状态，当遇到能够满足需要的特定目标时，这种紧张心理状态就会转化为具体行为，目标一旦达成，紧张即消除，需要得到满足。当然，一个需要满足了，另一个需要又会接着产生，这样周而复始的发展，推动人们从事各种有意义的运动，达成许许多多预定的目标。

二、挫折

挫折是指人们在有目的的活动中，遇到无法克服或自以为无法克服的障碍或干扰，使其需要或动机不能得到满足而产生的障碍。心理学指个体有目的的行为受到阻碍而产生的紧张状态与情绪反应。

产生挫折的原因：

造成挫折的原因是多方面的，总的来说，可分为客观原因和主观原因两个方面。就客观原因来说，如环境条件差、饮食条件较差等，都可能使人产生挫折。环境条件包括自然条件和社会条件两类。一般而言，由自然条件导致的挫折反应较轻，由社会条件导致的挫折反应较严重。另一种容易导致挫折感的因素是个人的生理和心理素质。个人某些身体、生理缺陷所造成的限制、心理动机的种种冲突都可能使人产生挫折。动机的冲突比个体生理条件所造成的挫折要更为明显和强烈。我们常常会面对动机冲突，因为我们每个人都有多种的需要和动机，但并非都能得到，尤其是不可能同时得到。一般而言，在动机冲突中，个体的重要动机受到阻碍时，所感受到的挫折就会强烈一些，而较为不重要的动机受到阻碍时，容易被克服或被别的动机满足所取代，只构成一种丧失的心理感受，形成的挫折要小得多。但是，什么是重要动机，什么是次要动机，这与一个人的认识水平和评价很有关系。就挫折的主观原因而言，在影响挫折的各种主观因素中以个人的抱负水平、挫折容忍力、个性特征、过去的经历与经验、受挫后所获得的社会支持最为重要。如果一个人的实际成就高于抱负水平，就会感到满足，产生成就感，实际成就愈是高于他的抱负水平，其成就感就愈强烈。相反，如果一个人的实际成就低于抱负水平，就会产生挫折，感到焦虑，实际水平愈是低于他的抱负水平，其挫折感就愈强烈。一般来说，身体强壮的人比身体瘦弱的人更能忍受挫折，生活中历尽艰辛的人比一帆风顺的人更能忍受挫折。从个性来看，乐观的态度、豁达开朗的性格，对承受挫折有积极意义。

面临挫折，人们会出现不同的反应，这些反应主要包括以下几个方面：焦虑、攻击、退化、冷漠、固执、压抑等。

（一）焦虑

焦虑是指一种缺乏明显客观原因的内心不安或无根据的恐惧。预期即将面临不良处境的一种紧张情绪，表现为持续性精神紧张（紧张、担忧、不安全感）或发作性惊恐状态（运动性不安、小动作增多、坐卧不宁、或激动哭泣），常伴有自主神经功能失调表现（口干、胸闷、心悸、出冷汗、双手震颤、厌食、便秘等）。

焦虑不是个体当前真的遇到危险，而是指向未来，担心可能会遇到某种危险时出现的紧张状态，表现为情绪不稳定、烦躁不安、怨天尤人等。同时在生理上出现出汗、心悸、头昏、头疼现象，有些人还可以表现为失眠，食欲不振，记忆力，注意力下降等。

（二）攻击

攻击有直接与转向攻击两种。直接攻击是将愤怒情绪直接导向造成挫折的人和物，是一种向外发泄，我们常见的直接因某种事发生面对面冲突，表现为对人讥讽、谩骂乃至暴力相对，或者损坏物体。转向攻击包括两种，一是对自己进行攻击，自我谴责，自我咒骂等；另一种是迁怒于其他代替物，即采取所谓"替罪羊"的形式，把受挫之气发泄在毫不相干的人和物上，如一些人受挫折后摔门、砸碗，一些人转向孩子、爱人、或父母发脾气等，残疾人在运动情景下，更多的出现转向性攻击，且在运动失利时更多的责怪自己。

（三）退化

当一个人遭受持久的或重大的挫折时，其行为可呈现幼稚状态。如一个成年人在遭受挫折时会像小孩一样哭闹、喊叫等。退化还可表现为依赖性增强，原来可以自己独立或大部分完成的事情，必须要靠他人协助或完全依赖他人帮助完成。

（四）冷漠

是指个体在遭受挫折以后表现的对挫折情境漠不关心与无动于衷的态度。这是一种比攻击更为复杂的反应。当事人对引起挫折的对象无法或无力进行攻击或没有找到适合的攻击对象时，会将愤怒压抑下去，表现为冷淡、对外界反应很低，这种冷漠不排除个体心理上攻击与压抑之间的冲突，并且包含着个体心理的恐惧与痛苦，对身心健康损耗较大，有些残疾人在面临挫折后显得无能为力，常有非常冷漠的心理反应。

（五）固执

个人需要不能满足，受到挫折，不分析原因、总结教训，而是盲目地采取某种无效动作。这时需要帮助他们认真分析遭受挫折的原因，使之增强信心、恢复自信、振作精神，采取有效措施，接近目标。

（六）压抑

受到挫折后，个体把意识不能接受的冲动、矛盾、情感等排斥到意识之外，压抑到潜意识之中，推迟满足需要的时间。

上述六种对待挫折的反应，在残疾人个体中可以以一种或多种形式出现，也可以反复出现。

三、心理防卫

心理防卫是指个体处在挫折与冲突的紧张情绪时，在内部心理活动中具有自觉或不自觉地解脱烦恼、减轻内心不安，以恢复情绪平衡与稳定的一种适应性倾向或者说一种自我保护措施。

心理防卫具有以下几点特点：

（一）任何与个人的愿望相冲突的刺激，都可以自发的唤起防卫机制；

（二）防卫机制并不改变事实，而只是简单的改变人对这些问题的理解或处理方式；

（三）防卫机制总是不同程度的与歪曲现实、自我欺骗相联系；

（四）防御机制是无意识的；

（五）大多数防卫机制虽可以暂时的减轻烦恼或痛苦，但不能真正解决问题，只能起到回避现实的作用，有时反而使事情复杂化。

常见的心理防卫机制有如下几种：

（一）压抑作用

当一个人受到挫折后，常将自己那些不能被意识接受的欲望、情感和行动不知不觉的压抑到潜意识中去，或把痛苦的记忆主动的忘掉，排除在记忆之外，从而免受动机冲突、紧张、焦虑而形成的心理压力。这些被压抑的内容并未消除，一旦有机会就会活动起来，可能不知不觉的表现到日常生活中。

（二）文饰作用

即个人遭到挫折达不到目的或其行为不符合社会规范时，给自己找理由解释，自圆其说。自我安慰，以减轻焦虑、痛苦。将自己所不能达到的目的说成自己根本不需要，以减轻心理痛苦。

（三）否定作用

把那些已经发生的令人痛苦的事实在意识上当成了根本不存在或未曾发生过，即完全否定已发生的不愉快或痛苦的事实，以求得心理上的一时平静，常言所说的"鸵鸟政策"、"掩耳盗铃"、"眼不见心不烦"等就是典型的否定作用。

（四）投射作用

将自己不喜欢或不能接受的性格、态度、欲望、意念转移到外部或其他人身上，以减轻心理上的自我谴责，求得心境安宁。"以小人之心度君子之腹"就是典型的投射作用。心理学上常常可以通过这种投射性心理测验，获得患者的心理状态与欲望，并由此进一步分析原因所在。

（五）升华作用

将那些不被社会允许和接纳的动机和行为导向比较崇高的目的，使之符合社会规范和时代要求。亦即把心理冲突以改头换面的方式宣泄出来。

（六）补偿作用

个人所追求的目标、理想受挫或因自己生理缺陷、行为过失而遭失败时，选择其他种方法代替、弥补，以减少内心的不安。

第三节　残疾人体育活动的特征

残疾人参与体育活动在于追求生命的意义，寻求快乐。所以，残疾人参与体育运动不应受任何外在压力，及任何外在目的和义务的约束，纯粹出于自我本身的一种内在需求。著名休闲学者杰弗瑞·戈比认为："休闲是文化环境和物质环境的外在压力解脱出来的一种相对自由的生活，它使个体能够以自己所喜欢的本能地感到有价值的方式，在内心之爱的驱动下行动，并为信仰提高一个基础。"残疾人参与体育活动在某些方面具有与正常人运动行为一样的特征，但由于残疾人特殊的身心状况，其体育活动行为有其本身的一些特色。

一、心理学特征

现代运动心理学理论揭示，个体运动行为产生的心理活动特点可以从两个方面来解释。其一，心理过程方面，主要反应在认知活动、情感活动和意志活动方面。残疾人对休闲运动行为的认知水平决定了其体育活动价值意识和参与体育活动的可能性；残疾人的情绪特征（情绪活动强度、稳定性、持久性）影响着其参与休闲运动的程度以及他们从运动中感受到的情绪体验，这些体验在很大程度上又会对残疾人休闲运动行为进行反馈，以调节、修正其行为方式；残疾人的意志特征（勇敢性、果断性、坚持性）也会对其休闲运动行为产生影响。运动行为对自身价值的意义需要时间才能体现，所以坚持参与这些运动就成为了个体运动行为意志的考验。其二，个性心理特征，包括兴趣、性格、气质、能力等。残疾人对体育运动的兴趣爱好关系其对运动方式的选择；残疾人性格特征更多的以情绪、意志的方式表现出来，当然其内向与外向的特质有时也会影响运动方式的选择，以及对运动过程中人际沟通的重视与效果体现；残疾人的气质类型则对其休闲运动行为的表现形式、行为的指向性、灵活性等有一定程度的影响；残疾人能力方面的特征更多的指运动能力，当然也包括其他能力，这些能力对其休闲运动行为的质与量产生一定程度的影响。

二、社会学特征

残疾人与健全人一样都需要丰富多彩的生活，不仅物质生活满意，而且精神生活也要得到满足。在某种程度上，他们更注重自身的精神文化生活。由于生理上和健全人的差异，因此，他们更需要在心理层面上与健全人处于同等地位，他们要求平等的参与社会实践、执行义务、享受权利、贡献力量。

他们追求自尊、自爱、自强、自信。残疾人参加休闲体育运动不仅可以提升健康水平，而且还可以恢复心理上的平衡，增强自尊，在思想上树立权利与义务意识，休闲运动行为可以创造出残疾人同社会恢复联系和参加社会公益活动所必需的心理条件和身体条件。参加休闲体育运动的过程可以唤起残疾人的信心，激发其热情，提高其发展能力。同时，残疾人参加体育运动所展示的是一种本能上的超越。他们参加体育活动所展示和显露出的人文价值是自强不息的精神，是点燃与命运抗争的火炬。这种超越的特性，使他们原本具有的与健康人一样的聪明才智得到发掘，使他们本身所具有的比健康人更坚强的意志力和超常的创造力得到开发和展示，同时成为启迪社会其他成员不断超越的一面明镜。

三、文化学特征

体育行为是一种负载某种信息的文化行为，人们通过各种体育活动，在有意无意中交流、传播着多种文化信息。体育行为的产生与发展，是一个映射着人类智慧之光的文化创造和传播过程，推动着人类文化的进步与发展。休闲运动方式的形成和发展，同一定的地理环境中的生活方式、民族传统和习惯有着十分紧密的联系。正是这些因素的影响和制约，使许多体育行为方式或运动项目具有浓厚的民族风格和地域色彩，并具有长久的生命力。比如中华武术就是承载着浓厚中华文化的一种运动形式。这种运动形式在残疾人之中具有同样的价值。不同文化背景的残疾人生活在自己特定的文化环境中，所选择的运动休闲形式必然具有自我民族的文化特点。而且，残疾人在进行休闲运动时，无论选择何种运动形式，其行为方式也必然带有自己生活环境中的文化烙印。不同地域和不同民族的运动行为体现了不同历史时期的文化水准和不同的民族文化特征，蕴含着本民族本地区长期积淀形成的思想观念、价值特征、以及审美情趣。所以，残疾人的休闲运动行为同健全人的体育运动行为一样，从内容到形式都蕴含着民族文化传统固有的特质。

四、经济学特征

休闲运动是一种在闲暇时间进行的文化娱乐活动，是一种文化消费行为，它所消费的主要是余闲时间，在余暇时间里所从事的与运动有关的一切活动都是休闲运动消费。残疾人在余暇时间里的运动消费本质特征与健全人一样，也是一种经济行为。残疾人与休闲运动相应的行为如购买运动服装、器材、书刊、观看比赛的门票、参加培训等都在进行消费，具有一般消费的基本要素与特征。残疾人的休闲运动行为在一定程度上与健全人一样都不是免费的午餐，都需要以金钱作为代价。这种付出就是一种经济行为，在休闲运动的任何一个环节都离不开经济规律的制约。

时间和金钱对任何人来说都是稀缺资源，人们要将这些资源做最优分配。在生活水平上，只有当生活有了保障，不用为了生活四处奔波，有一定自由支配时间时，包括休闲体育运动在内的消遣性娱乐活动，也只有在余暇的情况下，才会全身心投入这些活动之中，并从中体会生活的真谛与价值。这就是说，社会经济发展到一定程度后，休闲性活动才会兴旺发达起来。残疾人休闲运动的经济价值也只有在参与者能够从中体会生活的乐趣和享受到目标一致的快乐时才会真正地体现出来。尽管残疾人休闲运动的开展可能比健全人要困难一些，但其经济行为特征并不因为这些困难而消失，相反它也会正常地表现出固定的行为特征。

五、医学特征

医疗体育在残疾人参与体育活动过程和日常生活中起到重要作用。运用体育的手段和医学的方法，借以治疗疾病与损伤，预防并发症，解除消极的心理状态，促进残疾人身体功能全面恢复，达到康复的目的。残疾人体育的医学特征体现在根据疾病或损伤的特点与严重的程度、残疾患者的功能状况，选择适合的体育康复方法，制定出相应的运动处方，在医务人员和体育康复师的指导下、监督下进行。我国虽然已经开展康复体育训练，但普及程度还不够。虽然我国康复中心和康复医院并不是很少，但是专门研究康复体育训练的机构却不多，从事这方面的研究人员也就非常少。据统计，全国建立了34所中等特殊教育师资的培训机构，在5所国家教委直属师范大学和2所地方师范大学设立了特殊教育专业，培养学士、硕士学位的专业教师。

本 章 小 结

残疾人的心理健康与疏导直接关系着残疾人平等参与社会、共享物质文明成果的程度，也关系着全社会的文明与进步。因此，为残疾人开展多种多样的心理疏导至关重要，要做好残疾人的心理疏导必须理解、尊重和帮助残疾人，积极开展医疗、文娱、体育等各种活动。

>>> 思考题

1. 简述残疾人的心理特征。
2. 简述残疾人体育活动的特点。
3. 学习残疾人心理、行为特点的现实意义。

第五章 残疾人体育康复

本章概述了残疾人体育康复的概念、作用与训练手段，介绍了残疾人体育康复的流程，总结了听力残疾、视力残疾、肢体残疾、智力残疾体育康复的方法与注意事项。

1. 了解残疾人体育康复的概念、作用与训练手段。

2. 掌握听力残疾、视力残疾、肢体残疾、智力残疾体育康复的方法。

第一节 残疾人体育康复概述

康复是指采取一切有效的措施，预防残疾发生和减轻残疾的影响，以使残疾者重返社会。它不仅是指训练残疾者适应周围的环境，而且也指调整残疾者的环境和社会条件以利于他们重返社会。

残疾，特别是那些导致严重功能障碍的残疾，对个人、家庭、社会和国家带来沉重的经济和精神负担，影响人的生活质量，影响家庭生活的幸福，影响国家的建设和社会的发展。

由此，第二次世界大战后的康复应运而生，现代康复疗法也逐渐系统化。对残疾人而言，体育是一种重要的康复治疗方法，具有其他康复手段不可替代的作用。

康复体育治疗早在 20 世纪 40 年代末就在国外兴起，而且带动了残疾人体育运动的开展。康复体育治疗是残疾人通过体育项目及娱乐项目的训练，使他们身体机能得到提高，同时也可以改善心理状态，而且在促进人际交流、重返社会方面起着重要作用的一种康复治疗方法。国际上认为残疾人通过康复体育锻炼可以提高生活的适应性，挖掘个人潜能，提高生活质量和融入社会。许多国家早已经开展了残疾人康复体育训练，并作为社区康复体育活动的重点。

我国虽然已经开展康复体育训练，但普及程度还不够。社区开展康复体育可以将社区的健康、体育、卫生保健等工作有机的结合起来，发挥其独特的作用。

一、残疾人体育康复的作用

残疾人体育康复的重点是突出康复的性质。通过运动可以克服自身障碍，适应生活，挖掘潜能，提高生活质量，达到参与主流社会的目的。

1. 增强体质，提高免疫力

残疾人由于身体活动受限，身体活动少，就会造成身体各部位机能低下，给残疾的身体增添新的痛苦，甚至危及生命。如果在社区经常参加康复体育训练，会使他们的体质得到改善，增强免疫力，从而提高生活质量。

2. 适应生活能力，克服自身障碍

大多数残疾人没有受过康复训练，也不知怎样进行康复训练，导致其日常生活中存在许多困难。通常康复体育训练能够充分发挥自身残存的潜能，改善其参与日常生活的能力。

3. 提高生活质量，展现机会均等

康复体育具有主动性、趣味性和竞争性等特点，可以使残疾人享受运动的乐趣，使生活变得丰富多彩，生存质量得到提高。

4. 增强各项运动素质

锻炼残疾人最适合的肌肉力量和耐久力；改善心、肺功能，提高身体的持久力；在康复体育训练中通过各种运动的练习，改善动作协调性；在各种球类的训练中，增强身体的灵活性、反应能力和判断能力；经过体操等项目的训练后，提高身体的柔韧性和改善身体的活动的能力；通过某些项目的训练使他们的立位、坐位平衡能力得到改善。

5. 完善心理，融入社会

残疾人外出行动不方便，羞于见人，时间长了就造成人际关系淡漠与隔阂，形成孤独（孤立）、封闭（自闭）、消极的状态，这给他们融入社会造成了很大的困难。在社区经常进行康复体育锻炼，可以增加残疾人之间的交流，以及健全人与残疾人之间的交流，使他们封闭（自闭）的心扉打开，心情变得轻松、愉快，愿意与他人交往。还可以使社区内的居民理解、关心他们，更多的接纳他们，最终使他们融入整个社会。

二、残疾人体育康复的手段

运动是康复的有效手段，也是康复的基础。残疾者经常参加运动康复锻炼，可以增强体质，促进身体健康，补偿功能；促进心理健康，树立信心，克服自卑，走出封闭（自闭），融入社会；展示残疾人的潜能，进而感染社会。残疾人体育康复的基本训练手段包括：

1. 肌肉放松练习：如交替运动、心理自我暗示、上肢下垂摆动等方法。

2. 主动运动练习：如等长、等张、等动运动训练等。

3. 被动运动练习：如借助治疗者或器械等辅助进行全身各关节的被动活动等。

4. 助力运动练习：如借助治疗者或患者健肢或器械等辅助进行的主动活动。

5. 抗阻运动练习：如负重抗阻运动训练。

6. 伸展运动练习：如前臂伸或屈肌群伸展练习法、肩关节伸展法、躯干肌伸展法、大腿和屈肌伸展法等。

7. 呼吸运动练习：如专门的呼吸运动（呼吸操）。

8. 有氧练习：如步行、有氧健身操、慢跑、自行车、游泳训练等。

9. 矫正运动练习：如为扁平足、脊柱弯曲、胸廓畸形患者编制的矫治操等。

10. 协调和平衡运动练习：如上下肢、躯干的协调运动和各种平衡练习。

11. 本体感受神经肌肉促进法练习：如抗阻练习法、PNF、牵引反射等。

12. 生物反馈练习：常用的生物反馈仪有肌电、脑电反馈仪、心电多异仪、皮肤电阻、皮肤温度反馈仪等。

常用的体育康复训练手段，还包括各个关节活动、体位变换、移动、平衡和轮椅训练，各种治疗性游戏。如棋牌类、投掷、球类运动，以及日光浴、空气浴和水浴等自然因素锻炼。此外，还有如体操练习、截肢残端训练和肺部的专门呼吸训练等综合训练手段。

进行体育康复时，应根据疾病或损伤的特点、严重程度、功能状况来选择适当的康复方法，进行功能锻炼。

体育康复通常与其他康复（心理康复、医疗康复、营养康复以及娱乐活动等）同时应用，紧密配合，发挥综合效用。

三、残疾人体育康复的原则

体育康复是应用体育的手段和各种运动的方法，借以治疗疾病与损伤，预防并发症，解除消耗的心理状态，促进身体功能全面恢复到原有的状态，达到康复的目的。以体育手段使残疾人得以康复和健身，是实现残疾人平等参与社会生活、享受社会文明成果的桥梁。体育康复通常与其他康复手段（如心理康复、医疗康复、娱乐活动等）同时应用，发展综合效用。

体育康复治疗必须遵循以下三个基本原则。

1. 体育康复工作在于保持和恢复身体的日常生活、运动、感知、职业、语言交流和社会生活等方面的能力，采取多种方式进行功能训练。

2. 从生理、心理、职业和社会生活进行全面的、整体的康复。

3. 使残疾者改善功能，适应社会环境，重新参加社会生活，履行社会职责。

第二节　残疾人体育康复程序

一、康复训练前评估

残疾人在进行康复训练之前，应该对自己的身体状况有一个基本评估检查。检查的内容可包括：心电图、血压、尿检、胸部 X 光诊断、血液检查、体温、脉搏等临床检查，也有粗大、精细、步态、平衡、日常生活活动能力等评估。经过上述检查与评估，治疗者方可决定是否可以从事运动锻炼，以及正确的运动锻炼方法。

一般情况下，如患有下列疾病，要在治疗者监护、指导下进行锻炼：

1. 所有处于恢复期和慢性期的传染病患者。

2. 最近或现在还有内出血的患者。

3. 慢性或者急性肾脏病患者。

4. 处于治疗中还未痊愈的贫血患者（血色素在 10 克 1 100 毫升以下者）。

5. 因高血压病或其他先天性心脏病使心脏严重肥大的患者。

6. 少运动及呼吸困难的急性或慢性的肺病患者。

7. 服降压药后血压仍降不到 150/90mmHg 的高血压患者。

8. 严重风湿性心脏病患者。

9. 稍一运动胸部就会痛者（患者中毒或严重狭心病）。

10. 经过治疗也不能完全控制的痉挛性患者。

11. 必须频繁服止痛药的、下肢关节炎患者。

12. 近期心脏病发作者。

13. 步行也感疼痛的下肢血管患者。

14. 抽烟过多或酗酒的人。

15. 靠服用胰岛素支撑的糖尿病患者。

16. 需服药治疗或频繁护理检查的心率不齐患者。

17. 血糖不断由过高变为过低的糖尿病患者。

18. 完全缺乏运动的人。

19. 患有某种先天性心脏病并在运动中皮肤变青白的患者。

20. 超过标准体重 16 kg 左右的过度肥胖者。

二、确定目标、选择项目

1. 确定康复训练的目标

残疾人为了提高日常生活能力和生活质量而进行体育运动。对于不同的伤残者来说，应有针对性地进行康复训练。

2. 选择适宜的运动项目

残疾人康复训练不同于残疾人的健身锻炼，更不同于残疾人的竞技运动，而应把选择运动项目与确定康复目标结合起来（见表5-1）。

三、制订康复训练计划

康复训练计划的针对性要强，即康复训练计划是个案化的。此计划应在医生、指导员的指导下，根据自己身体的状况来制订。练习的过程中最好有家人或指导员陪伴，并且结合患者的主观感受共同形成反馈信息，从而对初期制订的康复训练计划进行适时补充、调整，以保证康复训练效果。在残疾的早期，目的主要是康复与治疗，当残疾基本稳定，其锻炼的目的是健身与挖掘潜能，提高身体机能能力。

表 5-1 根据康复训练目标选择相应的运动项目对照表

锻炼目标	运动项目
截肢后全身性锻炼	肢残体操、游泳
截瘫患者发展心肺功能及上肢肌力	腰背和肩带力量，轮椅篮球、轮椅网球、轮椅竞速等
小儿的脑瘫的矫正训练	肢体与躯干的促通训练，矫正体操，平衡练习，步行练习
视障者的有氧能力训练	综合练习器上的各种练习，跑步机、功率自行车、有人陪伴的慢跑，有氧体操
改善心血管系统功能	太极拳、气功
残智者身体机能锻炼	游戏、球类运动、力量训练等

引自《残疾人体育》P99

无论为哪种目的而制订锻炼计划，所追求的都应是提高适应能力、增强体质、恢复或达到理想的健康状态（见表5-2）。

表 5-2　康复训练计划制定的流程

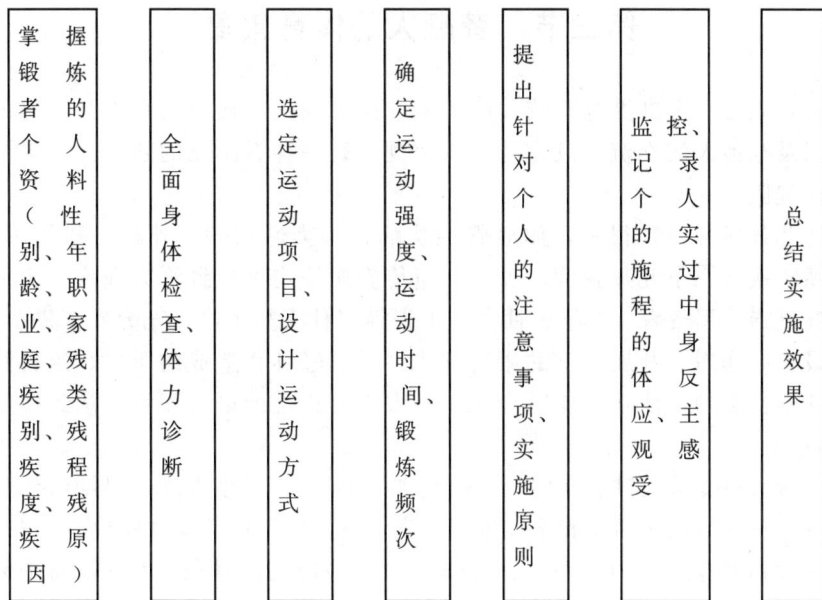

掌握锻炼者个人资料（性别、年龄、职业、家庭、残类、残程、残度、残原、疾病、残因）	全面身体检查、体力诊断	选定运动项目、设计运动方式	确定运动强度、运动时间、锻炼频次	提出针对个人的注意事项、实施原则	监控、记录个人实过程中身主感体应观受	总结实施效果

引自《残疾人体育》P100

在制订和实施康复计划时要注意处理好以下几个问题。

1. 个体化

人的身体条件不一样，不可能预先准备好适应各种情况的计划，即使可能，个人的身体和客观条件也在经常变化，今天的计划明天就不一定适合。所以，必须根据每个人的具体情况，因人而宜，个别对待。

2. 可调性

一个安全、有效的康复训练计划，不是给予正常人的，而是给伤残者制订的。因此，要善于根据伤残者的实际情况作调整。

3. 安全有效

康复训练应考虑到安全界限。如果身体障碍程度严重，必须严格制定运动内容，运动强度、时间和频率。

4. 特异性

运动时身体的生理适应，根据运动种类或方法有所不同，这称为运动效果的特异性。一般认为运动效果是有特异性的，因此根据目的而选择适合的运动种类很重要。

第三节 聋哑人的体育康复

聋哑人群在全世界有着较大的比例，这种残疾直接影响个人与环境的联系，以及与他人的交流。没有外在的表现，是一种看不见的残疾，大多数患者身体健康。

聋儿致残的因素很多，如血管性疾病、感染性疾病、外伤、药物中毒、神经系统疾病、小儿孤独症、肿瘤、遗传疾病等均可导致听力残疾。听力语言康复是指采用教育、医学、社会、工程等多种康复手段，充分发挥助听器、学语设备的作用，开展科学的康复训练，以减轻耳聋造成的听觉、语言障碍及其他不良影响，使聋儿能听会说，与人进行正常的语言交流，达到回归主流的目的。

聋哑人康复最关键的问题是要做到"三早"，即早期发现、早期听到放大的声音（早配带助听器）和早期进行语言训练。在生长发育过程中，3岁以前是儿童大脑发育最快的时期，也是学习语言的最关键时期；7岁以前是最佳期；7～12岁是可塑期。如在上述时期发生耳聋，则严重影响听觉、语言发育，同时会影响到身体其他方面的发展。因此，早期干预成为聋儿康复中提高康复效果的重要原则。所谓早期，是指在2～3岁期间能确诊并立即采取措施。

一、聋儿听力语言训练原则

聋儿听力语言训练是严肃而科学的工作，应遵循以下原则：

1. 先理解后表达的原则；
2. 在活动中学习的原则；
3. 语言表达要从简到繁的原则；
4. 充分利用和创造语言环境的原则；
5. 注意发展残疾者思维能力的原则。

二、听觉训练

听觉训练是听觉重建的重要手段。使用刺激的方法，通过选频放大来增强听觉功能，鼓励聋儿充分利用残余听力，可借助助听器得到听力补偿。配带助听器必须配制耳模，耳模有使助听器配带稳固、改善助听器的声学效果、防止助听器反馈等作用。

三、语言呼吸训练

语言呼吸与人在安静时正常呼吸有很大差别。人的说话过程是首先吸入足够的气息，然后在呼气和吸气的交替进行中，通过对气息的控制来完成的。聋儿只有在呼、吸气的过程中学会控制气息，才能发现正确的语言。可以说，语言呼吸构成了聋儿语言康复的基础。

语言呼吸训练应遵循以下原则：

1. 为聋儿树立标准的语言呼吸模式，听到标准的有声音语言，并对自己的语言进行矫正。

2. 把语言呼吸训练与发声和说话结合起来，使聋儿在具体实际的生活当中得到训练，学会语言呼吸及控制气息。

3. 语言呼吸训练与发音器官配合构音，使聋儿在训练中学会口腔、唇齿、舌等构音系统的正确配合。

4. 及时纠正聋儿语言呼吸的错误和偏差，养成聋儿正确的语言呼吸习惯。

四、言语训练

聋人除掌握手势和口唇面部表情的口面语外，还应利用残余听力，进行提高口头语言、会话能力的语言训练。在语言训练的开始阶段，可对聋儿进行一些基本训练。

1. 触觉训练

聋人通过触摸感知说话者说话时候喉头的震动与腹部起伏情况，再用手按着自己的喉头和腹部进行发音训练。

2. 舌部运动训练

舌尖做上下卷曲、左右摆动、前伸后缩等练习。

3. 模拟发声

配带助听器，模拟说话者发出的声音。

4. 声音刺激

利用节奏鲜明的乐器的声响刺激听觉，通过辨别强、中、低音，感受节奏的快慢，巩固和发展听力。

5. 唇读练习

训练聋儿通过讲话人的表情、口唇动作理解语意。

第四节　视力残疾的体育康复

视力残疾是指手术、药物或一般验光配镜无法改善的视功能障碍，主要包括视野缩小、视力下降等。世界卫生组织确定并推荐使用以下视力标准：双眼中视力较好眼最佳矫正视力在 0.5 或以上，但低于 0.3 者即为视力残疾。

视力残疾的原因很多。后天或先天性眼部疾病，如先天性眼球震颤、眼组织异常或缺损、视神经萎缩、弱视、青光眼、先天性白内障、糖尿病性眼底病、视网膜色素变性等都可导致视力残疾。

视力残疾康复可通过四个方面改善患者的视力功能：角膜接触镜、眼镜、人工晶状体或其他矫正器、助视器，训练有效利用残余视力，帮助患者在心理上适应低视力。目前普遍采用的方法是助视器的使用配合低视力康复训练。

一、助视器的应用

助视器是能够改善和提高低视力患者活动能力的装置，分为光学助视器和非光学助视器以及闭路电视系统等。其中光学助视器分为近、远两种：近用助视器有手持和立式放大镜；远用助视器有伽利略望远镜和天文望远镜。提供实用的、患者满意的助视器以及进行正确的康复训练，帮助患者早日康复是提高患者生活质量、方便工作与学习的主要条件。目前，有关助视器的研究报导大量涌现，研究成果统一，即盲与低视力患者在眼前指数以上者，经助视器矫正后，远近视力都有所提高，阅读速度加快，工作学习能力增强，生活质量提高。

随着现代科学的发展，功能不断完善的新型助视器逐渐被人们所认识，如自动调节生物望远镜、多重视觉系统、植入微型助视器、光导纤维阅读器等。

二、听觉训练

听觉是感知世界的重要的途径，对盲人的补偿作用最大。听觉训练主要是采用声音信号引导盲人进行体育活动。

视残者接受连续不断的声音刺激的能力比接受间歇的声音信号的能力强，感受来自身体直线方向的声音的能力强，感受来自身体旁边的声音的能力弱。因此，为了更好地引导视残者进行活动，训练时，声源最好是在视残者的正前方，使他们直接向着声源方向移动；或将声源放在视残者背后，使视残者直线离开。

三、空间感训练

空间感是指准确判断自己在空间所处位置的能力，学会占有空间和合理使用空间是视残者康复的重要内容之一。参加体育运动是培养视残者良好空间感的有效手段。常用的空间感训练方法有：走直线练习，尽量减少偏离的距离；听声音转体练习；在同伴陪同下走一段距离，然后自己沿途返回的练习；在户外能感受阳光的地方进行东西南北方向感的练习等。

四、触觉训练

触觉训练是视残者康复训练的重要组成部分，是感知周围物体的重要途径。可以以体育为手段对视残疾者进行有效的触觉训练。常用的触觉训练方法如下：

用手触摸各种体育器材和设备，了解其尺寸、硬度、形状及用途等。

用手触摸同伴或自己的身体以及身体的某一部位，了解做不同动作时身体的姿态及肌肉的紧张与放松程度。

用脚触摸地面，感知地面的硬度和光滑度，发展身体不同部位的触觉。

五、定向行走训练

定向行走是视残者克服视功能障碍，实现独立行走，达到生活自理、重返社会的最基本方法之一。定向行走训练包括概念教学、行走前训练准备、感觉训练和掌握行走技巧等多方面的内容和方法。视残者通过感觉训练可以利用除了视觉以外的触觉、听觉、平衡觉、嗅觉、运动觉等感触自身的位置进行定向。在掌握定向行走基本概念的基础上进行行走前的装备训练，如盲杖使用训练、随行技巧训练、独行技巧训练等。从而实现在各种环境中安全、独立行走的目的。

第五节 肢体及脊髓损伤者的体育康复

一、截肢者的体育康复

截除没有生机或功能因局部疾病严重威胁生命的肢体为截肢。截肢不是治疗的结束，而是治疗的开始，接下来就是功能锻炼，装配假肢，假肢使用的训练等来补偿失去肢体的功能。截肢后康复即以假肢装配和使用为中心，重建丧失肢体的功能，防止或减轻截肢对患者身心造成的不良影响，促使早日康复。患者在截肢前或截肢后，都应及早开始运动以促进身体活动，防止并发症发生；促使肌肉收缩及关节正常的活动度，避免关节僵硬以及肌肉挛缩；促使病人及早接受体能训练，学习自我照顾以及为安装假肢做准备。

截肢康复中有三个重点环节，即评估（如截肢者全身状况的评定、残肢的评估、穿戴临时假肢后的评估等）、残肢并发症的处理、假肢装配前训练和假肢使用训练。下文我们重点介绍假肢装配前、后的训练方法。

1. 截肢术后的训练

截肢者在行走时要比正常人多消耗能量，以同样的速度在平地上行走，小腿截肢者要比正常人多消耗 10%～40% 的能量，大腿截肢者要多消耗 65%～100% 的能量。这就要求下肢截肢者要进行躯干肌和未截肢肢体的强化训练，加强单腿站立训练、单腿跳训练、背肌和腹肌的训练以及残肢关节活动训练、肌力训练、使用助行器的训练等。

下肢训练：主要是进行单（健）足站立平衡训练和持拐训练，为早日康复打好基础。为了良好地利用拐杖，需让患者进行俯卧撑、健肢抗阻训练，使上下肢有足够的肌力。病人还要学会两点步、四点步、迈至步、迈越步等持拐行走的技术（见图5-1至图5-5引自《运动疗法技术学》）。

上肢训练：截肢侧的训练主要是增强肌力和有关关节的活动度训练，如截肢侧为利手，就需进行将利手改变到侧手的"利手交换训练"，以能完成利手的功能，这种训练经常由身边的日常生活动作开始，逐步进行手指精细动作的训练。

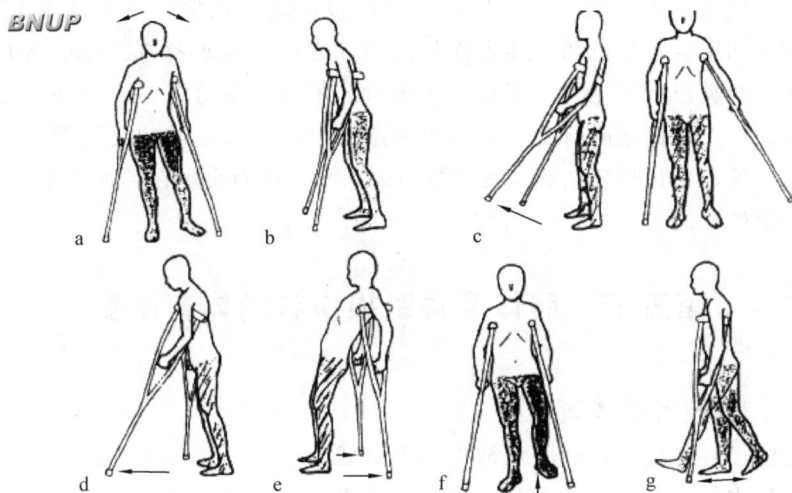

图 5-1　持拐行走前训练

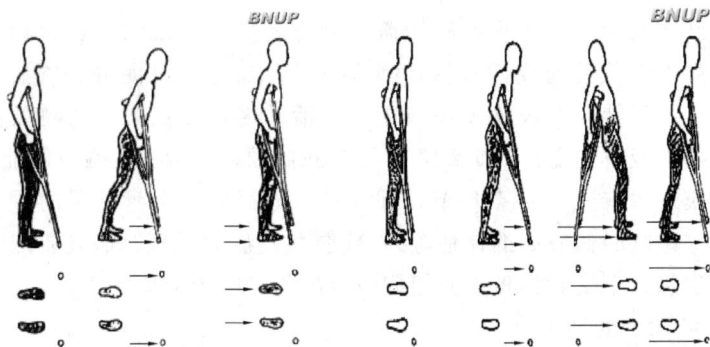

图 5-2　迈至步　　　　　　　图 5-3　迈越步

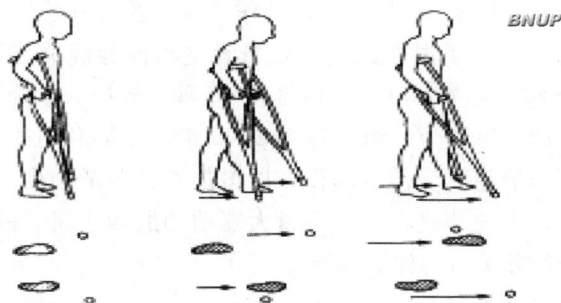

BNUP

图 5-4　两点步行

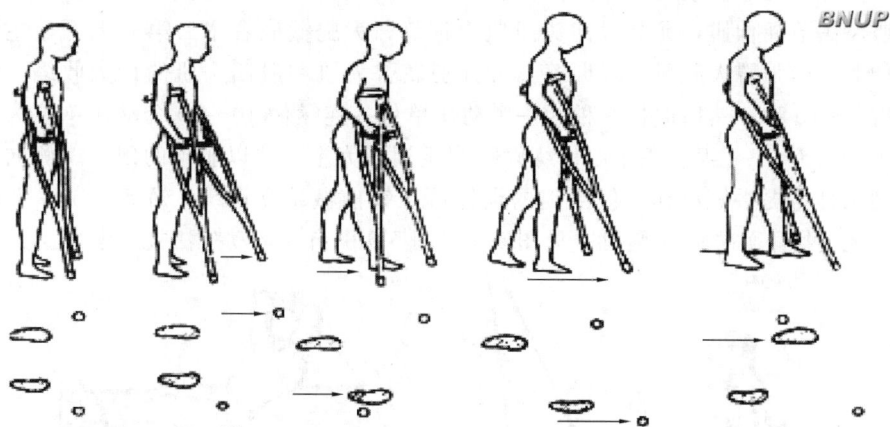

BNUP

图 5-5　四点步行

2. 假肢装配前的康复训练

（1）保持正确的残肢体位

大腿截肢后由于大腿原有的肌肉平衡被打破，残肢在短时间内容易出现髋关节屈曲、外展、外旋等挛缩畸形；小腿截肢后，膝关节则常有屈曲挛缩的趋势。因此，术后及时采取措施，防止发生关节挛缩非常重要。为防止残肢关节萎缩畸形，膝下截肢的膝关节应尽量处于伸直位；膝上截肢的髋关节应保持伸直、内收位；大腿截肢者戴着石膏或弹性绷带，坚持大腿加沙袋俯卧位训练，每天次数不等，至少 2 次，每次 20 分钟；小腿截肢者在轮椅上使用木板，禁止膝下垫放东西（如枕头等）或在床边将小腿垂下；前臂与上臂截肢后，应进行相应关节的所有运动训练，以防挛缩畸形。

（2）关节活动度训练

截肢术后应尽早开始残存关节的各方向运动。手术后，实施被动伸展训练保持肢位正确；大腿截肢者同时主动收紧臀部肌肉，做臀大肌主动收缩锻炼和髋后伸运动。3天后，配以下牵伸动作。截肢者取健侧在下的侧卧位，治疗师一手固定骨盆，一手握住残端，在患者主动伸展髋关节至最大范围时，向后用力缓慢牵伸髋关节，以牵伸后维持10秒，放松5秒为一个动作单位，连续做5~10个动作单位为一组，每天2~3组。能够利用辅助器械站立后，患者可做残肢主动抬腿向后伸腿动作，以增加髋关节活动度。小腿截肢者则取仰卧位或坐位，大腿伸直，用力绷紧大腿前的股四头肌，依靠肌肉收缩的力量压膝部，进行膝关节的伸展训练。

（3）肌力增强训练

熟练控制假肢对残肢肌力的强弱要求尤为重要。小腿截肢者，应增强残肢膝关节屈伸肌，尤其股四头肌肌力训练，大腿截肢者术后第6天开始主动伸髋（增强臀大肌肌力）训练。可分别做臀大肌和股四头肌的最大收缩，保持5~10秒，然后放松5秒为一个动作单位，连续做10~20个动作单位为一组，每天2~4组。躯干肌训练以腹背肌训练为主，辅以躯干的回旋、侧向移动和骨盆提举等动作。健侧腿的训练可在镜前做站立训练，矫正姿势，并练习无支撑下站立及单腿跳（见图5-6至图5-9引自《运动疗法技术学》）。

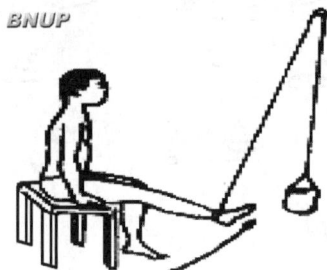

图 5-6　膝关节伸展辅助训练

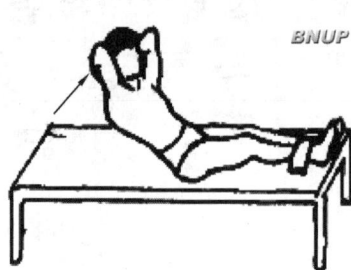

图 5-7　腹肌训练

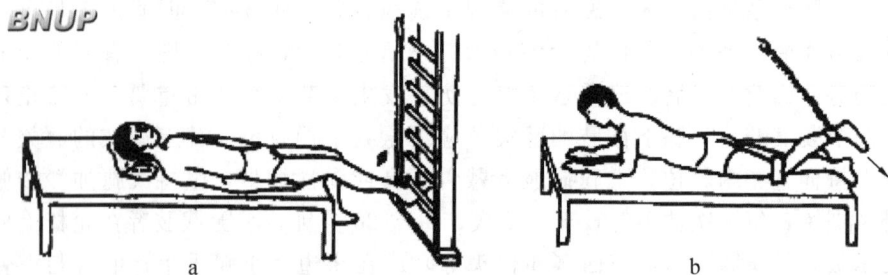

图 5-8　股四头肌训练

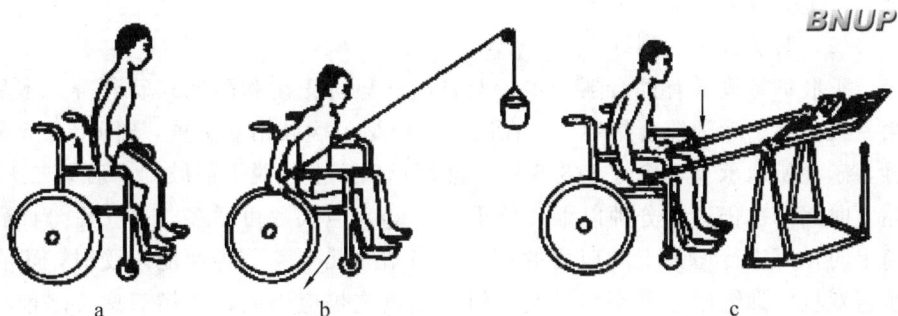

图 5-9　轮椅上的肌力训练

（4）体能恢复和站立平衡训练

　　躯干肌力量的训练（健侧肢体和患侧上肢的肌力训练）于手术后当天和残肢训练同时开始，以维持和发挥健全肢体、部位的功能，尽快恢复体力。平衡训练在步行能力中最为重要，也应尽早在床边进行。早期进行床上医疗体操训练，以腹背肌的训练为主，辅以躯干的回旋、侧向移动及骨盆提举等动作，每天 2 次。然后进行健侧腿的训练，可在镜前做站立、蹲起训练，矫正姿势，并练习无支撑下站立及单腿跳，对于维持身体的平衡和穿戴假肢后的步行平衡也是十分重要的（见图 5-10）。

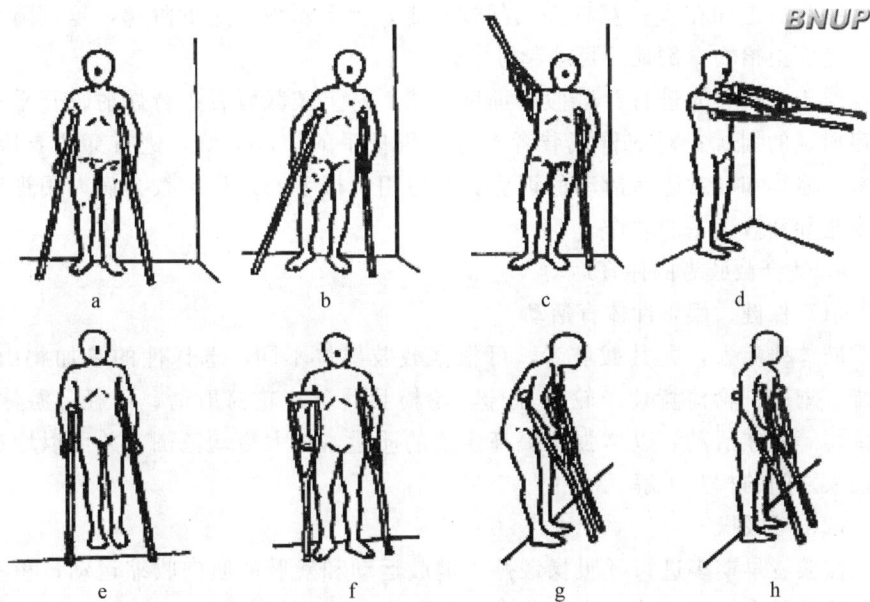

图 5-10　利用腋拐进行立位平衡训练引自《运动疗法技术学》

3. 假肢装配后的使用训练

（1）装假肢时的训练

下肢训练设备有助行器、步行双杠、姿势矫正镜和落地式磅秤等。术后第一天，在治疗师监督指导下，在助行器内练习病肢站立负重，时间 1～5 分钟，磅秤所示承重不应大于 3.6 kg，然后返回床上，脱下假肢；术后第二天，站立时间每次仍为 5 分钟以下，负重 3.6 kg，但次数可增多。站立后坐回轮椅上时，可进行增强上肢肌力的训练。当站立几个 5 分钟而能耐受时，可在步行双杠内训练站立平衡和试走，但病侧负重仍应限制，在伤口愈合之前负重应不大于 7 kg。术后两周可正式在双杠内练习行走，但负重仍不宜大于 10 kg。

（2）装配常规假肢时的训练

穿戴假肢后的训练，实际是依照假肢的功能设计进行假肢的操纵训练。练习需有专科医师指导，动作由易到难、由简到繁，坚持反复练习，使动作臻于熟练，得心应手，从而提高效率，节约耗能，达到实际应用水平，并养成良好的姿势的习惯。

训练从指导患者如何穿戴假肢开始，站立在双杠之间练习重心轮流向前、向后及向两侧转移；学会用一只脚平衡；走步由健足向前迈步，然后假肢向前，注意步幅均匀和稳定；练习横向跨步，以利于接近或离开轮椅、扶手椅等；练习后退和在步行双杠外用拐杖行走；上下斜坡，上下阶梯，越过障碍物，地面上拾物，倒地后再站起等。

对于上肢亦先进行穿戴假肢训练，然后对上肢截肢者进行屈肘、开手和开启肘锁的训练；对前臂截肢者应进行机械手的控制训练，进行穿脱衣服、洗漱、修饰和日常生活活动的训练。在使用机械手的过程中教会病人用视反馈来指导和修正手的动作。

4. 适合截肢者的体育运动

（1）保健、娱乐性体育活动

肢体残疾人，尤其截肢者，可根据截肢部位不同，选择性的参加爬山、徒步、划船、轮椅竞速、轮椅篮球、轮椅乒乓球、轮椅射箭、田径、游泳、交谊舞等文体活动，以增强和提高生活的质量，扩大活动范围，并可以增进残疾人之间的相互了解。

（2）呼吸操

截肢者早期多进行呼吸操锻炼、健肢运动和残肢的肌肉收缩运动，积极进行残肢肌肉主动运动、负荷运动、关节活动和残端按摩，以加强残肢肌力，恢复残肢关节活动，预防和消除关节挛缩。并可通过安装临时假肢进行功能训练，安装正式假肢后，要进行适应性训练，以便最大限度地发挥假肢的功能。

（3）运动性竞赛

对体育竞赛活动，残疾人可积极参加，因通过竞技可促进残疾人与社会、人际的体育交流，促进残疾人相互间及与健全人之间的理解和感情联系，有利于残疾人增进对生活的信心和勇气，改善心理和精神状态，调动他们自强不息的奋斗精神。

二、脊髓损伤者的体育康复

脊髓损伤是因各种致病因素（外伤、炎症、肿瘤等）引起的脊髓的横贯性损害，造成损害平面以下的脊髓神经功能（运动、感觉、括约肌及自主神经功能）的障碍。脊髓损伤可根据致病原因及神经功能障碍情况进行分类。颈脊髓损伤造成四肢瘫痪，胸段以下脊髓损伤造成躯干及下肢瘫痪而未累及上肢称截瘫。脊髓损伤常遗留严重的残疾，包括运动功能丧失（瘫痪）、感觉障碍、膀胱排尿功能紊乱、肌痉挛、关节挛缩、疼痛、心理障碍、性功能不全，甚至呼吸障碍。

大多数脊髓损伤患者运动功能恢复的最终目标是能够使用轮椅代步（或利用下肢支具可以代步），生活上能自理或基本自理，轻瘫痪者甚至可以恢复到不用支具支撑而步行。

1. 脊髓损伤的体育康复

脊髓损伤的康复治疗包括急性期的康复治疗和恢复期的康复治疗。

（1）急性期的体育康复

当临床抢救后，患者生命体征和病情基本平稳、脊柱稳定，即可开始康复训练。脊髓损伤后的 8 周内，患者均为卧床，主要采取床边训练方法。主要目的是防止废用综合征，如预防肌肉萎缩、骨质疏松、关节挛缩等，保持和增强残留肌肉功能，为今后的康复治疗创造条件。下肢截瘫者功能锻炼的重点是上肢及腰背部，可利用哑铃、拉力器、握力计等；四肢瘫痪者重点是不完全瘫痪手的锻炼，主要锻炼捏与握的功能。训练内容包括以下几个方面。

①正确卧位：患者卧床时应注意保持肢体处于良好的功能位置。患者正确的卧位有助于保持骨折部位的稳定，预防褥疮和关节挛缩，并可抑制痉挛的发生。患者可采取仰卧位（下肢髋关节伸展并轻度外展，膝伸展，踝背屈，脚趾伸展；上肢肘关节伸展，腕关节背屈 45°，手指屈曲，拇指对掌，肩下垫足够高的枕头，以确保两肩部后缩）；亦可采取侧卧（患者下肢屈髋、屈膝，两脚之间垫上双枕，踝关节背屈，脚趾伸展；上肢肘伸展，前臂旋后，胸壁和上肢之间垫枕头）（见图 5-11 引自《运动疗法技术学》）。

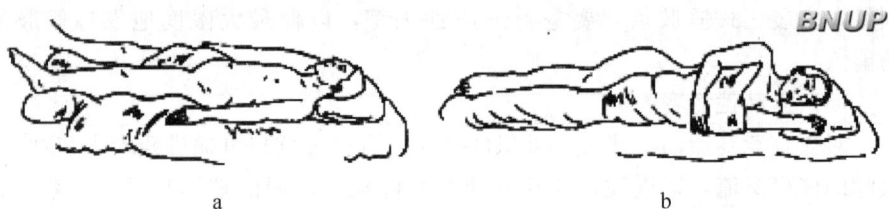

图 5-11 脊髓损伤患者肢体位置摆放（a. 仰卧位、b 侧卧位）

②按摩和关节被动运动：对失去运动功能的部位和肢体进行轻柔的被动活动，且在关节的全部活动范围内进行，可防止肌肉萎缩、关节挛缩和保持运动功能。对痉挛性瘫痪的肌肉施行中等度用力的表面推摩；对瘫痪肢体（髋、膝、踝等关节）进行关节被动运动训练，每天 1～2 次，每一关节在各轴向活动 20 次即可，以防止关节挛缩和畸形的发生。不同的患者应根据损伤平面不同对某些部位给予重点运动。被动活动时动作应轻柔、缓慢、有节奏，活动的范围应达到关节的最大活动范围，但不可以超过，以免损伤肌肉和韧带。

③体位变换：对卧床患者应定时变换体位，一般每 2 小时翻一次身，以防止褥疮形成。

④早期坐起训练：对脊髓损伤后脊柱稳定性良好者应早期（伤后/术后 1 周左右）开始坐立训练，每日 2 次，每次 0.5～2 小时，开始时先用斜床或升高架将床头抬高 20～30 度，如无不良反应，则每天将床头增升 15 度，一直到 90 度直立位，并维持继续训练。一般情况下，从平卧到直立位需要 1 周的适应时间，适应时间长短与损伤平面有关（见图 5-12 引自《运动疗法技术学》）。

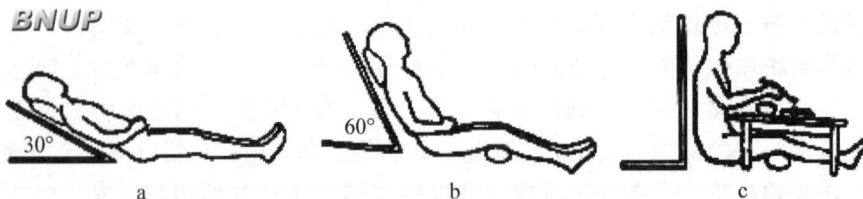

图 5-12　靠物辅助坐起

⑤站立训练：患者经过坐起训练后无直立性低血压等不良反应即可考虑进行站立训练。训练时应保持脊柱的稳定性，配带腰围训练起立和站立活动。患者站起立床，从倾斜 20 度开始，角度渐增，8 周后达到 90 度，如有不良反应发生，应及时降低起立床的高度。

⑥呼吸及排痰训练：对颈髓损伤呼吸肌肉麻痹的患者应训练其腹式呼吸运动、咳嗽、咯痰能力以及进行体位排痰训练，以预防及治疗呼吸系统并发症并促进呼吸功能。

（2）恢复期的体育康复

患者骨折部位稳定、神经损害或压迫症状稳定、呼吸平稳后即可进入恢复期治疗。恢复期康复通常以生活自理、在轮椅上独立和步行为目标。

①肌力训练：完全性脊髓损伤患者肌力训练的重点是肩带、背部和上肢肌肉，特别是背阔肌、斜方肌、肘伸肌，如果可能，也应多训练腹肌和腰肌。以上练习可加强上肢支撑力和维持坐、立正直姿势的能力，为日后用手控制轮椅或用手杖步行打下基础。不完全性脊髓损伤，残留肌肉可一并训练。肌力3级的肌肉，可以采用主动运动；肌力2级的肌肉可以采用助力运动、主动运动；肌力1级时只有采用功能性电刺激的方式进行训练。肌力训练的目标是使肌力达到3级以上。脊髓损伤患者为了应用轮椅、拐杖或助行器，在卧床、坐位时均要重视训练肩带肌力，包括上肢支撑力训练、肱三头肌和肱二头肌训练及握力训练。

对于采用低靠背轮椅者，还需要进行腰背肌的训练。卧立时可采用举重、支撑；坐立时利用支撑架等。

②垫上训练：治疗垫上可进行各种训练。如翻身训练，适用于早期未完全掌握翻身动作技巧的患者继续练习。牵伸训练，主要牵伸下肢的腘绳肌、内收肌和跟腱；牵伸腘绳肌是为了使患者直腿抬高大于90度，以实现独立坐。牵伸内收肌是为了防止跟腱挛缩，以利于步行训练。牵伸训练可以帮助降低肌肉张力，从而对痉挛有一定治疗作用。垫上移动训练，用两手帮助，从地板上爬起坐到不同高度的椅子上手膝位负重及移动训练。仰卧起坐及俯卧位下作背部伸展练习。

③坐位训练：可在垫上及床上进行。坐位可分为长坐位（膝关节伸直）和端坐位（膝关节屈曲90度）。进行坐位训练前患者的躯干需要有一定的控制能力或肌力，双侧下肢各关节活动范围，特别是双侧髋关节活动范围需要接近正常。坐位训练可分别在长坐位和端坐位两种姿势下进行。实现长坐才能进行穿裤、袜、和鞋的训练。坐位训练还包括坐位静态平衡训练，躯干向前、后、左、右侧以及旋转活动时的动态平衡训练。在坐位平衡的训练中，需逐步从睁眼状态下的平衡训练过渡到闭眼状态下的平衡训练（见图5-13引自《运动疗法技术学》）。

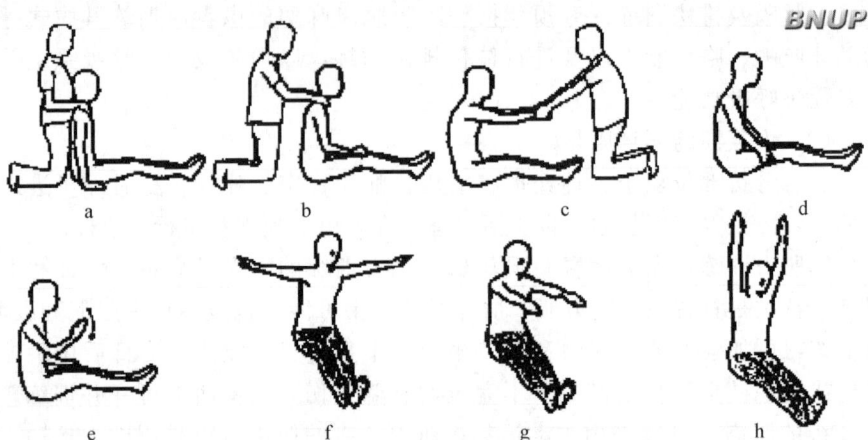

图 5-13　长坐位平衡训练

④转移训练：转移是脊髓损伤患者必须掌握的技能，包括帮助转动和独立转动。帮助转动有三人帮助、两人帮助和一人帮助，独立转移则由患者独立完成转移动作。转移训练包括床与轮椅之间的转移、轮椅与座便器之间的转移、轮椅与汽车之间的转移以及轮椅与地之间的转移等。在转移训练时可以借助一些辅助器具，例如滑板（见图 5-14 引自《运动疗法技术学》）。

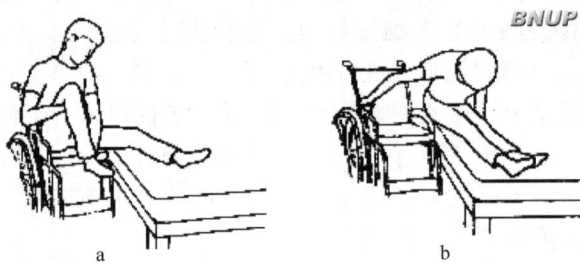

图 5-14　侧方移动

⑤步行训练：在穿戴下肢支具和使用拐杖的情况下可练习步行。步行训练的目标是：第一，治疗性步行：配带骨盆托矫形器或膝踝足矫形器，借助双腋进行短暂步行，一般适合于 T6～T12 平面损伤患者；第二，家庭功能性行走：可在室内行走，但行走距离不能达到 900 米，一般适合 L1～L3 平面损伤者；第三，社区功能行走：L4 以下平面损伤患者穿戴踝足矫形器，能上下楼，能独立进行日常生活活动，能连续走 900 米。

完全性脊髓损伤患者步行的基本条件是上肢有足够的支撑力和控制力。不完全性脊髓损伤者，则要根据残留肌力的情况确定步行能力。步行训练分为扶双杆站立及步行，即扶双杆站稳后，做躯干过伸及屈曲练习，平衡练习，用手扶双杠撑起身体练习等，扶拐杖做平衡练习，即提起双杆向前后摆动及重新放回原处的练习，并逐步过渡到持拐杖步行。持拐杖步行分为四点步和摆动步，四点步即右拐移向前——左足跨向前——左杖移向前——右足跨向前，适宜于脊髓低位损伤患者；摆动步即两杖一起摆向前，并用力支地使两腿能跟着摆向前，两足始终在拐杖之后，适宜于脊髓高位损伤的患者。行走训练时要求上体正直，步伐稳定，步速均匀。耐力增强之后可以练习跨越障碍、上下台阶、倒后及起立等训练。

⑥轮椅训练：伤后 2～3 个月患者脊柱稳定性良好，坐位训练已经完成，可独立坐 15 分钟以上时，开始进行轮椅训练。上肢力量及耐力是轮椅操纵良好的前提。轮椅训练包括支撑起身体练习，经常坐轮椅的患者应定期用手臂撑起身体练习，注意每坐 30 分钟，必须用上肢撑起躯干或斜侧躯干，使臀部离开椅面减轻压力，每次坚持 60 秒，以免坐骨结节发生褥疮；使用轮椅练习，如向前驱动、向后驱动，左右转练习，前轮翘起行走及旋转练习，上斜坡训练和跨越障碍训练，上下楼梯训练，越过马路镶边石的训练，过狭窄门廊的训练及安全跌倒和重新坐起的训练。患者能熟练掌握轮椅后，可参加简单轮椅运动，如乒乓球、篮球、射箭等。以上运动可有效增强背阔肌、胸大肌和肱三头肌等肌肉的力量（见图 5-15 至图 5-17 引自《运动疗法技术学》）。

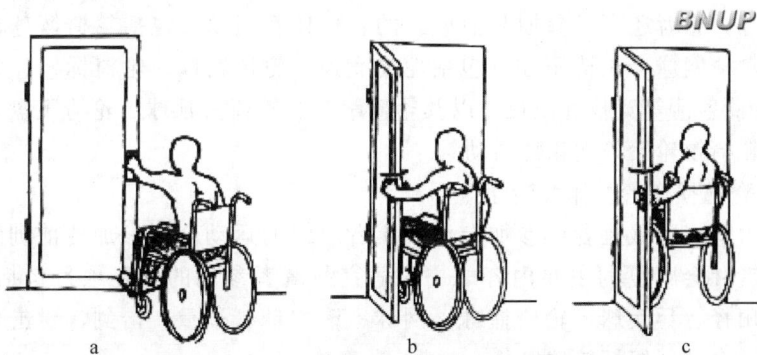

图 5-15　乘坐轮椅开关门训练

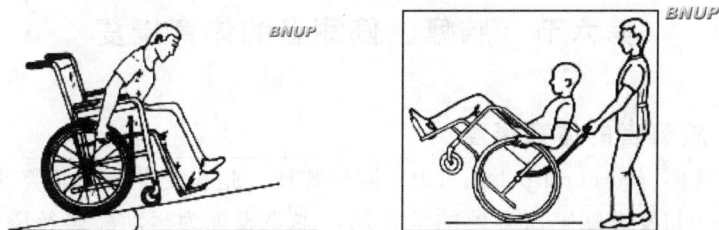

图 5-16　上斜坡

图 5-17　轮椅抬前轮训练

⑦水疗：水疗是截瘫痪者康复的重要手段。水浴除具有一般物理治疗作用外，最主要的是借助水的浮力，减轻肢体重量，易于进行功能锻炼及呼吸锻炼。

⑧矫形器的使用：下肢矫形器为很多截瘫痪者站立步行所必需。支具的各节段应牢固地固定于各节段肢体，使应力分散，防止压疮形成。在选用并装配下肢矫形器后，即由专业治疗师指导患者在平衡杠内进行站立及行走训练，每天1～2小时。先进行站立平衡训练，对矫形器做适当的调整和修改；经历7～20天的站立训练后，再进行平衡杠内行走训练。患者需掌握利用躯干摆动达到迈步的要领，才能实现行走，这一过程一般约需7～56天。

2. 轮椅体操

轮椅体操具有竞争性、娱乐性、集体性等特点。脊髓损伤造成的截瘫患者可以广泛地利用轮椅来进行体育活动和健身锻炼。通过训练，可激发患者残存的潜能，使其多项生理指标得到改善，减少疾病发生。

通过轮椅体育活动，能使患者的轮椅操作能力得到提高，减少他们在日常生活中的困难；另一方面，还可以培养他们坚韧不拔的精神，使他们发现自身价值，改善不良的心理状态，促进人际交往，为重返社会创造良好条件。

可在轮椅上完成下列内容的轮椅体操：提肩运动、肩绕环、扩胸运动、体侧运动、腹背运动、坐位双臂屈伸（撑轮椅）。

另外，患者还可以参加其他形式的轮椅体育运动，包括轮椅篮球、轮椅乒乓、轮椅网球、轮椅田径（包括轮椅竞速、轮椅铅球、轮椅标枪、轮椅铁饼）、轮椅射箭等竞技性项目，以及轮椅拳击、轮椅头顶球、轮椅飞盘、轮椅拔河、轮椅拉轮胎等趣味性活动。

3. 脊髓损伤者的体育治疗

体力良好的截瘫者可参加专为残疾者组织的运动会和参加赛前训练，这是残疾者社会康复的主要内容之一。适宜截瘫者参加的竞赛项目包括射箭、游泳、田径、乒乓球、轮椅篮球、网球、滚木球、举重、击剑、射击、轮椅橄榄球、台球、短柄壁球等。

第六节 脑瘫、偏瘫者的体育康复

一、脑瘫者的体育康复

脑性瘫痪（cerebral palsy，CP）简称脑瘫，是自受孕开始至婴儿期非进行性脑损伤和发育缺陷所导致的综合征，主要表现为运动障碍及姿势异常。近年来，随着国产医学、产科技术和新生儿医学的发展，胎儿的死亡率有所降低，但脑瘫的发生率无明显降低，在某些地区甚至有上升的趋势。国外发达国家的流行病学调查资料表明小儿脑瘫的发生率在 2‰～2.5‰。我国为 0.15％～0.5％，目前全国有 600 万脑瘫患者，其中 12 岁以下的脑瘫儿童有 178 万人，每年新增脑瘫 4.6 万例。脑性瘫痪给儿童、家庭、社会都带来了经济上、精神上、心理上的巨大负担。有数据显示，脑瘫在基本生活需要支持方面列残障人群的第三位，在致残原因方面名列第五位。在创建和谐社会的今天，脑瘫已成为一个重大的社会问题。

脑瘫不进行适当地治疗，会发生许多并发症，因此，脑瘫的康复工作显得尤为重要。体育是脑瘫病人康复的重要内容，国外学者提出针对脑瘫的 14 种疗法，包括按摩、被动活动、助力活动、主动活动、抗阻活动、条件性活动、混合活动、复合活动、休息、松弛、松弛位活动、平衡，安排患者做握、取、放物品等动作、技能练习。

1. 脑瘫康复的目的和原则

（1）康复的目的

脑瘫儿童要更好的生存，正常的躯体和健康的心理同等重要。因此对小儿脑瘫康复治疗的目的，既要针对脑瘫患儿的主要障碍、并发症等尽最大努力改善其身体残疾，提高运动能力、语言能力和生活自理能力；又要帮助他们获得作为家庭和社会的一员而应具备的心理、教育、社会方面的环境适应能力，以达到生活自理和重返社会的目的。

（2）康复的原则

①早发现、早确诊、早治疗，注意发育过程中的新问题；

②取得家庭和患儿的积极配合，将训练与教育、游戏结合；

③运动控制障碍，全面考虑影响因素，决定治疗的阶段目标；

④按动作发育规律设置康复程序；

⑤针对患者的不同情况，制定个案化训练方案，矫正错误的运动模式。

2. 运动疗法

运动疗法是小儿脑瘫常用的行之有效的康复方法。著名的有 Bobath 疗法、Vojta 疗法、引导式教育法等。

（1）功能训练

运动疗法是许多治疗手法的基础，下面介绍一些基本训练方法。

①头、颈部控制功能训练：为纠正某些患儿头背屈、双肩旋前上抬、整个身体过度伸展的姿势，可使患儿仰卧位，用双手托住患儿头部两侧，先使其颈部拉伸，再用双手轻轻向上抬起头部，同时用双前臂轻压患儿双肩，使患儿头部异常姿势得到适当纠正。

②上肢功能训练：为改善某些患儿肩关节内旋、肘关节屈曲、前臂内旋、腕关节屈曲、拇指内收、其余四指紧握的上肢原始姿势，治疗师可一手握住患肢肘部外侧，使肘适当外旋，掌心向上，通过反复训练可使腕关节容易伸展，手放开，拇指较易外展伸直。

③下肢功能训练：为改善脑瘫患儿下肢剪刀样姿势，可使患儿仰卧位，治疗师双手分握患儿两膝关节上部，先使髋关节外旋，再将大腿缓慢分开，反复训练可纠正下肢畸形。

（2）脑瘫的几种常见类型的运动治疗方法

脑瘫病人临床上分为痉挛型、强直型、手足徐动型、共济失调型等四种类型。针对不同类型的脑瘫患者，在具体的运动疗法的治疗上又有所不同，现就脑瘫的几种常见类型的具体治疗方法予以介绍。

①痉挛型偏瘫患儿的运动疗法：此类病人运动训练的目的在于抑制患侧肩胛带的后缩及患侧上肢的屈曲内收、屈肘、屈腕、屈髋。训练方法如下：

仰卧位训练：当患儿仰卧时，把患儿的双肩胛带拉向前，头保持正中，双手放于胸前，以促使其仰卧对称。如果患儿上下肢痉挛明显，可使患儿健侧卧位，把肩推向前，髋拉向后，以缓解痉挛。

俯卧位训练：让患儿俯卧位或肘支撑俯卧位，使其患侧肩部负重，在此基础上练习双肘及双手活动。

坐位训练：患儿坐位时，轻拉患儿，使体重转移到患侧，坐骨结节成为负重点，以有利于患侧上肢逐步伸展。将患儿患侧上肢伸直、外展、旋后、伸腕，再拉向患侧，以诱发出头的翻正反应，逐步引导患侧上肢作出防护性伸展反应。操纵患儿的双手和脚，使患儿的身体稍后倾，使体重落在坐骨结节上，直到坐骨结节有良好的平衡能力为止。

立位训练：在立位时，治疗师一手保持患儿的上肢在正确的位置，另一只手矫正骨盆的后旋，并向患侧的下肢施加压力，使患侧下肢充分负重。再引导患儿步行时，应注意保持患侧上肢抗痉模式。让患儿扶墙站立，提起健足，患足负重并练习仅靠患肢起立动作。

②痉挛型双瘫或轻度四肢瘫的运动疗法：对这一类型的患儿，运动训练的目的主要是抑制髋关节屈曲内收，促进躯干的对称，抑制上肢内旋、屈肘、前臂旋前及其关节屈曲或过伸等。训练方法如下：

仰卧位训练：让患儿仰卧，屈膝，双上肢尽力上抬，足充分着地。治疗师用双肘用力下压其膝关节，双手扶住患儿的骨盆抬起臀部。逐渐延长抬起臀部的时间以促进臀大肌腹肌的共同收缩。

"行走"训练：患儿骑跨在塑料滚筒上，并用手扶其上部，治疗师用双手使患儿双膝外旋，用一侧肩托住其臀部。然后让患儿用手在滚筒上向前或向后"行走"，并纠正其下肢的异常姿势。

躯干旋转训练：当患儿的骨盆有一定活动度时，可以让患儿向一侧上方抬起上肢，这样可以诱发躯干的长轴旋转，注意防止出现屈膝和屈肘，然后两上肢交替进行。

坐位训练：在患儿下肢内收、内旋减轻之后，拖住患儿臀部，使其重心大幅度后移，逐渐变为长坐位，但仍应特别注意双下肢外旋、外伸和伸直脊柱。

站立位训练：训练站立时，先让患儿倚在靠墙的滚筒上，扶住其骨盆，使患儿伸展髋、膝关节和脊柱；过渡到用双手扶住后面的桌子站立，治疗师仅扶其双肩；再练习体重向侧方转移并减少治疗师的辅助，直到只牵引患儿的手就可以将体重从一侧下肢转移到另一侧下肢并可以迈步。

③可以坐但不能使用上肢的手足徐动型患儿的运动疗法：对这样的患儿进行运动康复的目的是促进头、颈、躯干的对称，防止肩胛带收缩，促进双上肢的分离运动。训练方法如下：

姿势矫正训练：治疗师从后方用双手固定患儿的骨盆和腹部，用手臂顶住其肩部以抑制肩胛带的后缩，同时用胸部抵住患儿的枕部防止颈部的过度后伸。也可以坐在患儿后方，同样固定骨盆，用胸部和颌使患儿头部被动前屈，用双上肢将患儿的躯干矫正为正确的姿势。

调整躯干对称性训练：治疗师一手下压患儿一侧骨盆，另一手带动患儿的躯干延长轴旋转，以伸长其所短的一侧躯干，进一步旋转患儿的躯干以改善其活动度。然后再固定其骨盆，让患儿的双上肢高举，同时注意调整其躯干的对称性，这样可以改善其两侧躯干的缩短。

抑制身体过度伸展训练：治疗师在患儿的后方，注意保持患儿骨盆对称的同时，站起向前弯腰，轻压患儿躯干。也可以治疗师立于患儿前方，固定其骨盆，弯腰用腹部保持患儿屈颈，抑制颈部和驱赶过度伸展，这样患儿可以用双手和双足支撑体重。

平衡机能训练：治疗师可以一手牵患儿双手，使其身体前倾，另一手抵住其腹部，使膝和下肢负重并保持平衡。再让患儿坐下，练习坐位平衡。

站起及行走训练：患儿站起时，必须注意抑制其腰椎过伸。站立接近正常时，可以从前方引导他练习迈步。

④共济失调型患儿的运动疗法：此类病人运动训练的目的是保持身体平衡。训练方法如下：

基本平衡训练：让患儿手扶充气的体操球，用力按球，又不让球的反弹力影响自己姿势的平衡；或让患儿手扶直立的木棒站立，患儿设法维持木棒直立。

重心移动时的平衡训练：让患儿前推后拉体操球，以训练患儿重心前移或后移时的平衡；也可让患儿将球和棒提起，进一步提高平衡能力。

站立平衡训练：以上训练成功之后，可以让患儿在软垫上练习站立，进一步训练患儿的平衡能力。在此基础上让他在软垫上踢球，训练单腿平衡和走路。

3. 推拿疗法

目前，国内治疗小儿脑瘫的主要方法是神经发育疗法和中国传统推拿疗法。近几年，在现代运动发育理论的基础上，我国医学工作者将上述两种方法相结合，形成了独特的运动发育推拿疗法治疗小儿脑瘫。该方法主要采用中医小儿推拿中的推、按、揉、压、扳和摇等手法，按照患儿瘫痪部位及类型进行刺激，调节患儿肌肉的状态和骨骼关节的排列，运用手法实现触觉、运动觉和前庭觉等感觉输入，增加患儿在这些方面的感觉经验，同时吸收国外治疗脑瘫的神经发育疗法中的主要方法，在操作过程中不断改变患儿的体位和姿势，纠正异常姿势，预防畸形的产生和加重，促进正常姿势的产生，从而提高患儿运动发育水平。

4. 作业疗法

这是为了改善患者的功能，恢复其独立生活能力，有针对性地从日常生活活动、学习劳动、认知活动中对患儿进行训练的方法。包括进食训练、穿脱衣服训练、二便训练及生活动作训练等。训练内容贯穿日常生活的方方面面，根据患儿的不同情况制定训练计划，要持之以恒、耐心的进行（见图 5-18 至图 5-20 引自《运动疗法技术学》）。

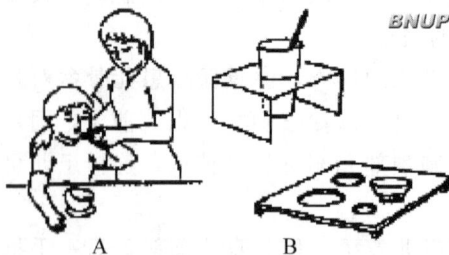

图 5-18　进食训练方法与餐具

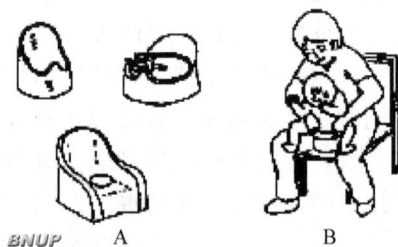

图 5-19　训练大小便

图 5-20　更衣模式训练

5. 文体治疗

文体治疗是一个全身性的活动。通过文娱、体育和音乐等内容对脑瘫患儿进行训练，借助多方面刺激，诱发正确的生理反射，养成正确的运动姿势，有效地提高和促进发育水平，使长期不活动造成的肌肉萎缩和关节活动度得到改善。此外，将文娱和体育作为训练内容，可以提高患儿的学习兴趣，让他们充满自信，在娱乐中身心得到锻炼和恢复。

二、偏瘫者的体育康复

偏瘫，又叫半身不遂，是指一侧上下肢、面肌和舌肌下部的运动障碍，它是急性脑血管病的一个常见症状。轻度偏瘫病人虽然尚能活动，但走起路来，往往上肢屈曲，下肢伸直，瘫痪的下肢走一步划半个圈，把这种特殊的走路姿势，叫做偏瘫步态。严重者常卧床不起，丧失生活能力。

偏瘫体育医疗的原则是：通过以运动疗法为主的综合措施，早期开始康复训练，以预防并发症，减少后遗症和促进功能恢复。功能训练首先是改善整体的运动模式，抑制异常的发射活动，其次才是加强运动速度和力量的训练。功能训练要与其他康复措施密切配合，训练内容包括患侧的恢复和健侧的代偿；学会日常生活活动的简便方法，提高生活自理能力；在有条件的情况下进行职业康复，鼓励病人重返工作岗位。

偏瘫发病后最初的 1～2 个月自然恢复最明显，到第 3 个月恢复速度变慢，大半患者到 6 个月时症状稳定，恢复达最大程度。6 个月后肌力精巧性逐渐恢复，但因神经改善甚微，加上痉挛形成，恢复进程减慢。因此，应争取早期进行康复训练，以获得独立生活和行走能力，恢复期是半年到 1 年左右，但一年以后恢复的可能性仍不可低估。

偏瘫体疗康复的分期，大体可分为急性期（卧床期）、功能训练期（离床期）、步行期（后遗症期）三个阶段。

1. 急性期体疗

发病 1 周后大致可望脱离危险，但 3 周内死亡率仍较高，故体疗必须在意识恢复、并发症控制、生命体征平稳后方能进行。本期体疗的目的和任务主要是预防并发症和继发性损害，同时为下一部功能训练做准备。

（1）体位疗法，即保持正确的体位和肢位

①变换卧位姿势：在发病之初就应注意体位，对于预防褥疮及预防和减轻偏瘫典型的屈肌或伸肌痉挛模式有重要意义。在床上肢体宜置于抗痉挛体位，一般采取患侧卧位或健侧卧位。不论采取哪种体位，必须每 2 小时变换一次，以预防褥疮。为此还要保持床铺平整、皮肤洁净，使用充气床垫和局部按摩（见图 5-21 引自《运动疗法技术学》）。偏瘫患者不同卧位下的肢体位

置摆放（a 仰卧位、b 健侧卧位、c 患侧卧位）

②保持正确的肢位：偏瘫的正确肢位主要是矫正和预防上肢屈曲及下肢伸展挛缩模式。如肩易发生内收、内旋挛缩，应在上臂和躯干之间夹一枕头，便于使肩保持外展、外旋位。另外要将肩部垫高，以防肩后缩和半脱位；腕关节背屈 30 度，手指轻度屈曲，手中可握纱布卷或木块，还可使用托手夹。下肢可使髋膝关节轻度屈曲，在膝下垫小枕；保持踝关节中立位，为了防止髋关节外旋和垂足，常用沙袋置于大腿外侧和使用挡足板。

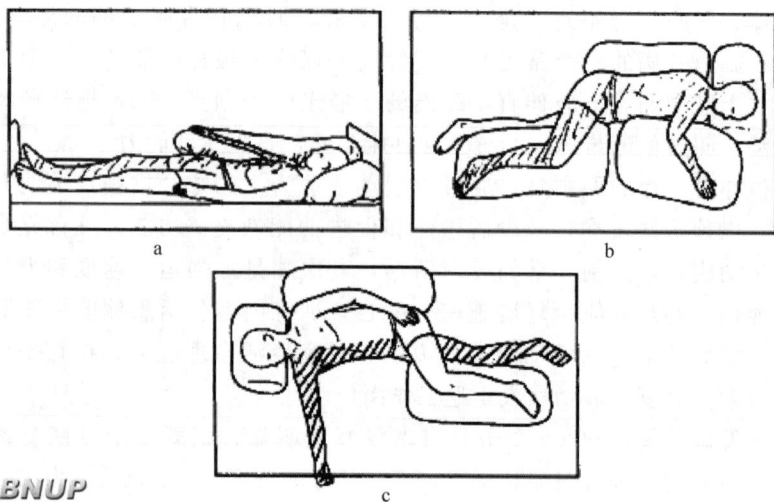

图 5-21　体位疗法

（2）被动运动和助力运动、关节活动度训练

当病情稳定，病人能配合时应尽早开始，主要由治疗师操作，患者可用健肢进行助力运动，包括患肢各关节各轴位的运动（屈伸、内收、外展、内旋、外旋、绕环等），活动顺序由大关节到小关节，运动幅度逐渐增大，要多做与挛缩倾向相反的运动，特别是肩关节外展、外旋，前臂后旋，踝关节背伸及指关节的伸展运动。同时，健肢也要进行运动，以防肌力下降。

（3）按摩

可促进血液、淋巴回流，防止和减轻浮肿，并对患肢进行运动感觉刺激，有利于恢复。对于瘫痪的肌肉多采用推拿和揉捏手法，对拮抗肌则给予安抚性向心按摩，不用叩打等强刺激手法。按摩部位主要是胸大肌、上肢伸肌群、下肢屈肌群等处。按摩可配合循经点穴以增疗效。

（4）患肢假象运动

患肢出现主动运动之前，先做瘫痪肌肉的假象运动，即通过意想运动训练，从大脑有节律地向肌肉传递神经冲动，有利于促进主动运动的恢复。

2. 功能训练期体疗

一般病后 1～3 周，开始保持坐位至行走前的阶段，病程约 1～3 个月，是功能恢复的关键时期。体疗的目的和任务是进一步恢复神经功能，进行正确运动模式的训练，恢复坐起和站立基本运动功能。

（1）基本功能训练

①基本要求：最好在病发 2 周内完成。重症者用靠背或活动床逐渐增加角度，从 30 度开始，以后逐渐增加角度并延长坐起时间直至坐起为止，可有效地防止体位性低血压。如无不适应症状可进行坐位保持训练和坐位平衡训练（使躯干偏向患侧、健侧或前倾、后倾、左右侧弯和旋转等）。一旦进入坐位保持训练期，就应使用三角巾或吊带将上肢固定以保护肩关节，防止肩半脱位，直至患者能举拳过头后撤掉，同时还要注意避免手部浮肿，应将手腕部抬高至胸部，并保持水平放置（见图 5-22，5-23 引自《运动疗法技术学》）。

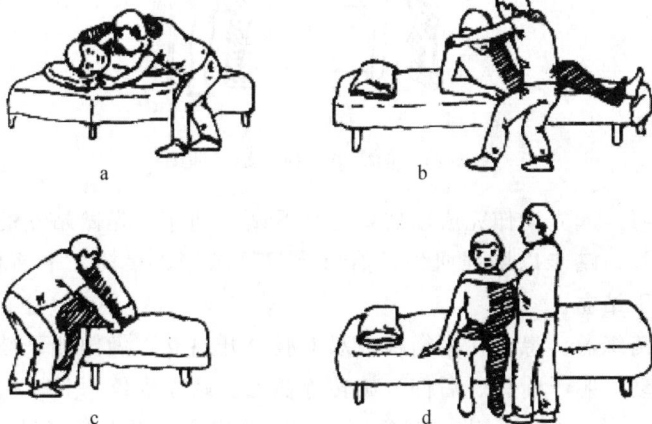

图 5-22　偏瘫患者坐起训练

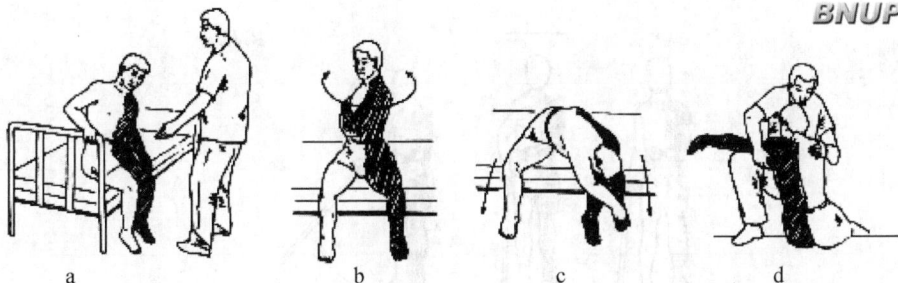

图 5-23　偏瘫患者坐位平衡训练

②起立训练：能保持坐位 30 分钟以上时，应开始起立训练，一般病后 3 周内应达到此水平。

起立练习。要点是掌握重心的移动，要求患腿负重，体重平均分配。可在床边或平衡杠内扶杖起立，先从高椅子起立，再从低椅子起立，熟练以后可练习扶杖起立。起立训练动作基本点时双脚后移，躯干前倾，双膝前移，然后髋、膝伸展而站起。坐下时，躯干前倾，膝前移及髋、膝屈曲而坐下。训练时应注意保护膝部，必要时使用护膝支架。对于肌力积弱、深部感觉高度障碍者，有条件时要使用倾斜台，倾斜角度也应由小到大逐渐增加（见图 5-24 引自《运动疗法技术学》）。

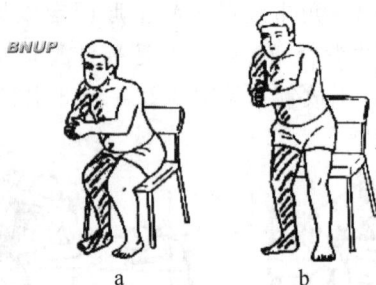

图 5-24　偏瘫患者独立站起训练

站立练习。起立动作完成以后，可练习站立动作。先做站立的准备活动，如坐位、提腿、踏步以增强肌力，然后练习扶床挡、桌椅、平衡杠站立，以后可练习徒手站立。

立位平衡练习。患者在平衡杠内双下肢分开站立，做健侧下肢单独负重、重心前后移动、躯干前屈、后仰、旋转等练习。站立训练每日 1～2 次，每次 15～20 分钟，练习应有间歇，避免过度，要求达到三级平衡（见图 5-25 引自《运动疗法技术学》）。

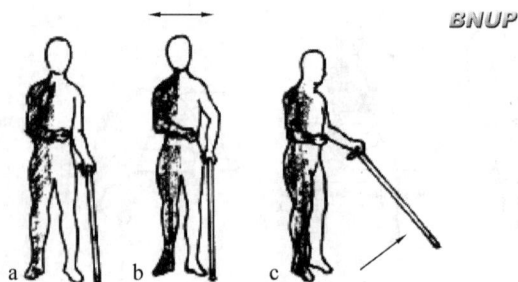

图 5-25　偏瘫患者持拐站立平衡训练

（2）床上训练

主要是一些原始的动作训练。包括翻身、由仰卧位到侧卧位；仰卧位移动，可向上、下、左、右移动身躯；由半跪位至跪位、跪位起立练习；肘撑，卧位或坐位以肘支撑上半身体重；爬行练习，常用三点爬行（健患手相握及双膝、双足背），也可用腹部爬行（匍匐）（见图 5-26 引自《运动疗法技术学》）。

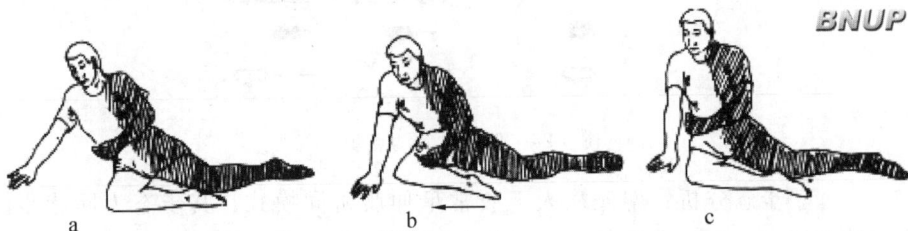

图 5-26　偏瘫患者床上坐位移动训练

3. 步行期体疗

当立位已能保持稳定，患肢可负重时开始步行训练，也是在协同收缩稳固的基础上进行各种等张性运动。步行期体疗的目的和任务是：恢复步行能力，实现代偿能力，训练手指精巧性和生活自理能力。

（1）步行训练：患侧下肢肌力达四级时，可开始用步行辅助器训练步行。

①步行前准备活动：扶持立位下换腿前后摆动进行，踏步、屈膝、仰髋、患腿负重、健腿向前向后移动等训练。

②平衡杠内步行：一般采用三点步行法，即健手前扶杠→迈患肢→健肢跟上，依次向前；也可采用两点步行，即迈患肢和健手前扶杠→健肢跟上，交替前进（见图 5-27，5-28 引自《运动疗法技术学》）。

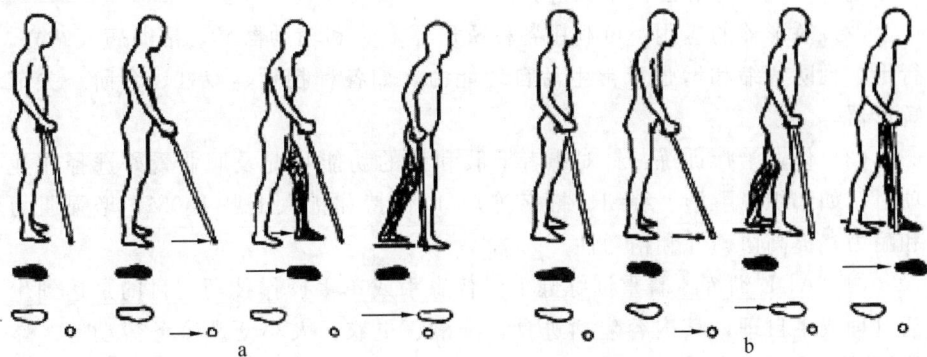

图 5-27　偏瘫患者的三点步行

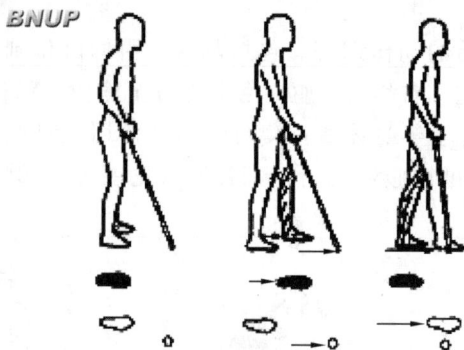

图 5-28　偏瘫患者两点步行

③步态分析：偏瘫病人下肢常呈伸肌协同模式，其步态为回旋步。由于膝部僵直，摆动期腿被带动而做划圈样向前移动，使足趾离地；支撑期患足、脚掌同时着地或脚尖先着地，由于足呈屈及下肢肌无力，故步幅不等，步伐较小。通过步态分析，重点矫正划圈步态。

上下台阶训练。开始时要按"健腿先上，病腿先下"的原则，待安全可靠后可顺其自然。开始练习时不超过 5 个台阶为宜。下楼时如有居高不安感，面向后方下楼也是一种方法。

复杂步练习。高抬腿、绕圈走、转换方向走、跨越障碍物、走斜坡、倒退步，并配合腿的动作做两臂协调性摆动，纠正不正确步态等。

步行训练时的注意事项：出现以下情况之一时，不宜进行训练；安静时脉搏超过每秒 120 次、血压过高（＞26.67/16.00kPa）、心悸、呼吸困难、有明显心律失常或合并肺部感染、活动时心绞痛。出现以下情况时应中止训练，即运动中出现呼吸困难、眩晕、恶心、胸痛，或面色苍白、出汗、心率每分钟超过 140 次并伴有心律不齐等。

（2）矫形器的应用：可利用各种矫形器支具和辅助器具，帮助病人站立、行走，预防挛缩和增强日常生活自理能力。如各种拐杖、双杠、台阶、关节矫形器等。

（3）作业治疗训练：针对患者上肢和手的功能状况及职业爱好选择作业项目（如编织、雕塑、缝纫、打字等），以保持和扩大上肢 ROM，增强肌力和耐力，提高协调性和精巧性。

（4）ADL 训练：着重训练健手代替患手或单手操作技巧，目的是达到生活自理或半自理，其内容包括进食、洗漱、更衣、大小便及家务劳动等。体位转移也是 ADL 训练的一部分。

4. 常用的体疗技术

（1）神经肌肉促通技术（本体促进法）：在主动运动恢复之前，利用本体反射及正常或病理性神经过程进行对肌肉随意控制的训练，目的在逐步过渡到不用这些方法也能对肌肉的收缩和放松进行良好的随意控制。目前被认为是偏瘫的最先治疗方法之一而被广泛应用。

（2）放松技术：减轻和防止痉挛状态，使肌肉放松是恢复协调运动的必要条件，往往比增强肌力更重要。常用的措施和方法有：被动运动和按摩、热敷和冷敷、本体促进法练习、肌电生物反馈训练、电刺激和功能性电刺激、水浴疗法、药物解痉、使用矫形器和夹板、手术矫正等。

（3）气功和生物反馈训练：气功常用放松功，即轻闭眼默念"放松"，先练上肢肩→肘→腕部，后练下肢髋→膝→踝部，配合呼吸，自上而下逐处放松3～5次。还可用肌电反馈仪来诱发主动运动或放松肌肉。多用于加强胫前肌以助改善步态及加强三角肌、冈上肌，防止肩关节半脱位。

（4）理疗和针灸：超声波、间动电流、中波干扰电流、针灸等治疗，均有促进肢体血液循环、消肿、镇痛及防止肌萎缩的作用。

第七节　智力残疾的体育康复训练

运动锻炼有康复、健心、健身和促进个性全面发展等多种功能。在进行体育活动的过程中，机体产生生理、生化、心理等一系列复杂的变化，而活动的个体又与周围环境进行着交流，这种机体内部、机体与环境的变化和交流对智残者的身心产生着综合的作用，能够使身体得到正常的发展，改善心理状态，提高生活自理能力，提高生活适应能力，增添生活乐趣，增进体质，从而有益于机体的全面康复和智力水平的提高，促进尽快重返社会。

对智力残疾者来说，体育康复训练应尽早着手。

弱智婴幼儿早期要注意动作训练，从粗大到精细运动，包括翻身、爬行、坐、立、行走、手眼协调训练等。训练中爬行很重要，能刺激大脑皮层的机能进一步发展，调节四肢协调运动，使婴儿的身体平衡。

不同智力水平、不同年龄的儿童可采取不同的体育运动方式。3～9岁中度智力落后儿童可以行走、投球、登楼梯、投沙袋、单足短时站立等；9～12岁中度智力落后儿童可采用单足跳、跳绳、快跑、持球投准等；12～15岁中度智力落后的少年儿童能完成一半的体育活动，如跑步、跳跃、简单的舞蹈、跳绳、滑冰、滑雪、上下楼梯等；15岁以上中度智力落后的青少年可参加田径、体操、游泳、舞蹈等各项个人体育活动。

特殊奥林匹克运动会是为弱智者常年提供运动训练和比赛活动的国际性组织，它为弱智儿童和弱智成年人参与日常奥林匹克运动训练及竞赛创造了条件和机会。通过参加特奥运动，弱智儿童可以增进自尊和自信，增强体质，提高动作技能。特殊奥林匹克运动在中国的普及和发展，将为弱智者提供更广阔、更精彩的社会舞台，使全社会对弱智人体育运动有全新的了解与认识。

康复训练的过程中，还应综合运用各种训练方法。比如，游戏治疗法、音乐治疗法、感知活动训练法、语言训练法、思维训练法、生活能力训练法。

>>> **思考题**

1. 试述残疾人体育的作用？
2. 残疾人体育的基本训练手段有哪些？
3. 综述脑瘫患者的体育康复方法。

第六章　残疾人休闲体育

本章概述、学习目标

本章从论述残疾人休闲体育的定义、特点、功能与意义入手，分析了残疾人休闲体育的基本原则、组织与管理，系统的介绍了不同残疾人群的休闲体育方法。

1. 了解残疾人休闲体育的定义、特点、功能与意义。
2. 熟悉残疾人休闲体育的基本原则、组织与管理。
3. 掌握不同残疾人群的休闲体育方法。

第一节　残疾人休闲体育的定义与特点

一、定义

众所周知，体育是具有多种功能的社会文化现象，因此，残疾人体育也有他的特殊的功能和意义。20 世纪 80 年代初期发达国家的残疾人逐渐把体育作为休闲活动来进行，因此，残疾人参与体育活动并不单单是为了康复，而是在更高的层次上享受体育本身所具有的乐趣，提高生活质量，享受人生的一个环节。

因此，残疾人休闲体育是指有关上述不同类型人的特殊体育活动，即社会人群中在视力、听力、语言、智力、肢体等方面有缺损者，通过身体练习，帮助其达到保健康复、培养其意志品质，提高其生活自理能力及让他们充分享受体育的乐趣，提高生活质量和享受人生的体育活动。包括残疾人的康复、健身、娱乐、竞技、放松、消遣、社交、探新寻奇和寻求刺激等活动。

根据活动场所划分，可分为室内和野外两种，室内休闲体育又可分为：徒手如健身舞、气功、武术等；借助器械如保龄球、乒乓球、高尔夫球、网球、飞镖、桌球、轮椅舞蹈等；野外休闲体育可分为空中如滑翔、跳伞、热气球等；陆地如登山、攀岩、郊游、自行车、滑雪、滑草等；水上如划船、冲浪、游泳、潜海、帆板、航海等。丰富的项目为不同的爱好者提供了广阔的选择空间，通过休闲体育活动，残疾人从中可以获得乐趣，达到增进健康，扩大社会交往的目的。

二、特点

（一）体育休闲活动的独特性

由于残疾人生理心理本身所具有的特点，以及社会对他们的认知不够，使得他们与健全人，甚至残疾人之间的交流较少，因此，他们在参与体育休闲活动时，更多的表现出一种独立性参与的倾向，他们喜欢从事单人的，能在家中或家附近的场所进行的体育休闲活动。

这个特点不是恒久不变的，它会随着残疾人本身心理疾患的消失而逐渐消失，随着社会对残疾人休闲体育活动的认知程度的提高而变得逐渐不明显。

（二）休闲活动内容的非同一性

由于残疾人的残障类别和等级的不同，残疾人参与休闲体育活动的内容和形式因个体差异，存在明显的非同一性特征。不同的运动项目需要不同的身体技能，而运动项目所需要的身体技能往往成为限制残疾人参与不同休闲体育项目的绝对因素。如：聋哑人无法采用有音乐伴奏的体育项目进行锻炼，截肢患者无法正常跑步、骑车等。因此在进行休闲体育组织的时候要充分考虑到不同残障类别和等级人群，尽量选择适宜的练习项目。如果有条件，可以安排能进行同一项运动的个体组成小组进行活动，更有利于进行教学和指导，使健身效果更佳。

（三）休闲活动手段的简单性

残疾人本身的身体疾患决定了残疾人参与体育活动的动机大都以康复为主要目的。因此，在休闲体育活动的参与过程中，应更多地考虑选择以恢复和开发某一个新的身体技能为出发点，以增加机体的代偿功能。残疾人常用的体育康复手段，包括各个环节活动、变换体位，平衡练习、移动动作和轮椅训练；还有休闲游戏，如棋类、投掷、球类活动、以及日光浴、空气浴和水浴等自然因素锻炼。这些活动都是日常生活中最简单的活动，为了实现残疾人休闲体育的康复目的，选择简单易行的运动手段和方法是残疾人休闲体育活动的重要特征之一。

第二节　残疾人休闲体育的功能与意义

残疾人休闲体育作为一种社会文化现象，之所以能从无到有，随着人类社会的发展而不断发展壮大，并对当今世界产生越来越广泛的影响，皆因它具有满足人和社会发展需要的实际效用。这种实际效用就是残疾人休闲体育的功能，它不仅是残疾人休闲体育存在的社会前提，也是残疾人休闲体育发展的根本动力。从某种意义上讲，人们对残疾人休闲体育功能的价值取向决定着一个国家、地区甚至世界休闲体育的发展模式、发展方向和对策措施。因此，认识残疾人休闲体育对社会的发展、人类生活的重要价值，从而更有效、更自觉地发挥残疾人休闲体育的功能，对于完善和丰富残疾人休闲体育理论体系，促进残疾人体育事业的发展有着重要的理论和实践意义。

一、残疾人休闲体育的功能

残疾人休闲体育作为休闲体育的一个分支，是休闲体育的重要组成部分，休闲体育所具有的功能也必然包含着残疾人休闲体育的功能。但残疾人休闲体育又不完全等同于正常人休闲体育功能，残疾人休闲体育认识的提高，不断赋予其新的内涵和价值，不断挖掘和开发出新的功能，并最终又把人作为发展的中心。

（一）残疾人休闲体育的康复健身功能

康复健身功能是残疾人休闲体育最直接的作用，是残疾人休闲体育区别于其他体育形式最明显的标志之一。体育是促进身体发展、增强体质的最有效手段。它是以身体练习为基本手段，通过各种单一的或组合的肌肉活动方法，来有效促进人体的发育，增强身体各部分的肌肉力量，发展速度、耐力、灵敏、柔韧等身体素质；通过长期系统地科学锻炼，来不断改善人体运动系统、呼吸系统、心血管系统和神经系统等机能水平，提高人体对自然环境的适应能力、耐受能力和免疫能力。对残疾人而言，通过参加休闲体育活动，可以有效地改进各器官、系统的功能，提高机体的能力，最大限度地发挥代偿功能、特别是在青少年时期，身体发展的可塑性很大，即使是残疾部位也不能说完全定型，而潜伏着转化的可能。"用进废退"，进行合理的功能锻炼，可以避免残疾人部分的肌肉萎缩和神经坏死，使他们的机体重新获得改善和发展。比如视力残疾者，通过盲人门球或盲人乒乓球的练习，可以提高听力功能；下肢残疾者，通过轮椅网球、轮椅乒乓球等活动，可以有效地提高上肢的活动能力。以盲童为例，经常系统地参加体育健身活动，可以提高盲童的肢体灵活性，皮肤感觉的灵敏性，并能发展和平衡身体的能力，这样就可以使盲童的各个器官和系统以及各种身体运动能力得到统一协调的发展，以弥补在视觉方面的缺陷。

（二）残疾人休闲体育的娱乐功能

休闲体育的娱乐是由项目的特点决定的，它没有竞技体育激烈的对抗性，休闲体育无论是在精神上还是体能上都不存在任何压力。休闲体育本身的趣味性是吸引众多体育爱好者的根本所在。残疾人较一般人有更多的闲暇时间，随着社会经济的发展，社会环境的无障碍程度的提高，残疾人越来越多的闲暇时间从事户外的休闲体育活动，这样既可以欣赏大自然秀美的景色，又可以体验休闲体育活动的乐趣，例如，在野外登山、郊游、游泳、划船等，残疾人可以通过自身的活动，感受到一种喜悦、乐观的精神体验。又比如，在炎热的夏天，人们在风景秀美的海上的多种运动，既能锻炼身体，又能放松身心。

（三）残疾人休闲体育的个人发展功能

休闲体育对个人的社会发展具有特殊作用。休闲体育中的放松和消遣这两种功能，更确切的说，就是让人们进入休闲状态，寻找个人发展。它的意义是扩大个人对周围的兴趣范围，它的前提是积极寻找一切能够帮助生理和智力发展的活动。体育休闲活动在其发展功能中能表现出每个人内心深处的多种个性，以避免残疾人线性生活方式所引起的生理和智力的衰退。因此，休闲体育应当作为残疾人最佳的业余爱好或生活方式，把它作为自我个性补充发展的机会。休闲体育不仅对个人的智力和文化给予补充，对于个体赖以存在的有机体也有着不可替代的作用。从现代的观念和意识来看，个人的发展应该是全方位的发展，而身心的发展则是一切发展的基础。

（四）残疾人休闲体育的社会化功能

休闲体育活动不仅是休闲娱乐、健身的载体，而且也是拓展交际、增进感情交流的手段。从事休闲体育活动，由于兴趣相同，思想比较容易相互沟通。残疾人由于有残障，外出行动不方便，或者由于有身体残障而羞于见人，时间长了就会造成人际关系淡漠与隔离，形成孤独、封闭、消极的心理，给他们融入社会造成了很大的困难。如果经常参加休闲体育活动，可以增加残疾人间以及正常人与残疾人间的交流，打开他们封闭的心扉，心情变得轻松、愉快，愿意与他人交往。可以说，休闲体育是残疾人之间、残疾人与正常人之间情感交流的桥梁和纽带。在休闲体育的情景中，人与人之间的交往是建立在同一个平台上，平等的交流使人更加容易形成协调的关系，也是交流的双方彼此容纳和接受，从而影响人的思想和行动。另一方面，休闲体育的发展是社会文明进步的重要表现形式之一，社会化的过程就是不断地适应时代的变化的过程，通过休闲体育，可以使障碍人不断地触摸社会发展的脉搏，融入社会。

（五）残疾人休闲体育的经济功能

长期以来，残疾人休闲体育被当做一项福利事业，主要依赖国家的财政拨款、社会捐款和慈善机构的捐助，自身的造血功能不够。但近年来，随着残疾人休闲体育需求越来越高涨，体育休闲服务业也随之发展，表现在体育场馆设施的建设，体育运动器材的设计与生产，体育竞技的组织与媒体宣传，体育旅游与观光等方面，可以说涉及各个行业。休闲体育的发展在经济发展中占有越来越重要的地位，如美国目前开发的残疾人休闲体育用品涉及游泳、球类、冰雪、划船、高尔夫、射击、射箭、马术、击剑、飞镖等方面的适应性体育用品，为残疾人通过休闲体育及娱乐实现身心健康，参与社会活动创造了良好的条件，并由此而带来的更多相关行业的发展，产生了极大的经济效益。

（六）残疾人休闲体育的科技功能

有人把体育称为"现代科学技术的橱窗"，而残疾人休闲体育更是集中体现了现代科学技术的成就，残疾人休闲体育在许多方面可以说是现代科技的产物。无障碍设施、运动辅助器具、运动器械、运动服装等各个方面都与科技密切相关。可以说没有科技的发展，就不可能有今天的残疾人休闲体育。而残疾人休闲体育反过来又促进了科技的发展，如运动人体科学、康复工程、新材料等，如果没有残疾人休闲体育的推动，科技也无法达到今天的发展水平。

二、残疾人休闲体育的意义

残疾人休闲体育的意义主要不在于创造，而是为了使人获得康复功能、锻炼身体、增进健康，从运动中获得乐趣，增强生活的信心和勇气。我国学者从社会学角度分析认为，残疾人体育的发展从一个侧面反映出一个国家的社会文明程度、经济发展水平以及综合的民族素质。残疾人通过参与体育活动，将进一步认识到自己的权利和能力，增强平等意识，也会使社会充分认识到残疾人的潜能，以便更好地弘扬人道主义精神，推动社会向更加文明、公正、和谐的目标发展。

（一）增强残疾人生活的信心和勇气

残疾人由于生活缺陷和机能障碍，给生活、学习和工作带来许多困难，与正常人比较，他们在社会生活中往往处于弱者地位。这种不公正的现实往往使残疾人产生自卑感和焦虑心情，容易对生活丧失信心和勇气。

残疾人虽然是人类社会中的不幸者，但是他们也是我们人类大家庭中的一部分，应当与正常人一样享有生活的幸福、学习和工作的乐趣以及社会主义祖国经济文化发展的成果。一方面，依靠社会为残疾人提供良好的环境与条件；另一方面，主要依靠残疾人本身的努力与奋斗。通过残疾人自己积极参与各种社会活动来实现，参加体育活动就是一种积极有效的途径。

体育活动是现代社会生活的重要内容之一，是人们娱乐、健身、交往的一种手段。残疾人参加体育活动，不论是装上假肢或者是乘坐轮椅进行活动，都可以感到生活是美好的、愉快的，也可以自豪地感到自己能像正常人一样参加体育活动，更能够对自己的进步与成功而感到惊异和振奋。由此可以让自己返回到人类社会的大家庭之中，并产生巨大的生活的勇气和积极性，从而更好地认识自我、肯定自我、战胜自我。

（二）有利于残疾人身心的康复和素质的提高

残疾人使残疾人的身心健康直接受到各种不同程度的损伤，不仅如此，由于他们特殊的生理与心理特征，又大大减少了进行身体活动的愿望和可能。运动的减少，更不利于机体的健康。无论是有意或无意地回避社会的心理，都会造成与外界接触及交往机会的大大减少，这对其整个精神世界的影响是极其不利的，容易产生各种变态心理和情绪障碍。

残疾人参加体育活动，可以保存其现存的功能不至于造成更大的损伤，也可以改善和提高其现存的功能，增强体质。参加体育活动，可以使残疾人走出自己"封闭式"的生活小圈子，走到广阔的社会当中，更多地与正常人、残疾人打交道，扩大其生活的视野，心灵中会吸入许多的新鲜空气，注入更多的生命活力，有助于情绪欢快，性格开朗。总之，有助于心理健康。

残疾人身心健康水平的提高，实际上是人的素质在提高，生活和生命的意义在提高。这不仅仅关系到残疾人本身的素质，而且也关系到他们后代的素质。所以，开展残疾人休闲体育有着巨大的现实社会意义，也具有深远的历史意义。

（三）体现机会均等，有助于促进社会精神文明建设

残疾人问题是社会问题，各国残疾人体育事业已经被纳入到国家整个体育事业和残疾人事业之中。我国《全民健身计划纲要》中提出，广泛开展残疾人体育健身活动，提高残疾人的身体素质和平等参加社会活动的能力。我国残疾人与正常人一样享有做人的一切权利，享受体育运动的权利。同时，开展残疾人休闲体育活动，需要投入许多的人力、物力与财力，需要克服许多困难，需要解决许多问题。社会越进步，文明程度越高，越有利于残疾人休闲体育的发展。

第三节　残疾人休闲体育的基本原则

开展残疾人体育运动，其重要的不在于成绩如何，而在于参与，参与得越多越广，其重要性就越能够得到充分的发挥。如鼓励残疾人参加集体性活动，举办球类比赛，基层单位开展各种有利于残疾人进行的休闲体育活动等。在开展各类残疾人休闲体育活动的过程中，要遵照以下原则：

一、"因人而异、制定处方"原则

作为组织者或是帮助者，面对残疾人受伤的心灵与身体的缺陷，更需要付出更多的爱抚和无微不至的关怀。针对残疾人的不同状况，密切与他们的家人配合，严格遵守医疗保健和康复练习原则。残疾人进行休闲体育活动应根据身体条件、残障情况因人而异。进行活动时应根据年龄、身体功能、适应能力及运动水平来选择不同的方式和手段，从实际出发安排运动强度和运动量，同时在身体活动的强度和密度上也不能与正常人的要求一致，要充分考虑他们伤残的具体情况，因人而异地加以区分和实施，因人而异制定不同的"运动处方"。

首先，在具体操作过程中，首先让他们选择参加各自喜欢的、力所能及的休闲体育项目进行锻炼。目的是激发他们参与休闲体育的兴趣，愉悦身心，增强体质，积极投身到当今社会如火如荼的健身行列，逐渐树立对生活的信心和自尊感。

其次，根据残疾人士的身体状况，作为指导者要提供出有针对性的锻炼方法。如上肢有残障的，就侧重安排以下肢活动为主的项目，反之下肢有残障的，就侧重安排上肢活动为主的项目。此时，也不能完全忽视对残障肢体的康复练习，要视残障肢体的状态定指标、选内容、加强医务监督，确定切实可行的锻炼计划，如有可能可要求练习者填写锻炼自我感觉记录，内容可包括：睡眠质量、食欲情况、精神状态等，使之有的放矢地科学健身。

二、"循序渐进、坚定信念"原则

残疾人身心特点的特殊性决定了残疾人进行体育锻炼时要遵循循序渐进原则，先易后难，逐渐加量，要使他们明白，体育运动的技术和能力只能逐步地提高，不可能一下子达到目的，如果急于求成违反客观规律，反而会欲速则不达。残疾人进行体育运动中，循序渐进原则表现在两个方面。

一方面表现在生理上，活动量要由小到大，逐步增加。一般来说，每参加体育锻炼10~20分钟，应适当间歇休息3~5分钟，使参与活动的身体部位得到缓解和恢复。因为残疾人在体育活动中，难以和健康人一样协调运动，往往因伤残导致身体的局部负荷较之常人为高。

另一方面表现在心理上，循序渐进很重要的是体现在"持之以恒"上。许多残疾人要么不愿参加体育活动，要么开始参加时充满热情，但时间稍久便出现缺乏耐心或急于求成。而体育活动在健身效果上，并非一朝一夕可以取得，它需要长时间的坚持方能见效。由于残疾人在生理和心理方面所存在的特殊情况，初始参加体育活动一般常会遇到这样或那样的困难，这是一个必然要经历的过程。因需要参加的体育活动要从简到繁，从小到大，要循序渐进。

作为残疾人，很多人因为生理上的缺陷导致不能面对现实，不能正视困难和挫折，因此，通过参加休闲体育，要培养他们克服困难、自尊、自爱、自强不息的精神，坚定对生活的信念。通过参加休闲体育活动达到身心的快乐，克服心理障碍，强身健体，使生活充满七色阳光。

三、"扬长避短、校正补偿"原则

由于人体具有"代偿"机能，它不仅表现在人体的各种感受器官的相互影响上，也体现在肢体的力量和运动能力上。一般来说，上肢残障的人往往具有更强的下肢力量和较高的下肢肢体活动能力。由此，残疾人在运动项目的选择或运动方式的采用以及运动负荷的安排上，应注意"扬长避短"，要善于利用和提高自身的某些优势，可以在一定程度上弥补自身的缺陷。同时，也应有意识地加强短处的锻炼，以达到促进康复的作用。

除了根据残疾人的身体特点扬长避短之外，指导者还应注意"补偿"。缺陷的校正和补偿工作是一项复杂和细致的工作，要求指导者要有长期锻炼的思想准备，防止急躁情绪，只有循序渐进、细水长流，才能使残疾人的身心得到较好的校正和补偿。

四、"体现个性、激发兴趣"原则

要创设一个充满爱与快乐的教学环境，克服残疾人退缩、压抑、自卑等不良心理，确保活动内容的新颖性和多样性，目标难度，强度适中。

在激发兴趣的同时要注意到残疾人之间存在着巨大的个体差异，例如，性格的差异、神经活动类型的差异，同时又有需要的差异，兴趣爱好的差异和活动能力、活动风格、活动习惯的差异等。利用每个人的特点来激发他们运动的积极性会达到更好的效果。

五、"贴近生活、充分练习"原则

在运动中，练习内容要尽量贴近其日常生活，避免和其生活实际相脱节，使其所练习的动作能适应参与个人特有体育锻炼，顺利融入健全人群的生活中去。这些练习可以在家中或是附近的地方开展，比较具有实用价值。

指导者教完之后，要根据残疾人身体的具体情况，留出足够的时间给他们练习。使残疾人自己在练习之中掌握技术动作，达到熟练，为学习更多的技术动作打下基础。练习中指导者要注意教给残疾人正确的练习方法，以便于回到家中自己练习。

六、"安全锻炼、预防伤病"原则

开展残疾人休闲体育的目的就是在于促进身心健康，改善身体机能和提高健康水平，促进残疾人身体康复，所以在运动中要注意安全、预防伤病、减少再次损伤对他们身心造成更大的伤害。

如果不注意安全，不仅不会达到上述目的，反而会造成新的痛苦和意外损伤。因此指导者在运动中必须有严密的组织和严谨的保护，这不仅要体现在指导或活动的全过程，也不能忽视场地器材的安全因素。同时，还应在运动的实践中，注意研究和探索有的放矢的预防方法。

第四节　残疾人休闲体育的注意事项

残疾人从事适宜的运动锻炼对身心的恢复是有益无害的，但就个人来讲，在决定进行体育锻炼之前，还是要对自己的身体状况有一个基本了解，咨询医生或健身指导员，如果有条件，还应当做一些检查。医学检查可以根据练习者的健康状况和残障状况判断能否进行锻炼。检查包括血压、心电图、尿检、胸部 X 光诊查、血液检查、脉搏等。一般情况下，伤残状况稳定后是可以参加健身运动的，但是如果身体还有其他疾病，如冠心病、高血压、糖尿病等，在急性期是绝对禁止运动的。应根据残疾人的身心状况，从实际出发，开展残疾人休闲体育活动，以促进他们身心的健康发展。因此，分析残疾人的情况，选择合适的身体锻炼内容与方法，安排适宜的运动负荷，并应有医务监督与体格检查，以保证身体锻炼能获得良好效果。总体来讲，应注意以下几点：

（1）残疾人进行身体锻炼，应注意全面发展身体，尤其是对心肺等内脏器官和衰退的肢体要坚持经常锻炼。

（2）应区别对待，研究选择适宜的锻炼内容与方法，不能一概要求。

（3）锻炼项目的选择要适宜，残疾人运动休闲的项目选择是为了增强体质、放松心情，因此要量力而行，要避免选择高难度、大负荷的竞技运动项目。

（4）残疾人通过身体锻炼不仅要增进健康，增强体质，而且应促进残疾人心情愉快，增强生活的乐趣和信心，促进人际交往，增进友谊。因此，选择锻炼的内容，除了个人活动，还应选择集体娱乐性的活动内容。

一、开始运动前的注意事项

在练习之前指导者要检查练习场地上是否有障碍物，确保场地表面平整、安全和干燥；所有的线要清晰；室内练习场要保持空气流通，特别是在炎热的季节；为观众、家庭成员和其他人员使用的区域也应是安全和方便的。

1. 练习器材。在每一项运动中要为残疾人准备适合的器材，为他们进行体育锻炼提供更多的便利。

2. 器材的数量。要预先准备足够的器材保证练习时使用。残疾人能够使用器材进行热身和参与运动，足够的器材也会调动他们运动的积极性。

3. 器材的保养。在练习之前应该把所有的器材检查一遍，特别对不常使用的器材要定期保养。避免经常不使用的器材发生意外伤害事故。

4. 正确使用器材。指导者应指导残疾人正确使用器材，否则会造成运动伤害和无效工作。

二、运动过程中的注意事项

（一）锻炼地点要内外结合

残疾人身体活动受限，因此，必须从室内锻炼，甚至从床上或床前开始。身体运动受限严重，可在床上进行伸展，扭转等练习，亦可在室内做一些支撑、平衡和移动等练习，重复蹲起、弯腰、后仰、转体、跨步、俯卧撑、仰卧起坐等简单动作，逐步增强活动范围和练习时间。待能独立练习 1 小时左右，并不感受难以支持的时候，就具备了去室外锻炼的基本条件。户外锻炼，内容要由简到繁，先从力所能及的动作开始，如日光浴、空气浴、散步、疾行等，以提高对外界环境的适应能力。随后，可选择地势平坦、日照充足、环境宁静的地方，作为运动地点，从事一些徒手操、健身拳等，亦可根据个人特点，自编动作，反复操练。

（二）锻炼项目要因人而异

残疾人确定锻炼项目，必须从个人的身体条件出发，要以发挥自己健全肢体的优势为前提，当然也要兼顾残障部位的功能恢复。如单臂残缺，可用另侧手臂挥拍上阵，打乒乓球、羽毛球；双臂伤残，可以散步、跑步、踢球和爬山；即使下肢完全瘫痪，双手还可以射击、下棋和划船等。应教育残疾人解放思想，敢于尝试和开拓，看起来残障者很难实行的项目，只要稍加弥补，同样可以被利用。如跑步和溜冰，盲人似乎不便参与，但是，手握小竿，在常人的带领下，也能如愿以偿。无臂人好像不能游泳，但配上游泳圈穿上救生衣，同样也可以在碧波中畅游。

（三）锻炼负荷要循序渐进

循序渐进是残疾人参加体育锻炼所必须遵循的原则。锻炼之初，要从小强度、低密度开始，逐渐增加。每练习 10～15 分钟，就应安排 2～3 分钟的休息，使负担过重的部位适当休息。一般说，锻炼时的平均心率维持在安静心率的 1.2～1.3 倍比较适宜。例如，安静时每分钟心率为 76 次，那么，锻炼时适宜的心率区间应为 91～122 次。锻炼时，如身体感到特别不适，则应停止。如身体潮热，微微发汗，并伴有惬意的疲劳则是适宜的锻炼。

（四）要采取有别于健全人的锻炼形式

残疾人参加体育锻炼，必须从他们的社会心理、体质状况等实际情况出发，采取他们乐于接受、富有成效的形式和方法。

（五）要加强对残疾人的个别指导

残疾人各有各的身体欠缺，锻炼时受限的部位也不大相同。因此，他们更需要切合自己实际的锻炼方案。指导者应深入了解他们的健康状况，掌握他们的熟悉程度，体察他们的兴趣爱好，在此基础上，与他们一起制订详尽的锻炼计划。在执行计划过程中，加强巡回指导，注意发现问题，并适时调整计划。

（六）要针对残疾人的心理特征安排活动场所

残疾人自尊心强，常羞于在大庭广众之下运动，尤其是肢体残障者更是如此。因此，应尽量安排他们在环境清净之处锻炼，尽力排除围观者，使他们能够尽情地投入练习。如场地条件受限，可利用早、晚等空间的安排。此外，充分利用家庭或教室等室内场所练习也是比较理想的场所。

（七）要参加社区残疾人锻炼组织的活动

残疾人主要散居于社区，组织他们共同锻炼困难较多。因此，要放眼社会，求得残疾人组织的帮助，使残障特征近似者可以同场交流，不仅可锻炼身体，而且有助于精神文明建设。他们中的佼佼者，通过训练也可创造出优异的运动成绩。

三、运动结束后的注意事项

（一）做好后期计划

作为指导者要在练习结束后回顾练习计划，看看达成多少目标；要及时征求残疾人和家长的意见，并为每位残疾人写一份总评给残疾人家长；组织残疾人参加其他的体育练习和比赛，并要求他们在全部练习结束后要继续坚持活动以保持良好的体能状态。

（二）做好运动备忘录

每天把每一位残疾人的进展情况记录下来，不要期望残疾人在一夕之间大幅进步，应充满耐心，帮助残疾人建立信心，避免残疾人一再失败受挫。如有可能，可要求残疾人本人做好自己的运动备忘录，记录自己参加休闲体育活动的情况。

第五节　残疾人休闲体育的练习方法

一、残疾人休闲体育的指导原则

无论是为了休闲娱乐，还是为了保健康复，残疾人参加体育活动应遵循以下的原则：

（一）针对性

残疾人体育活动应根据参加者的身体条件、残障的具体情况做到因人而异。进行活动时，应根据年龄、身体功能、适应能力来选择不同的手段和方式，并针对身体功能的缺陷，有重点地进行锻炼。从实际情况出发，制定运动处方，合理安排运动内容、运动量和运动强度。

（二）全面性

残疾人进行运动时应注意将局部运动与全身运动有机结合起来，交替进行，以获得全面提高身体素质、改善身体功能的效果。对于残疾人在运动中易出现"偏爱"现象要及时引导。

（三）预防性

对于残疾人来说，体育运动的目的是促进康复，因此，一定要注意预防由于活动不当而引起新伤病事故的发生，避免造成意外损失。指导残疾人参与体育活动时，必须充分注意运动场所的安全性、便利性，并提供必要的保护性措施和医疗监督。

二、不同运动水平残疾人的练习要求

（一）开始阶段

作为指导者，首先必须非常清楚地解释残疾人将要学习的技能。此时必须非常的耐心。一次课给予太多任务去学习或给予太大压力，残疾人会受到打击。当残疾人能够表现技能甚至可以完美地表现时，这个阶段就完成了。

（二）中间阶段

这个阶段借助于在开始阶段中的运动程序。在技能发展上残疾人需要激发动机和给予反馈。此时强调的是练习的质量。他们必须知道他们所做的哪些不正确并能改正。反馈是极其重要的。动机能变得自动化，残疾人就进入高级阶段。

（三）高级阶段

在执行动作时，残疾人不再思考动作而是关注更关键的技能。残疾人练习时教练员要激发更强的动机。在此阶段，残疾人可以开始另一技能的学习。

三、为残疾人提供适当等级的帮助

首先判断什么方面残疾人已准备就绪，然后根据此残疾人的需要为其提供适当的帮助。不管技能的类型，为残疾人提供恰当的帮助。方式有语言提示、示范、身体提示、直接身体帮助。在练习的过程中，指导者要逐渐地从直接帮助降为简单的信号提示，甚至最终不需提供帮助（这部分指残疾人在学习和改进技术方面有困难）。残疾人可以需要一个单一方法或结合这些方法来学习一个运动技能。

（一）讲解

讲解是教学和练习中的最一般的指导形式。当介绍新技术时常常最先使用。在整节课中语言要始终非常清晰、简练。关键要使用简单的关键词。它主要包括以下几种：

1. 直述讲解：简明扼要的语言陈述，多用于简单动作的讲解以及宣布课的任务、内容和要求等。

2. 分段讲解：把技术动作分成若干环节，逐一地进行讲解。主要运用于较复杂技术的教学。

3. 概要讲解：按完成技术动作的要领或归纳出要点逐一进行讲解。

4. 侧重讲解：在分段讲解或概要讲解时突出重点、难点的讲解。

5. 对比讲解：把相对应的两个方面加以比较，指出其差异、正误、优劣等的讲解。

合理运用讲解法应注意以下几点：

1. 清晰：要尽量使用残疾人容易理解的词句，如最好说"看球"，而不说"找目标"（使残疾人明白指导者让他/她去做什么）。

2. 形象化：因为残疾人在接收信息方面有障碍（特别是接收语言信息），所以指导者在同他们进行交流时，要尽量使用比较直观的表达方式。例如，指导者在讲解篮球中的 3 秒区概念时，可以使用"热区"和"冷区"分别代替前场 3 秒区和后场 3 秒区来帮助残疾人进行理解。"热区"代表前场 3 秒区，残疾人在其中热区中停留久了会烫脚，所以残疾人就会知道在里面不可以停留太久；"冷区"代替后场，残疾人在里面停留的时间没有限制（当残疾人对抽象概念的理解有困难时使用）。

3. 简明扼要：指导者要用"关键词"或信号提示来描述动作，不要用长句子或复杂的教学步骤，例如让残疾人"像要伸向天空一样"（当残疾人对教学语言和动作的理解上有难度时使用）。

4. 一贯性：对于同一个技术动作，指导者要始终使用相同的词句来描述（当残疾人需要反复练习一个技术动作或需要加强对某技术的理解时使用）。

5. 及时反馈：当残疾人很好地完成某一动作时，指导者要及时对残疾人的表现给予口头肯定。反馈时要给予刚完成的技术以具体的指导（当残疾人需要经常的表扬和促进时，注意表扬的语言要和刚完成的行动联系起来）。

6. 指导者在进行讲解时要让残疾人注视自己，必要时可以提示他们注视自己（针对残疾人集中注意力时间短的问题使用）。

7. 指导者不要光是进行讲解，在讲解的过程中要时常向残疾人进行提问，引导他们进行独立思考，检验他们的反应（这里强调独立思考能力的培养）。

（二）示范

这个指导形式是比较常用的，能够在讲解技术的同时使用。当一个技术通过讲解很难让残疾人理解时，一定要使用示范。对于一个新技术，讲解和示范的结合使用是最有效的。

运用示范法时应注意以下几点：

1. 要有明确的目的性。指导者的示范要根据教学任务、步骤以及残疾人的情况确定，如教授新教材时，为了使练习者建立完整的动作概念，一般要先做1～2次完整示范，然后结合教学要求，做重点示范。

2. 示范动作要正确。指导者的示范是典范，应使每个残疾人都能感到指导者示范动作的准确性、熟练性和轻快性，使残疾人对动作形成正确的印象，并产生跃跃欲试的心理冲动。

3. 注意示范的位置、方向和时机。在运动技术练习中，要根据练习的需要，选择最佳时机，展示或强化正确的技术动作。示范的方向应根据动作的特点和要求残疾人观察的动作部位而定，常用的示范包括正面示范、背面示范、侧面示范、正误对比示范等。

4. 示范与讲解结合起来，使直观与思维相结合。

（三）身体提示

当讲解和示范方法都不能起作用时，身体提示是最常用的方法。通过身体提示来促使残疾人进入适当的位置。

（四）直接身体帮助

当所有其他指导方法都不起效果时，直接身体帮助是常使用的方法。这要求教练员协助残疾人移动到合适的位置并完成技术。这个方法要谨慎使用，尤其当残疾人在一个较低水平和不喜欢被接触时。

（五）选择等级帮助的时机

1. 残疾人的能力越低，他需要的帮助就会越多。

2. 教练员在进行语言讲解时要注意结合示范。

3. 身体提示是在残疾人需要时帮助他/她调整到正确的位置上去。

4. 当以上的帮助都不能起到作用时，教练员需要帮助残疾人挪动身体以便完成整个技术动作。

四、常用练习方法介绍

最常用的方法有：持续练习、重复练习、间歇练习、交换练习、循环练习、游戏和比赛练习等方法。现在主要阐述以下几种练习方法。

（一）持续练习法

持续练习法又称连续练习法。它是指在相对较长的时间里，用较稳定的强度，无间歇地进行练习的方法。

持续练习法的主要特点是练习的时间相对较长，一次练习的量比较大，但练习的强度相对稳定。由于一次练习的时间较长，所以强度也不宜过大，一般在 60％～70％的强度上下波动。由于持续练习法具有以上特点，因此用这种方法进行练习，对有机体所产生的影响比较缓和，有利于心血管和呼吸系统机能的稳步提高和调节大脑皮层兴奋和抑制过程和均衡性，其所获得的练习效应出现较慢，但比较稳定，消退也较慢。

运用持续练习法时应该注意控制好练习负荷量和负荷强度，并应考虑残疾人练习水平与年龄。

（二）重复练习法

重复练习法是指在相对稳定的条件下，按一定的要求进行某一练习，而每次（组）练习之间的间歇能够使机体基本回复的一种方法。每重复一次或一组中间的间歇时间，都使机体得到恢复。

构成重复练习法有四个因素：重复每次练习的内容和时间；重复练习的次数；重复每次的负荷强度；重复每次练习之间的间歇时间。

重复练习法的主要特点在于：重复某一动作练习时，动作的结构和强度不变；重复练习的强度较大，通常采用接近比赛的强度；重复练习之间的间歇时间较充分，以使残疾人机体达到基本恢复的水平。

重复练习法每次的练习负荷较大，并可多次重复进行，因此，对提高机体各器官系统的机能能力有较大作用，能有效地促进身体发展。

运用重复练习法时应注意：每次（组）练习均要保持预定的强度。每次（组）练习之间的休息应充分，待机体恢复时再开始下一次（组）的练习，以心率衡量一般在 110 次/分以下，组间休息比每次练习时间要长些，确定重复次（组）数时，以残疾人不能按预定强度进行练习或出现技术变形为准。

（三）间歇练习法

间歇练习法是指在每一次练习后，控制间歇时间，在机体尚未完全恢复的情况下即进行下一次练习的练习方法。

构成间歇练习法有五个因素：每次练习时间；每次练习重复次数的组数；每次练习负荷的强度；每次或每组练习之间的间歇时间；间歇时的休息方式。根据这五个因素，可以组成不同的间歇练习方案。在这五个因素中最重要的是间歇时间。间歇练习法的主要特点是：每次练习之间的间歇时间必须控制在残疾人机体尚未完全恢复的状态下，即进行下一次练习。以心率评定成年残疾人一般是在120~140次/分以上，少儿残疾人一般在110~120次/分以上，这是间歇法的主要特点，它对提高心脏功能起着较大作用。间歇练习法每次练习时间不长，而每次练习的负荷强度可以根据练习的目的以及所要解决的问题进行安排调整，既可以是达到或超过比赛强度的，也可以是较小强度的。大强度的负荷，心率每分钟可以达到180次以上；中强度的负荷，心率可达160次。间歇练习法在每次（组）之间的间歇时间里，一般采用积极的方式，做些轻微的活动，加慢跑或走，这可加速负荷后乳酸的排除，提高运动系统的工作能力。这是间歇练习法的又一个特点。由于间歇练习法对机体能力要求较高，因此在运用过程中应注意加强医务监督。

（四）变换练习法

变换练习法是指在练习过程中有目的地变换练习条件进行练习的方法。变换练习法的主要特点是练习的条件可根据练习的目的加以变换，因此比较灵活、机动。易于调节练习的负荷和控制练习的节奏。

变换练习法可以运用于体能、技术和战术练习中。它能提高残疾人有机体对练习及比赛的适应能力；培养残疾人的多种运动感觉，如时间感、空间感、速度感和节奏感等；避免练习单调乏味，提供残疾人练习的兴趣和积极性。

在运用变换练习法时应注意，要根据练习的具体任务和残疾人存在的主要问题有针对性地变换练习的各种条件。如在技战术练习中，为了掌握或改进技术，可降低条件，以减少练习难度；为了巩固和熟练已掌握的技术动作，则可加大练习的难度。在体能练习中为提高残疾人的有氧和无氧代谢能力，可通过速度、距离和间歇的变换来达到目的。变换练习时，要明确变换的目的。教练员要讲明变换的目的所在，及时引导残疾人把注意力集中在达到练习目的上，以提高练习效果。

（五）循环练习法

循环练习法是根据练习的具体任务，建立若干练习站（点），残疾人按照路线顺序，依次完成每站（点）的练习，周而复始地进行练习的方法。循环练习法每站（点）都有明确的练习内容、要求和练习次数，并且可结合其他练习方法形成不同的循环练习方案。如持续循环、重复循环和间歇循环练习。

持续循环练习是按持续练习法的要求，练习的持续时间较长，站与站和每一循环之间不安排间歇，连续进行练习。每站练习的负荷量可以较大而强度不大。这种练习方案主要用于发展一般耐力和力量耐力。重复循环练习是按重复练习的要求，每站练习的负荷强度较大，站与站和每一循环之间的间歇时间较长，在机体完成恢复的状态下，再开始下一站或下一循环练习。这种方案主要用于发展绝对力量和速度耐力。间歇循环按间歇练习的要求，每站之间和每一循环之间的间歇时间要严格控制，在机体未完全恢复的状态下，即进行下一站或下一循环练习。如每站中的负荷强度较大时，可适当调整重复练习的次数和循环的次数。这种练习方案有利于发展力量耐力、速度力量和速度耐力。

循环练习法主要用于体能练习，也可以用于技战术练习。

循环练习法的主要特点是：循环练习设立的站的数目及每站规定的练习内容和负荷均可根据练习的目的和练习对象的水平灵活掌握，因此这种方法的适应性很强。循环练习法在练习过程中生动、活泼、有趣，能提高残疾人练习的兴趣和积极性，适用于不同层次和水平的练习对象。练习中没有不必要的停滞，可以加大练习密度。每站练习内容可按身体不同部位或系统、器官的活动交替安排，避免局部负担过重，能延缓疲劳的产生。

运用循环练习法应注意：循环练习法各站练习内容的选择要根据练习的具体内容确定。由于练习是连续进行的，因此，练习的内容应是残疾人已掌握的，不宜选择残疾人不熟悉或技术较复杂的练习。练习内容的顺序应是根据练习对各器官系统和肌肉用力部位的不同要求而交替安排。站数设置要根据练习的具体内容和场地设备的现实可能。运动负荷的安排既要从每站练习的数量、强度、间歇时间、循环次数等方面考虑，又不能脱离练习的具体任务和对象的负荷能力。采用何种练习方案应从练习的目的加以考虑，如进行一般体能练习宜采用连续或间歇练习法，而技战术练习则多采用重复循环练习法。在练习过程中，要加强质量方面的要求。

（六）游戏和比赛练习法

游戏和比赛练习法是指以游戏和比赛的方式进行练习的方法。这里所指的比赛，不仅是正规比赛形式，而且包括一些简化或附加了的某些规则，或改变了原来的场地条件的教学比赛。

游戏和比赛练习法主要特点是：具有竞争性，对提高残疾人练习的积极性和进取精神有很好的效果。游戏和比赛均有相应的规则，在练习中残疾人只有共同维护和遵守规则，相互配合，并自觉控制自己的情绪，才能使游戏和比赛练习进行，并取得胜利。游戏的形式和内容可以多种多样，规则的确定也十分灵活，教练员可根据练习的需要自行创造，既可用于一般和专门的体能练习，也可用于技战术练习，还可以作为恢复手段。运用游戏和比赛练习法应注意：游戏和比赛的内容和形式虽多种多样，但选择时应根据练习的要求，有明确的目的，并确定相应的规则要求，才能解决练习中所要解决的具体问题。

练习中应保持竞赛双方水平接近，做到恰当的力量分配，以维持公平、均衡对抗，提高双方的情绪、兴趣和竞争的积极性。必须善于掌握游戏和比赛练习法的过程，控制和调节练习中的负荷。在游戏和比赛结束后，要有讲评和小结，充分肯定残疾人在游戏比赛中表现出的积极进取精神和优良的作风，以提高此法应用的效果。

五、技术教学与练习的一般指导步骤

1. 简要地说明技术。
2. 将技术分解成较简单的步骤以便残疾人能成功地掌握。
3. 简要地示范技术。
4. 让残疾人练习较简单的技术。
5. 逐渐地将分解的技术结合成完整的技术进行练习。

在练习过程中仔细观察残疾人，及时提供积极的反馈和强化。要让残疾人有成功的喜悦和自我满足。

第六节　残疾人休闲体育的组织与管理

一、残疾人休闲体育的组织方法

（一）计划组织法

这种方法按时间序列大致可分为两个层次：中远期规划和短期计划。中远期规划是对一个较长时期残疾人休闲体育活动发展总目标的设计方案，是各项工作实施的文字依据。时间跨度可以是三至五年，甚至十多年。一般以五年为一个时间序列或者发展阶段为宜，以便与国民经济和社会发展的五年计划同步。短期计划的时间跨度在一年以内，包括年度、半年和季度工作计划，以年度计划为主，短期计划是中远期规划的进一步具体化，地方和基层组织部门要制定此类计划。

在制订计划的同时要考虑本地区、本部门的经济实力和残疾人群的整体水平，在动用人力、物力和财力方面要切实可行，切不可超越实际能力，组织消耗大量资金，占用大量社会时间、大量场地器材的体育活动。要注意历

史的延续性和本地区、本部门的传统。在选择活动项目、活动规划和活动方式上要考虑本地区、本部门已形成的传统，对残疾人喜闻乐见、踊跃参与的传统项目应优先安排。

（二）社会调查法

这种方法是既对计划组织法的一种反馈形式，也是拟定计划的前提。残疾人休闲体育活动的组织管理部门可以通过社会统计、民意测验、问卷抽样调查、访问和座谈讨论等多种形式了解残疾人群的兴趣爱好，掌握残疾人群体育活动各有关信息和发展趋势，以确定规划和计划内容和形式，并在计划实施过程中不断修正、调节计划和组织落实。

（三）宣传教育法

宣传教育法就是通过各种传播媒介，宣传体育娱乐的功效，动员残疾人群参与休闲体育活动的一种组织方法。宣传教育法不仅本身是一种有效的组织方法，而且对其他组织方法的实施具有支持作用。从某种意义上讲，宣传教育是推动残疾人休闲体育发展的重要手段。

（四）趣味比赛法

定时开展一些小型的趣味比赛是推动残疾人群运动休闲的重要手段，也是体育运动的重要表现形式。比赛开展的主要目的是提高残疾人群参与体育运动的积极性，体现娱乐功能。所以在小的社区或是小型的组织可开展这样的活动，使残疾人群在运动中得到成功的体验，生理和心理两个方面都有很好的康复效果。

二、残疾人休闲体育的组织程序

为残疾人组织练习的方式有多种。由于残疾人在理解和记忆方面的问题，组织者要制订一个常规的练习程序，这样为残疾人提供一个熟悉的、稳定的、适宜的练习模式。

一次练习一般由四部分组成：准备活动与拉伸韧带、技术教学与练习、练习赛和放松活动。也可以再练习后安排一些身体练习（一般或专项身体素质），然后进行放松活动。

（一）准备活动与韧带伸展运动（拉伸韧带）

1. 准备活动的组织方式

如果残疾人在保持身体平衡方面有困难，在拉伸韧带时，组织者可以让其在坐、躺、倚靠墙或者运动伙伴时进行。争取让残疾人自己参与到组织中来，这样组织者就可以抽出时间来为那些需要帮助的残疾人提供帮助。组织者要确保所有残疾人正确地进行准备活动和拉伸韧带，这样可以使残疾人有效地避免受伤。

可以教残疾人一个简单的程序，可以在家里和比赛前重复进行的，让主要肌肉群得到活动。例如：先行走或慢跑 5 分钟，然后再进行：1）对墙压腿（小腿肌肉群）；2）后腿韧带拉伸或弯腰摸脚尖；3）前腿韧带拉伸：一条腿站立，非站立腿小腿后弯并用同侧的手拉住脚，假如站立不稳可扶墙或同伴（双侧）；4）坐姿时拉腹股沟韧带；5）拉肩关节韧带（双手体后相握，然后上肢前屈）；6）三头肌伸展（一侧手臂上举，肘部弯曲，前臂向后，手指向后背，然后另一只手将上举手臂的肘关节向后轻推）。

2. 韧带伸展运动的注意事项（见表 6-1）

表 6-1　韧带伸展运动的练习方式

应采用的练习方式	不应采用的练习方式
进行 5 分钟的的准备活动（行走或慢跑）	不要一上来就拉韧带或做游戏，这样可能导致残疾人肌纤维拉伤
拉韧带是要在静力情况下持续 10～30 秒钟	拉韧带时不要上下震动，这样可能导致残疾人肌纤维拉伤
先进行大肌肉群，后进行小肌肉群，如肩部	不要先进行小肌肉群，后进行大肌肉群
每一次拉韧带，都要使肌肉达到充分伸展的幅度	不要给予关节、背部和颈部过度伸展
拉伸韧带过程中要保持正常的呼吸	不要有意控制呼吸
拉韧带要在"安全的"范围内，不要超越正常范围	不要将腿架在栏架上拉韧带，不要过度弯曲膝关节，不要直腿仰卧起坐，不要抱颈仰卧起坐，不要在平躺后将双腿抬过头顶

引自《特殊奥林匹克运动》P97、《残疾人休闲体育》P61

（二）练习过程的控制

1. 意义

每一次练习课是整个休闲练习过程的基本单位，练习的效果优劣影响到练习计划能否实现。练习课取得积极的成效，必须对练习过程进行有效的控制，使整个练习过程到达科学最优化，才能使残疾人获得最佳的练习效果。因此，练习过程的控制是关系到练习工作成败的重要方面，也反映了组织者的科学水平和练习艺术。

2. 练习过程控制的基本内容

练习过程的控制包括运动练习计划的控制、运动练习实施的控制和运动练习检验的控制。练习过程控制实际上是一个纠正偏差、改正错误的过程，使练习朝着正确的目标和方向进行。严格练习就是要练习工作严格的按计划来进行。一名优秀的组织者在实施练习中既要有执行计划的原则性，又要根据实际中主客观条件的变化来合理的调整计划。练习过程的控制是以科学理论为指导，必须遵循系统性原理和人本原理。

3. 科学监控练习

在实施练习过程的监控中，必须做好各项指标的统计，可利用助理组织者或志愿者对指标进行统计。

组织者在每次练习后应认真收集各种信息和各种数据。通过分析研究对练习的效果进行检查，看是否达到计划的要求，同时也了解练习的实际与计划的设想是否相符，下一次、下一个阶段的练习有什么新的举措，经过一段时间练习后也可通过测试和比赛检查练习效果。

4. 运动练习负荷的科学控制

运动练习负荷指身体所承受的刺激或压力，以及这种练习活动加之于人体生理上和心理上的负荷。任何练习活动都必须通过负荷而产生练习效应，使残疾人的生理的心理状况发生变化，实现练习目标，因此，没有负荷就不称其为练习。组织者重要的工作之一，就是研究和确定为实现特定的目标残疾人能够和应该承受多大的负荷，又如何去承受这一负荷。组织者的练习计划无一例外地要详尽地规定练习负荷的量度（即大小），描绘和设计负荷的动态变化，并在整个练习过程对其实施科学的控制。

（1）决定运动练习负荷大小的因素

运动负荷由负荷量和负荷强度组成，残疾人在练习中能够承受和应该承受多大的负荷取决于主客观许多因素。在练习过程中，经常对这些决定因素进行认真的分析，根据这些因素以及它们之间的联系与变化，对负荷的量度进行及时的必要的调整，是实现对运动负荷科学控制的基本途径。决定运动负荷大小最重要的因素是残疾人的承受能力，专项竞技的需要和练习的周期节奏。

（2）残疾人的承受能力

运动负荷量不能超过残疾人机体整体或局部所能承受的最大负荷度，否则会导致运动性伤病和过度疲劳。所以，决定负荷大小的首要因素是承受能力。当然由于受到年龄、性别、健康状况、练习水平、前次负荷后的恢复状况、心理状态等因素的影响，残疾人承受能力也会发生变化。

（3）负荷适宜程度的判断

为了对负荷量实施有效的控制，必须对负荷量的适宜程度进行科学的判断，这种判断一般包括三个方面。

①负荷适宜程度的生物学判断：不同负荷对运动员机体所产生不同程度

的影响可以从许多生理、生化指标中得到反映。由于运动实践要求判断方法迅速、简明、准确，许多指导者在运动中多采用心率作为判断负荷适宜程度的简易指标。

②负荷适宜程度的心理学判断：残疾人所承受的运动负荷通常会引起相应的心理反应，除了运动负荷外，动机、情绪、能力、意志力和兴趣等都是影响残疾人心理反应大小的因素。任何心理反应都可以从人的生理变化、主观感觉、心理操作和实际活动中表现出来，因此，也可以据此判断心理反应的适宜程度。

③负荷适宜程度的教育系判断：这是指导者在运动中最常用的方法。内容包括：观察了解残疾人运动的欲望强弱、运动中的表情（正常与疲劳）、运动客观指标的完成情况（上升或下降）。可采用一些专门手段测试残疾人的竞技能力和机能适应情况，观察残疾人体重变化等。运动欲望强、运动中表情正常、能按要求完成运动的残疾人说明负荷适宜，机体得到了恢复。适宜程度的判断主要由指导者残疾人进行积极配合。残疾人自我判断的内容有：食欲、睡眠、自我感觉等，残疾人及时向指导者交流自我判断的信息，有助于指导者更准确地判断负荷的适宜程度。

（4）练习负荷的动态变化

残疾人承受练习负荷的能力是动态变化的，它受到年龄、性别、健康状况、运动水平等因素的影响。尤其是负荷后的恢复状况则每日每时都在不断的发生变化。因此，如何将练习负荷的动态变化控制在适宜的方向和范围内，是科学控制得以成功的关键，对提高运动水平和创造优异的成绩有着极其重要的意义。

①负荷动态变化的基本趋势：残疾人机体在练习负荷影响下会产生适应性变化，并且适应性变化程度在一定范围内同残疾人负荷的大小成正比关系，即负荷越大，机体产生适应性变化程度越高，残疾人竞技能力也随之提高。

练习中逐步提高练习负荷直至残疾人所能承受的最大限度，是提高残疾人竞技水平的需要，是残疾人多年练习过程中负荷动态变化的基本趋势。采取有效的措施使残疾人多年练习过程符合这一基本趋势，取得练习的成功，正是对负荷量实施科学控制的最终目的。在大周期练习过程中，负荷量动态变化的基本趋势，一是负荷量首先加大，然后逐步下降，同时逐步提高负荷强度。二是一般练习的负荷量首先加大，然后逐步下降，同时加大专项练习的负荷量。比赛前则做必要的调整，减轻负荷，使残疾人在生理上、心理上都得到充分的恢复。

②负荷动态变化的具体调控形式：练习负荷的持续提高受到人体适应恢

复机制的制约，不可能在练习的每一个阶段都直线提高。提高负荷的基本趋势并不排除各个时期的练习负荷呈各种形式的变动。因此，运动负荷——恢复——超量恢复的生理规律，根据不同的具体条件，采用各种调控形式，达到逐步加大练习负荷，促进运动水平提高的目的。加大负荷量的形式有下列五种（见表 6-2）。

表 6-2 加大负荷量的形式

加大负荷量的形式	具体表现	适用范围
衡量式	在一定的练习阶段中，运动量保持在一个相对稳定的水平上，没有明显变化	在练习的各个时期都可采用
渐进式	指运动量按一定的规律斜线上升	在一个较短的练习阶段中运用
阶梯式	按上升——保持——上升的形式提高运动量	适合于比赛期前期的负荷安排
波浪式	按上升——保持——下降——再上升的的形式加大运动量	在练习的各个时期都采用
跳跃式	通过负荷的大起大落，打破原有的动态平衡，并产生明显的超量恢复来加大运动量	多用于高水平残疾人

引自《特殊奥林匹克运动》P108、《残疾人休闲体育》P65

（5）掌握好负荷与恢复的关系

要使每次练习都能在机体得到休息和恢复的基础上进行，就要科学安排练习课的间歇时间，并根据超量恢复的原理来掌握。负荷积累一定不能达到过度疲劳的程度，要在残疾人所能承受的范围内。负荷后间歇时间要足以保证机体达到超量恢复。课与课之间都要有间歇，课负荷的大小和间歇时间的长短成正比关系。残疾人接受负荷的能力以及恢复的机能水平，也和间歇时间成正比关系。负荷的性质不同，所需的恢复时间也不同。如有氧练习或无氧练习、力量练习与耐力练习等，恢复时间也不同。

三、残疾人休闲体育的组织目标

（一）休闲体育的组织管理目标内容

第一，表明组织的目的性、组织整体的发展方向。就残疾人休闲体育组织管理目标而言，改善残疾人群的身心健康状况、提高残疾人身体素质、丰富残疾人群日常生活、提高和满足不同层次残疾人群的需要等，显示残疾人休闲体育活动组织管理单位努力与国际接轨、缩短与发达国家残疾人群在休闲体育活动方面和组织管理方面差距的信心和决心。

第二，具有明确的边界条件，即组织管理活动的时间界限，数量与质量要求以及职责范围。就残疾人休闲体育活动组织管理目标而言，在做好与社会各界人士作配合的前提下，明确对休闲体育活动组织和管理的主体意识，充分明确宏观和微观两方面的职责范围和工作权利。

第三，目标通常由多个指标组成。就休闲体育活动组织管理目标而言，基础指标通常有社会效益和经济效益指标两大类。

第四，组织管理活动目的与评价活动标准统一。就残疾人休闲体育活动组织管理目标而言，改善残疾人群的身心健康状况、提高残疾人身体素质、丰富残疾人群日常生活、提高和满足不同层次残疾人群的需求等。因此整个评价和评估活动标准应该围绕对改善残疾人群的身心健康状况、提高残疾人身体素质、丰富残疾人群日常生活、提高和满足不同层次残疾人群的需要等方面在定量和定性两方面展开。

残疾人休闲体育的组织应与正常人群的休闲体育活动一样，在组织目标上具有方向性、层次性、网络性、可考核性和挑战性。方向性表明休闲体育活动组织单位总体方向的总目标，以及组成总目标的各子目标。可考核性是组织目标转化为一定指标时，一般需要制定出一系列在质、量和时间上均有具体要求的标准，从而便于检查、考核和评价，最后便于落实。挑战性是合理的目标总是要求在原有水平上再达到一个新高度，完成一个新任务，从而建立一个新目标，但是这种新高度、新任务和新目标应具有相当的挑战性，需要经过相当的努力才能达到。现代社会各行各业竞争愈趋激烈，没有竞争就没有活力，没有竞争就没有进步是现代人的共识，各行各业概莫能外。

残疾人休闲体育的组织目标有指向作用，任何组织管理，总表现为有效实现组织目标的活动过程，因此组织目标是残疾人休闲体育活动所有组织管理者的行动指南。组织目标不仅指明方向，还为组织管理者的行动提出明确标准。标准目标确定之后，组织管理必须以目标为检查、调控的依据，一个阶段的组织管理暂告结束后要按目标进行考核、验收并进行相应的评估。

组织目标把残疾人休闲体育活动组织管理单位各部门以及全体员工拧在一起，使单位表现出强大的向心力，形成统一的有机整体，为实现共同目标而协调配合、锐意进取。

（二）休闲体育组织管理目标的种类

残疾人休闲体育组织目标可以从不同的方面进行分类。

1．战略目标和战术目标

残疾人休闲体育活动组织管理的战略目标指重大的、带有全局性的、或决定全局的奋斗目标。如在新世纪的第一个 50 年中，残疾人休闲体育活动组织管理的总目标是把我国起步不久的残疾人休闲体育活动接轨，使我国的残疾人休闲体育活动能逐渐到达或超过中等发达国家水平。

残疾人休闲体育活动组织管理的战术目标指为实现战略目标而制定的体现各种原则和步骤等要求的目标。

战略目标与战术目标是全局和局部的关系，既有区别，又有一致。战略目标对各级各类管理部门都具有方向性、全局性、决定性的制约作用，战术目标服从于战略目标，而战略目标又必须通过战术目标的实现而逐步完成。战术目标具有较大的灵活性。

2．长期、中期和短期目标

根据开展残疾人休闲体育运动的各地区和各单位等的实际情况的不一样，制订长期、中期和短期目标是非常有必要的，这样可以在不同的时间段里面有目标去实现，在一定程度上可以推进各地区和单位的残疾人休闲体育运动的发展。

四、残疾人行为的管理方法

残疾人的行为管理主要是为了使教学和练习更加有效。组织者对于自己的残疾人都会有一些期望，但事实上有的期望是不现实的，原因可能是由于组织者不理解或没有意识到残疾人与一般人之间存在的差异。

当某残疾人在练习过程中表现出不适当的行为时，其实并非是残疾人故意与组织者对抗，可能是他们在当时情况下身体的反应或是不由自主的行为。组织者可以使用表 6-3（残疾人的行为特征和提高残疾人的学习能力的方法）来鉴定影响技术动作学习的行为，然后，组织者可以有针对地制订出帮助残疾人的策略。

表 6-3　残疾人的行为特点及提高其技术学习能力的办法

残疾人的行为特点	提高学习效果的方法
学习效率低	提供组织性强的练习课计划 不断进行重复练习，并不断进行复习 对技术动作进行合理分解
注意力集中的时间短	缩短练习时间 不断进行重复练习，并不断进行复习（尤其对于学习新的技术） 进行个别指导（可让残疾人集中精力）

残疾人的行为特点	提高学习效果的方法
不能接受学习内容改变；固执	练习中提供合理的持续的过渡过程（为改变做准备） 建立练习的常规（常规中要有一定的灵活性） 寻找可促进练习的积极因素从而取得成功
不遵守规则	建立清楚的规则，对残疾人提出希望及禁令 在练习中严格执行规则，但要留一定余地 对残疾人正确的行为要给予肯定
语言交流有障碍或根本没有进行语言交流的能力	练习中留出额外时间用于解释自己的想法 使用画板或其他辅助设施 让残疾人示范或用动作表示自己的意思
俯卧突发癫痫病	知道癫痫发生的迹象或先兆 控制环境（炎热、太阳、糖等） 在事情发生时要告之并保护其队友
肌肉状况差	提供特定的身体素质和力量练习计划 拉韧带时，不要让他们活动的幅度超过其关节活动的幅度
对疼痛的感应不敏感 对身体接触敏感	说话时要与残疾人目光接触，除非是患有孤僻症的残疾人 使用柔软的或经过改造的器械 要尊重残疾人的意愿，当需要发生身体接触时要提前告之残疾人
社会交往能力差	利用小组活动 两名残疾人结成练习伙伴（同样的伙伴组在一起练习数周） 练习的环境要非常有组织性，尽可能没有干扰
易于受外界干扰	移走或减弱刺激信号（调暗灯光，减弱音响，移走无关物体） 用单独的场地或进行小组练习；然后逐渐增加参加练习的人员
身体平衡能力或稳定能力差	为其提供辅助 坐下、倚墙或手扶同伴来进行拉韧带练习 允许延长时间完成练习
控制饮食困难	在练习和比赛地点不放置食物 建立饮食规范
协调性差	将练习进行分解以减小难度 安排额外时间进行单独指导 依据残疾人的能力逐渐增加练习的难度
情绪不稳（经常性或比较强烈）	安排有组织性和有预料性的活动 建立条例，对残疾人提出希望及禁令 必要时将其带离队伍，但一定时候要让其回到队中

残·疾·人·体·育

残疾人的行为特点	提高学习效果的方法
身体功能有障碍或有损伤	提供改装过的器械，或对练习方法进行一定的调整 安排可加强肌肉力量或伸展肌肉的练习 发展一般动作机能（大肌肉群参与的跑、跳等）和稳定技能
盲	使用语言提示 提供触动式反馈 手把手地演示
聋	说话时与残疾人的目光接触 使用手势信号，图画或美国手语 示范

引自《特殊奥林匹克运动》P109、《残疾人休闲体育》P69

上表的目的是针对残疾人不同的学习特征的分析给组织者提供一些信息和策略，组织者可以使自己的练习和教学更加有效。但是，组织者对残疾人的某些期望可能是不实际的，其原因并非是因为组织者不在乎，而是由于组织者不理解或没有意识到残疾人与一般残疾人之间存在的差异。

第七节　开展残疾人休闲体育的策略

一、合适运动休闲项目的选用

根据残疾人的实际情况，组织者应有选择性地安排既安全又有益于残疾人身心发展的休闲体育。例如：武术、气功、散步、跑步、徒手体操等。

还可组织郊游和远足。郊游是指从城镇到郊区去游玩，地点可以是公园或风景地，交通方式可以多样。而远足是指步行方式到野外去游览。这种方式简单易行，一般残疾人都可以实施，无需额外的投资和苛刻的条件。徒步旅行时要注意行走方法和行走速度，中间可酌情休息。为了使途中富有情趣，可以适当进行游戏活动，如唱歌比赛、植物观察等，但不能过分影响行进速度。

二、发扬地方、民族传统特色

我国是一个多民族国家，休闲体育可结合本地区、本民族的特点。开展传统项目的体育活动，如蒙古族的摔跤、藏族的歌舞、维吾尔族的舞蹈、朝鲜族的荡秋千等，这些活动具有广泛的群众基础，在活动过程中，能培养个体自豪感。应注意这类课程内容以闲暇消遣、健身娱乐为主要目的，虽有一定规则，但不严格，其嬉戏、娱乐的主旨不变。

第六章＼残疾人休闲体育

三、结合实际开展休闲体育

结合实际条件，选择易于开展的娱乐项目，切不可超越。此外，可以通过新闻媒体了解和观赏一些广泛传播的体育文化内容，不仅可以满足个人兴趣和爱好，达到自娱目的，而且又可以适应社会及世界发展的潮流，了解世界体育文化发展的状况和变化趋势等，增长知识，提高修养，开阔视野。

第八节　不同残疾人群的休闲体育方法

一、盲人的休闲体育

盲人即视力残疾者，视力残疾是指由于各种原因导致双眼视力障碍或视野缩小，而难以做到一般人所能从事的工作、学习或其他活动。盲人休闲体育的内容可分为一般性休闲体育活动和功能性休闲体育活动两大部分。

（一）一般性休闲体育活动

盲人可以参加多种体育活动，如游泳、田径、舞蹈、体操、骑马（双人，1人有视力）、双人自行车、铃球、溜旱冰、划船、盲人门球、盲人乒乓球、柔道、摔跤、棋类、航海等功能性休闲体育活动。

1. 触觉训练

触觉是盲人感知周围世界的重要途径，触觉训练的方式有：

（1）用手触摸各种体育器械和设备，了解其形状，硬度及用途等；

（2）用手触摸他人的身体或某个部分，了解做某个动作时的身体姿势；

（3）用脚触摸地面，感知地面的光滑度和硬度，便于运动。如跑步至转弯处时，脚感知地面凸起和变硬，就会主动转弯跑步。用身体各个部位可以起到触觉作用，以弥补视盲的缺陷。

2. 听觉训练

听觉是盲人感知外界事物最重要的器官，补偿作用最大。听觉训练主要采用声音信号引导盲人进行体育活动。从效果看，连续的声音比间歇的声音好；声源在正前方比后方为好，声源最好不要在侧方，例如：

（1）跟着正前方声音向前走或跑；

（2）辨别地上滚动的球的方向，并通过此项训练能够截住或踢到自己左、右侧或正面滚过来的球；

（3）跟随铃声或其他声音在水中行走、游泳等。

3. 定向行走训练

了解自己在空间的位置，学会占有空间并合理地使用空间，对盲人非常重要。例如：

（1）以长绳为引导线，盲人直线走或跑；

（2）在他人陪同下，在生活或学习地区进行短距离的快乐的散步，熟悉以后，盲人独立进行；

（3）教师站在某处，拍一下手，训练盲人找到教师；

（4）盲人滚出带音响的球，球停在某处后，盲人自己去找到这个球。

二、聋人的休闲体育

聋人可以参加多种体育活动，可推广的项目有篮球、排球、足球、乒乓球、网球、水球、田径、自行车、体操、游泳等。但是强烈旋转，增大头颅内压的运动应尽量避免。其功能性休闲体育活动应着重发展反应、协调与平衡能力。

1. 反应动作的练习

（1）看教师的手势做向各方向移动的动作。

（2）看不同颜色的卡片做成相应的动作。

（3）双人"影人跑"：学前面正常人的动作。

（4）看对方手势后，做出相反动作。

2. 协调性练习

（1）原地拍球，转身拍球。

（2）直臂拍球，用手接球，跳起接球。

（3）用单手拍球。各种"耍球"练习。

（4）两脚开立，绕两脚做""字绕环球；并腿直腿坐，球经脚——臀部绕环，分腿坐，再绕环；分腿站立，左右手相互传接球，或向上抛球后，双手击掌再接球。

（5）手指或抬平肘关节托住直立的木棍，可以原地踏步，也可以行进间做，使木棍不倒。

（6）坐姿双脚夹球，抛球自己用手接住。

（7）抛起球坐下后接住；或抛起球起立接住。

（8）左手或右手将静止的球拍起来。

3. 节奏感练习

（1）有节奏的跳跃：按教师的手势，匀速而准确地跳跃，节拍是 1-2-3-4；5-6-7-8。先是几人手拉手练习，然后个人独立练习。

（2）分两组跳跃：一级按 1-2，3-4 节拍跳跃；另一组按 5-6-7-8 节拍跳跃。先以手势指挥，以后去掉手势。

4. 平衡练习

（1）头顶轻物，臂侧平举，沿直（曲）线行走，轻物不掉下来。

（2）用球拍托球走或跑。

（3）单腿站立。

（4）前滚翻。

（5）平衡木上走或单腿站立等。

（6）绷床上跳跃等。

三、截肢、截瘫人的休闲体育

截瘫人、截肢及其他类型的肢残人参加的活动有：举重、健身操、棋类、田径、游泳、射箭、轮椅篮球、轮椅击剑、乒乓球、轮椅网球、射击、轮椅舞蹈、保龄球、高尔夫、马术等。

乘坐轮椅是下肢截肢、截瘫人行动的主要方式，既可以参加身体锻炼，又可参加体育竞赛。学习驾驶轮椅，应使轮椅与身体紧密地结合为一体，轮椅一般用手驱动前进和制动，就当学会驱动、变向、转圈、上下坡和急停等技术。轮椅应在不同地面上行驶。老年人的轮椅后轮要大些，这样轮椅后倒时，扶手可以支在地上，上面乘坐者不致摔伤。截肢人要学会自己上轮椅。坐10分钟左右可用手支撑"站立"一段时间，一方面防止褥疮；一方面可促进血液循环，提高机体平衡能力。乘轮椅出发时，轮子要正，不要打横。起动时要推大轮的幅条，移动3～5米时，再推小轮子，手轮处于髋关节水平部位为好，手用力要匀，不要突然发力，出发时，手在身体前边推幅条，否则轮椅前部要翘起来。

轮椅转弯时外面手的力量要大些，身体向内倾斜。手握推手轮不要太紧，较好的方法是推一压一，乘坐轮椅可以参加打篮球、乒乓球以及舞蹈、田径等项活动。

四．脑瘫人的休闲体育

脑性瘫痪是指脑在发育过程中（受孕～产后1个月）受到损伤而造成的综合症。脑瘫以中枢性运动障碍及姿势异常为主要临床表现，常常伴有智力障碍、语言障碍、癫痫、行为异常及视听障碍。脑瘫分为身体和精神上的障碍，轻者经过康复训练后，生活能够自理，严重者一生都需要监护。脑瘫病人临床上分为痉挛型、强直型，手足徐动型、共济失调型四种类型，休闲体育治疗是脑瘫病人康复的重要内容。脑瘫病人可以参加的一般休闲体育活动有健身操、棋类、田径、游泳、射箭、射击、轮椅篮球、轮椅击剑、乒乓球、轮椅网球、轮椅舞蹈、硬地滚球、手球、保龄球、高尔夫、马术等。其功能性休闲体育活动应着重发展协调性，主要练习内容有：

1. 协调联系，练习时不要有心理压力。

2. 走，跑练习。先练习增强踝关节肌肉韧带力量的动作。先沿直线行走（注意脚型正确），距离逐渐加长，然后过渡到能跑步。

3. 骑三轮车。脑瘫患者手能握把；要将脚固定在脚蹬子上。就能蹬车行进，直线或曲线均可。

4. 协调性和准确性练习。如摆放积木和插板练习；按照口令将手和足指向一定方向或放在一定的位置；向一定方向投球、踢球，滚球，与医务人员练习接球、玩球、传球等。

5. 对于不能步行的患者，可以集体练习某些游戏性的动作，如在地板上滚圈；俯卧在垫子上成圆形，距离适当，互相传球等。还可以进行"球浴"（用许多颜色不同的小塑料球堆积到一起，患者在护理人员帮助下，在球堆中坐、爬或站）和"水浴"（用特制的浴盆，有人照料做各种肢体活动）。

✏ 本 章 小 结

随着人们物质生活水平的提高，残疾人体闲体育逐渐受到残疾人及关心残疾人事业的各届人士的关注，残疾人体闲体育的开展可以提高残疾人的生活质量，享受丰富多彩的人生。不同类型的残疾人群可以选择不同体闲方式。

>>> 思考题

1. 什么是残疾人休闲体育？
2. 简述残疾人休闲体育的功能与意义。
3. 试述盲人休闲体育的方法。

第七章　残疾人竞技体育与运动训练

本章概述、学习目标

　　残疾人竞技体育，是残疾人体育的重要组成部分，残疾人运动训练在竞技体育中占主要地位，本章把运动训练分为体能、技能、战术、心理四个方面来进行分析，分别阐述了他们的训练方法及手段，从国家宏观调控和运动队的微观管理来探讨残疾人竞技体育管理系统的构成，最后针对目前残疾人竞技体育发展中的不足，从选材、训练、体育设施及管理几个方面给出了相应的建议。

　　1. 了解残疾人竞技体育及运动训练的概念；

　　2. 了解残疾人竞技体育的组成部分及其特殊性；

　　3. 掌握残疾人运动训练的特殊训练原则；

　　4. 掌握残疾人各项竞技能力的运动训练方法及手段。

第一节　残疾人竞技体育概述

一、残疾人竞技体育的形成与发展

　　竞技运动是衡量一个国家体育发达程度的重要标志，也是展示一个国家科技、经济、文化的重要窗口。残疾人竞技体育，是残疾人体育的重要组成部分，是以体育竞赛为主要特征，以创造优异运动成绩、夺取比赛优胜为主要目标的残疾人社会体育活动。残疾人竞技体育是整个人类竞技体育的一个重要组成部分，是极富感染力的体育运动事业，是全社会关爱、支持残疾人的重要体现。残疾人竞技体育是以挖掘残疾人体能潜力，表现其特殊体育才华，创造优异成绩为国争光为目的，通过自强不息，顽强拼搏来实现平等、参与与共享的社会目标。

　　越来越多的人意识到，残疾人竞技体育如果还仅仅停留在残疾人锻炼体质和体现精神价值的阶段，就很难拓展生存空间，超越自己。除此之外还必须挖掘残疾人竞技体育的特有竞技特点，实现从健身体育到竞技体育的飞跃，从而赢得社会各界的更大关注，为自己的发展和壮大赢得动力。残疾人竞技体育不仅是"全面健身计划"的组成部分，而且在"奥运争光计划"中也有重要的位置，是国家体育事业的组成部分。

目前，国际残疾人竞技体育运动飞速发展，各国政府加大了对残疾人竞技体育的重视和投入。同时残疾人竞技体育事业作为人权保障事业的组成部分，已被世界各国高度重视。西方国家不少残疾人选手已开始以体育为职业，通过参加比赛获取奖金来维持自己的生活和训练，有的已有自己的赞助商。他们的训练要更加系统、更加规范，不少教练都是具有较高水平、从事健全人体育的职业教练。这种专业化、职业化的趋势由于悉尼残奥会的成功举办无疑将得到极大推动。如：美国、澳大利亚等一些国家提供大量的科研经费，注重职业选手的培养，进行长期的科学化训练。

由于国家财力投入有限、残疾人群体的特殊性等原因，我国的残疾人竞技体育项目一直没有得到足够的社会关注与重视。2008年北京第十三届残奥会的召开，人们才逐渐开始对残疾人竞技体育项目有了更多的了解与关注。

二、残疾人竞技体育的构成

如同健全人的竞技体育，残疾人的竞技体育也由以下四个部分组成：

（一）运动员选材

运动员选材是竞技体育的开始，是挑选具备先天良好运动条件的少年儿童或后备力量参加运动训练。选材时要考虑运动项目的特点，考虑专项的需求，进而用科学的测量方法和预测方法对所选运动员进行测试，提高选材的成功率。值得注意的是，残疾运动员的选材和健全人的选材有一定区别，不仅要根据项目特点来选择运动员，而且还必须符合参赛项目的要求来进行各种残疾类型运动员的选材，另外因为各个项目里又有等级之分，所以在选材时还必须结合项目分级的标准，来选择符合规则标准的运动员。

（二）运动训练

运动训练是在教练员的指导下，为提高残疾运动员的竞技能力和运动成绩，而进行的专门的、系统的、科学的体育活动。运动训练是竞技体育的核心部分，是实现竞技体育目标的重要途径。和健全人运动训练的主要区别在于：残疾人运动员在进行训练时往往需要借助各种器械，并且对场地环境也有特殊的要求。因此，在进行残疾人运动员的训练时需要充分考虑场地、器械的适宜度。

（三）运动竞赛

运动竞赛是在统一比赛规则的条件下，由裁判员组织进行的各队、各运动员之间的公平的较量，是检验训练效果的手段，更是实现竞技运动的主要目标和重要途径。运动员的竞技能力只有通过比赛形式才能表现出来，才能体现储存于体内的价值。残疾人运动员参加的项目由于分类和分级限制，和健全人的运动竞赛比较，运动项目就更为细致和复杂，组织竞赛的难度也增加。

（四）竞技体育管理

竞技体育管理范围上至国家的宏观调控，下至运动员内部的微观管理，始终贯穿于整个训练过程，但是这些管理都必须在专门的管理体制组织管理下才能得以实施并得到理想效果。鉴于残疾运动员的生理、心理的特殊性，在进行残疾运动队的管理时更需注重心理教育与干预，在研究和运用管理方法时，必须充分考虑到他们的这些特点。

三、残疾人竞技体育的特点

残疾人与健全人一样都拥有参与竞技体育的权利，他们之间有许多共同点，但是由于残疾人其特殊的生理结构和心理状态，其竞技体育的目的、任务、内容、方法、手段、评价及对教练及其他工作人员的要求等都与健全人的要求有区别。在他们之间开展的竞技体育运动除了具备一般竞技体育的特点外也一定有其特殊性。

（一）运动训练中注重功能训练

功能训练是指针对各类残疾人的身体障碍的特点，通过一些专门的训练来发展运动员其他感觉器官，以弥补身体上的缺陷的训练。

如在视残运动员的训练中，对听觉器官的功能训练所占比例最大，这是因为听觉是视残运动员感知外界事物的最重要器官，对视觉的补偿作用最大；再如智残运动员在学习技术动作时，首先要提高他们大脑反射弧功能能力，提高中枢接收、处理、储存、输出信息的功能等。

（二）生理和心理弱势性

残疾使残疾运动员的身心健康直接受到不同程度的损伤，不仅如此，由于他们的这些特殊性，他们参与运动的欲望也会削减，面对体育运动时总是有一种弱势心理。

因此面对残疾人竞技体育，社会各界必须认识和把握残疾人运动员特殊的选材、训练和竞赛以及管理方面的规律，了解各类残疾人的弱势心理，更为重要的是要把上述方面和人文关怀充分结合起来。人文关怀是一项影响深远的社会文明工程，对改善残疾人的体能、促进残疾人积极参与社会生活、体现自身价值、营造和谐的社会氛围都将起到积极的促进作用。

在实际的训练和比赛中，教练的积极引导、训练方法的选择、观众的观赛技巧等都必须符合残疾人竞技体育的特殊要求。

四、残疾人竞技运动的社会促进作用

（一）成为残障人士奋斗的榜样，提升残疾人的自信心，减少自身弱势心理

残疾运动员在训练和比赛中通过这一克服自我、战胜困难的过程，尤其在比赛中超越了自我的感觉，让他们提升了自信心，通过体育这一活动或介质，突破心理上的障碍，也弥补了由于本身身体缺陷造成健康状态的不足，从而成为社会积极的一员。有研究证实在接受训练的残疾人运动员的自信心随着年龄的增长而增长[1]。残疾运动员在竞争的过程中能体会到竞争的意义、规范、道德等，自然就能把这些意识迁移到社会中，在面对社会的各种竞争时，增强了社会适应能力，促进了社会与个人的文明发展。

（二）促进残疾人大众健身体育的开展

优秀的残疾运动员在赛场上将自身价值完全展现出来，完美的表现、顽强意志力的表现都会作为一种榜样力量激励着更广大的残疾人，这就使更多的残疾人意识到体育活动的魅力所在，产生投入体育活动的欲望，因此，可以说残疾人竞技体育推动了残疾人大众体育的发展，促进了社会大众的体育参与。

（三）激励人类的奋斗精神

残疾人的竞技体育具有极强的感染力和视觉震撼力，给予观众体育之外的深刻启迪。在各种残疾人竞技体育比赛中，残疾运动员都以不畏艰难、百折不挠、乐观进取、顽强拼搏的精神状态教育着全人类。中国残联主席邓朴方说："残疾人体育是一种富有感染力的特殊的体育运动。"

（四）促进社会经济的发展，显示国家综合国力

现代竞技体育运动在全球快速发展，成为一个国家和民族展示经济、政治、文化及科技的窗口。残疾人竞技体育也正迅速地在发展，逐渐受到各国的重视，国家给予残疾人竞技运动极大的关注和巨大的投入。开展残疾人竞技体育运动，加强了国内残疾人体育交流与合作，拓宽我国残疾人竞技体育事业的视野；促进了城市建设和环境改造，促进了民心民力的凝聚和社会的和谐发展。

五、残疾人竞技体育的主要国际比赛及项目

目前根据残疾人的残疾类别，国际奥委会主要承认的残疾人奥林匹克国际赛事为：

---

① 闫挺. 硕士学位论文. 北京体育大学，2007 年，54 页

（一）残奥会

残疾人体育项目有其特殊性，由于残疾类别和程度的不同，可准确地划分为不同的级别，但总体来讲，残疾人竞技体育的主要项目分为夏季项目和冬季项目：其中，夏季项目包括7人制（脑瘫）足球、5人制（盲人）足球、轮椅橄榄球、轮椅篮球、硬地滚球、盲人门球、马术、帆船、坐式排球、轮椅网球、盲人柔道、轮椅击剑、自行车、乒乓球、力举、射箭、射击、游泳、田径、赛艇20个项目。赛艇是北京残奥会的新增项目。冬季项目包括雪橇竞速、雪橇滑降竞速、三板滑雪大回转、高山滑雪、北欧滑雪、坐式滑雪、越野滑雪、雪橇球等。

我国残疾人体育运动目前开展的竞赛项目有：田径、游泳、举重、射击、盲人柔道、轮椅篮球、坐式排球、乒乓球、羽毛球、轮椅网球、盲人门球、轮椅击剑、射箭、硬地滚球十四项，其中田径、游泳、举重、射击、柔道、轮椅篮球、坐式排球、乒乓球、羽毛球、轮椅网球、盲人门球十一项开展较为普及。

智障人士虽然也属于残疾人，但在体育比赛中，有专门为智障人士即特奥运动员举办的特殊奥林匹克运动会，即根据规定，年龄在8岁以上，智商（IQ）在70以下的，不分男女老幼均可以参加比赛。

各类国际残疾人体育运动组织的医学委员会制定了相应的分级参赛标准，残疾人运动员在不同的分类、不同的级别中参加比赛。

视力残疾运动员分为3个级别（B1—B3）；听力残疾运动员听力损失大于55分贝者，不分级别；肢体残疾运动员依据损伤情况按照截肢分级；其他残疾运动员按脊髓损伤、脑瘫等类型来划分级别。

（二）特奥会

所有8岁以上，并有相关的机构或医师证明智商（IQ）在70分以下的智障人士，经过普查登记即可参加特奥运动（无智力障碍的肢体残疾者没有参与资格）。参加特奥比赛项目的最低年龄限制为8岁；未满8岁的儿童不能参加特奥比赛。各特奥组织准许6岁或以上儿童参加由该会提供的适龄特奥训练计划，或其他为推广特奥而特别举办的文化或社会活动。参加特奥运动没有最高年龄限制。

特奥比赛项目包括夏冬两季，夏季比赛项目有田径、水上项目（游泳、跳水）、体操、篮球、举重、保龄球、轮滑、高尔夫球、滚球、自行车、垒球、马术、网球、足球、排球、羽毛球、手球、帆船、皮划艇、柔道、乒乓球；冬季比赛项目有高山滑雪、越野滑雪、地板曲棍球、速度滑冰、花样滑冰、雪鞋走、雪板。

特殊奥运会和残疾人奥运会都是国际奥委会认可的世界性运动会。他们的主要区别在：

1. 参与对象不同：特奥运动员是智商在 70 以下的智障人士。残奥运动员主要是视力残疾，肢体残疾的残疾人士，根据不同的残疾类型参加相应的比赛项目。目前，智障人士仅参加残奥会的表演项目，且只设一个组别。

2. 目的不同：特殊奥运会强调的不仅是竞技和竞争，更是参与和融合。

3. 比赛规则不同：特殊奥运会充分体现平等参与，按能力分组比赛的原则。

特奥组织同其他体育组织有许多相似之处，但也有以下不同点：

（1）对参加训练或比赛的运动员及其家长不收取任何费用；

（2）鼓励能力不同的运动员参赛，为同能力的运动员提供各种公平的比赛机会。

（3）各能力组运动员的分组建立在合理公正的基础上。

（4）参赛者都可获得荣誉。参加同一个项目比赛的每个组，前一、二、三名分获金、银、铜牌，第四名以后的选手将分别获相应名次奖励。

（5）参加更高水平的比赛的资格，需要在各地区或国家特奥比赛的基础上，按规定选拔。

（三）聋奥会

聋奥会的比赛项目和健全人的比赛项目差不多，如篮球、排球、足球、乒乓球、田径、自行车、体操、游泳等。有区别的是，选手在起跑时不用发令枪，而是用旗子来指挥。参赛的选手中除听力障碍者以外，也包括语言残疾的人，因为听力残疾的人必然语言也有障碍。2009 年第 21 届夏季聋奥会共有 19 个竞赛项目，包括：田径、羽毛球、篮球、保龄球、自行车、足球、手球、定向运动、射击、游泳、乒乓球、网球、排球、沙滩排球、水球、摔跤、空手道、柔道及跆拳道。2007 年第 16 届冬季聋奥会共有 5 个竞赛项目，包括：高山滑雪、越野滑雪、冰壶、冰球和滑板滑雪。

第二节　残疾人竞技体育的分类

残疾运动员的残疾种类、残疾程度级别分类都比较精细繁多。在对残疾人竞技体育进行运动员选材、训练、竞赛及管理的研究时，首先需要把残疾人竞技体育进行分类，才能使研究准确，具有实际价值。选择不同的分类标准，可以建立不同的分类体系，分别用于不同的理论和实践研究。如可以按照项目来分，即根据各个项目固有的特点，将他们分别划归为不同的类属，每个项目里的小项又按照级别来分别进行专门研究；也可以依据运动员的残疾类型来分，同一种残疾类型的运动员对参加的项目要求的身体条件有很多共同点，再以项群理论为另一次级标准分类，这样也便于研究。

在本章，根据后面研究内容的需要，先以项群理论为第一依据标准进行分类，再按照每个项群中的残疾运动员的残疾类型来分类进行研究，具体如下：

以运动项目所需运动能力的主导因素，可将所有的运动项目首先分为体能主导类和技能主导类两大类。继而以各项目体能或技能的主要表现形式或特征作为二级分类标准，把体能主导类项目分为快速力量性、速度性及耐力性三个亚类，把技能主导类项目分为表现难美性、表现准确性、同场对抗性、隔网对抗性及格斗对抗性五个亚类[①]对于残疾人竞技体育来说，则需要再根据残疾类别来细分类，才具备更多相似点（见表 7-1）。

表 7-1　不同项群的项目分类

大类	亚类	小类	主要项目
体能主导类	快速力量性	肢残	自行车、力举、游泳、田径
		视残	田径
		智残	田径、水上项目（游泳）、举重、轮滑、高山滑雪、地板曲棍球、速度滑冰
		听残	田径、自行车、游泳、高山滑雪和滑板滑雪
	速度性	肢残	雪橇竞速、雪橇滑降竞速
		视残	田径
		智残	自行车
		听残	田径
	耐力性	肢残	帆船、坐式滑雪、越野滑雪、赛艇、高山滑雪、北欧滑雪
		视残	田径
		智残	帆船、皮划艇、自行车、越野滑雪
		听残	越野滑雪、定向运动

① 《运动训练学》，人民体育出版社，P35

大类	亚类		小类	主要项目
技能主导类	表现	准确性	肢残	射箭、射击、硬地滚球
			视残	盲人门球
			智残	保龄球、高尔夫球、滚球
			听残	保龄球、射击、冰壶
		难美性	肢残	马术、三板滑雪大回转
			视残	
			智残	体操、花样滑冰、马术、跳水
			听残	
	对抗	隔网	肢残	坐式排球、轮椅网球、乒乓球
			视残	
			智残	篮球、网球、羽毛球、乒乓球、排球
			听残	羽毛球、篮球、乒乓球、网球、排球、沙滩排球
		同场	肢残	7人制（脑瘫）足球、轮椅橄榄球、轮椅篮球
			视残	5人制（盲人）足球
			智残	足球、手球、垒球
			听残	足球、手球、水球、冰球
		格斗	肢残	轮椅击剑
			视残	盲人柔道
			智残	柔道
			听残	摔跤、空手道、柔道及跆拳道

第三节 残疾运动员选材

为了更好地发展残疾人竞技体育，首先要做好运动员选材工作。按照各项目的特点，结合对运动员各项素质的特殊要求，确定选材指标和标准及选材的方法等，进行各项目的选材。

实践证明，并非任何人经过多年系统的专业训练后都能成为优秀运动员，运动员选材是运动训练过程的重要一环，选材成功了，就意味着训练成功了一半，这对于残疾人运动员来说更要重视，因为残疾人参加比赛必须符合国际残疾人体育组织规定的最低残疾标准，必须有终生残疾（静止或进行中）功能障碍，这是基本条件。另外，为了尽可能确保平等参与、公平竞争，必须对参赛的运动员的残疾类别、残疾程度以及运动能力进行准确的医学功能分级，符合运动项目的规定级别后再根据不同运动项目的特点和要求，综合运用有关学科的知识，采用调查、测试、评价等科学方法，把具有运动潜力的残疾人选拔出来，进行该项目的系统训练，以达到高水平的运动成绩。科学选材的主要目的是充分认识残疾人运动员的医学分级的标准和发掘运动潜能，或者是说预测残疾人运动员的运动专长趋势。

一、体能主导类速度力量性项群的选材

不管是哪种残疾类型的此项群运动员，都由于快速力量水平在其竞技能力构成因素中占主要地位，因而需选拔机能上表现出磷酸元供能系统能力强、神经过程灵活性高、强度大、兴奋过程占优势，感官机能高度发展等这些先天条件满足者。良好的协调性和身体柔韧性对于跳跃和投掷运动员加大肌肉用力距离和完成技术也很重要。

二、体能主导类速度性项群的选材

运动员神经过程灵活性较高，神经冲动的传导速度快、强度大；心血管系统的功能较强，具有较强的抗缺氧能力，机体无氧代谢水平高；在心理和智能特征上，需要反应迅速、思维敏捷、行动果断、坚强的意志品质、能高度集中注意力。

三、体能主导类耐力性项群的选材

耐力运动员一般要求克服自身体重向前位移的能力，因此要求运动员体重轻，有氧代谢水平高，最大摄氧量值高；心肺功能发展水平好；本项群运动员要求具有高强度发展的心理耐力，能以极强的意志力忍受生理和心理的极度疲劳。

四、技能主导类表现准确性项群的选材

要求运动员静力耐力、平衡能力和稳定性要好，本体能力强。而盲人门球运动员的选材，按照盲人门球的特点，要求运动员神经过程灵活，转换动作迅速。运动员在身体素质上要求攻防转换快，因此选材应根据运动员灵巧、柔韧性、爆发力、全身协调性多方面综合考虑。另外要求运动员具备稳定性、有恒性、实验性、独立性和自律性等个性心理。

五、技能主导类表现难美性项群的选材

这一项群主要集中在智残运动员和借助中介器材的肢残运动员，对于他们的选材需要选择神经过程均衡性和灵活性比同类残疾人中相对较高，本体感觉准确的运动员。

六、技能主导类隔网对抗性项群的选材

隔网对抗的项目主要集中在下肢残疾和智残、听残的运动员中，对于下肢残疾的运动员要求上肢挥臂速度快、灵活、耐久等。对于智残运动员来说要求他们的神经过程要求相对灵活，身高体重适当，在技能上能满足专项需要的心肺能力。而听残的运动员的身体条件选材接近健全人的标准，即移动速度快、身高体重适当、腰短、骨盆小、臀肌上收、手臂长、跟腱长、足弓高等。

七、技能主导类同场对抗性项群的选材

本项群运动员要求身体健壮、肌肉细长并且富于弹性，对于下肢残疾运动员就要求上肢有力，其他残疾运动员要求踝关节围度小、跟腱清晰、足弓高等形态学特征。良好的血液循环和呼吸功能是运动员在长时间比赛中持续运动的体能基础。

八、技能主导类格斗对抗性项群的选材

要求运动员健全肢体的部分较长，身高和体重保持合适的比例，身体机能上要求抗震性能力好、适应能力强、触觉加强、痛觉减弱，以及前庭分析器的稳定性高等等。心理上要求有敢斗性、坚毅性等。

尽管上面的阐述从理论上提出了残疾运动员的选材方向，但是要形成理论体系需要进一步加强残疾人运动选材的跨学科理论与应用研究，推动残疾人运动选材理论体系的发展。

残疾人运动选材理论体系的构建是一项难度大、综合性强的复杂系统工程。它所涵盖的知识涉及到诸多学科领域。因而，残疾人运动选材理论体系的发展是离不开其他相关学科的发展与应用的。有学者认为，现代运动员的选材发展趋势的一个突出特点是综合运用现代自然科学成果，特别是应用近代人类遗传学、医学、生理学、心理学、生物化学和数学的新成就、新技术和新型仪器、设备。实践经验表明，残疾人运动选材作为我国运动选材中的特殊部分，其特殊性决定了它比健全人选材对自然科学成果的依赖性更强。为推动我国残疾人运动选材理论体系的发展，加强残疾人运动选材的跨学科理论与应用研究，不断丰富与拓宽残疾人运动选材理论体系，应成为研究者

积极关注的领域。

作为残疾人竞技体育中第一个关键环节的选材工作，是残疾人竞技体育可持续发展的关键，它是一项社会化系统工程。应该形成"政府—残联—医院—体科所—高校"相结合的联动长效合作机制。首先，体育、残联等行政部门要通力合作，明确分工，各司其职，为残疾运动选材的开展提供强有力的组织保障，残联与医院负责残疾人资料的收集、整理及医学分级工作，体科所与高校共同负责残疾人运动员选材的科研工作。其次，要重视上下左右的联动，各级残联、体育、教育、医务部门要切实做好发现、培养、输送工作，并建立长效合作机制，让具有特长的和有发展潜力的残疾运动员苗子能被及早发现。

第四节　残疾人竞技体育中的运动训练

一、运动训练的概念及重要意义

残疾人运动员的运动训练，是残疾人竞技体育的主体，是为提高运动员的竞技能力和比赛成绩而进行的有计划的体育活动。提高运动员的竞技能力和运动成绩是运动训练活动的目的。其中，运动训练的直接目的是提高运动员的竞技能力，继而通过参加运动竞赛，将已经获得的竞技能力转化为运动成绩。

运动员的竞技能力和运动成绩的提高有着客观规律，只有遵循训练规律，科学地制定并认真地执行运动训练计划，才能真正取得残疾人竞技体育活动的成功。无论从活动时间还是从投入精力来看，在竞技体育中运动训练都是最重要的组成部分。优秀的运动员选材是为运动训练做准备，竞赛则是检验运动训练的效果。运动员的竞技能力来自遗传效应、生活效应以及后天训练效应等多元途径，残疾运动员本身生理上存在不足，因此后天的训练弥补作用显得尤为关键。因此，训练效应是运动员获得竞技能力最重要、最有效的途径。只有通过系统科学的训练，运动员才能逐步积累训练效应，才能在复杂多变、竞争激烈的比赛中取得优异的成绩。

二、残疾人运动训练的基本原则

（一）竞技需要原则

残疾人竞技体育的最终目标是成功地参加比赛，实现预期的比赛结果。因此，一切训练的内容、方法和手段的选择及训练负荷与节奏的安排都应该围绕着成功比赛的需要而组织实施。

不同的运动专项、不同的残疾类型和残疾程度，要求运动员具有不同的运动能力结构。因此必须全面地、深入地认识和了解自己所从事的运动竞技能力结构的特点，才能做到准确地选择与专项竞技需要相符的训练内容、手段及制定相对应的运动负荷方案，从而有效地组织运动训练活动。

（二）区别对待原则

区别对待原则是我国竞技体育运动训练的重要成功经验，要因时、因地、因人而定。由于年龄、性别、专项、残疾类型、残疾程度都存在各种差异，因此要"区别对待，量体裁衣"。

不同专项的运动员的竞技能力，受着不同因素的影响，在选择训练内容和手段时，就必须注意不同项目专项竞技的不同需要，有计划地实施区别对待。运动员的个人特点，包括残疾类型、残疾程度、年龄、身体素质、竞技水平及心理特点的不同都对训练的安排提出了不同的要求。

（三）全面训练原则

全面训练是指残疾运动员在进行运动训练时应该全面发展身体的各个部位、各器官系统的机能，发展各种身体素质（速度、灵敏、力量、耐力、协调等），针对促进身体的全面协调而选择运动训练的内容和方法手段。从残疾人运动训练的目的出发，根据不同类型残疾人的生理和心理特点，有针对性地从事全面训练，以促进身体的各项素质和各器官的功能得到相对全面均衡的发展。

（四）循序渐进原则

循序渐进原则指的是残疾运动员在进行训练时所进行的训练内容、方法和负荷的安排要系统，并逐步提高，这是根据残疾人机能适应规律、动作技能形成的规律、人的认识规律和超负荷原则提出来的。

在学习运动技能时要由简单到复杂，使学习动作从泛化到分化再到自动化，逐步学会和掌握专项技术；在负荷安排上要由小到大，逐渐增加，因为人体机能适应性是一个渐进的过程。

（五）直观教练原则

直观教练原则是指在运动训练中运用多种直观手段，通过运动员的视觉器官，激发活跃的形象思维，建立正确的动作表象，培养运动员的观察能力和思维能力，提高运动员竞技水平的原则[①]。

除了视残运动员，直观教练原则对于其他残疾运动员来说显得尤为重要，因为本身他们自己就有身体上的缺陷，不能以健全人一样的速度掌握复杂的

---

① 《运动训练学》，人民体育出版社，P131

技术动作，因此采用直观教练原则训练的过程中，所获的丰富信息会在很大程度上促进动作技能的形成。

（六）适宜场地、器械原则

适宜场地、器械原则指的是不同于健全运动员，由于残疾运动员的特殊生理情况，他们对训练的环境也相应地提出了特殊的要求，不同的残疾类型需要选择不同的运动场地及运动设备来辅助他们更好、更有效地从事专项训练，如果没有相应的场地器材，将不利于残疾运动员运动成绩的提高，甚至可能存在对运动员身体不利的安全隐患。例如，出于安全考虑，在残疾人的帆船项目中，参赛帆船全部选用龙骨船，龙骨底下的压铅可以保持船体良好的大倾角稳定性，不会翻船。与健全人的赛艇不同的是，残疾人赛艇选手的艇是经过改装的，目的是使运动员可以更好的从事这项运动。

三、残疾人运动训练的方法及手段

（一）运动训练方法

运动训练方法是在训练活动中，提高竞技运动水平、完成训练任务的途径和办法[①]。在残疾运动员的运动训练中，需要结合他们的生理和心理的特点来选择合适的训练方法，同时也要正确地掌握和认识不同训练方法的功能和特点，才有助于顺利地完成运动训练过程中不同时期的训练任务；有助于有效地控制各种竞技能力的发展进程；有助于科学系统地提高不同项目、不同残疾类型和程度的运动员整体竞技能力。

残疾人竞技体育运动训练的方法是多种多样的，构成它的因素之间不同的组合变化，必将产生多种具有不同功能作用的训练方法。本文主要介绍适合残疾人运动训练的几种实际操作的训练方法。

1. 分解训练法

分解训练法是指将完整的技术动作或者战术配合过程科学地分成几个独立部分来进行训练，这种训练方法针对性强，易于掌握技术动作，符合循序渐进的训练原则。分解训练法可集中精力完成某个环节的技术动作，加强主要技术动作和战术环节配合的训练，从而获得高效益的训练结果。对于残疾运动员来说由于身体的缺陷，他们在进行技术或战术训练时往往需要分解练习，可达到事半功倍的效果。

2. 重复训练法

重复训练法是指多次重复同样形式的一个练习，并且两次练习之间的休息间歇时间比较充分的练习方法。

---

① 《运动训练学》，人民体育出版社，P137

通过不断重复同样的训练内容形式，不断强化大脑的条件反射过程，有利于掌握和巩固技术动作；同时，给身体同样的刺激，可提高机体的适应能力，有利于发展和提高身体素质。构成重复训练法的主要因素有：负荷量、负荷时间、负荷密度即休息时间的长短等。间歇休息的主要形式为静止、肌肉按摩或散步等。重复训练法的运用在健全人和残疾人运动员之间没有本质的区别。

3. 间歇训练法

间歇训练法和重复训练法基本一致，最大的区别在于间歇时间的控制上，间歇训练法是指对练习之间的休息时间做了严格限制，使机体处于没完全恢复的情况下就开始下一组的训练。通过这种严格控制休息时间的训练，可使运动员的心脏功能得到明显增强；通过调节运动负荷的强度，可使机体各机能产生与专项相匹配的能力；通过严格地控制间歇时间，有利于运动员在高强度激烈的比赛中稳定、巩固地发挥技术动作；通过较高的心率刺激，可提高抗乳酸能力，保证运动员在长时间的运动中保持高强度的运动。

4. 变换训练法

变换训练法是指变换训练内容、训练负荷、运动形式以及变换训练条件等，改变单调的训练节奏，以提高运动训练的积极性、趣味性及应变能力的训练方法。变换训练法是根据实际比赛过程的复杂性、对抗程度的激烈性、运动技术和战术的快速变异性等一般特性提出来的。残疾人运动员在训练中通过变换训练负荷量和强度，可使机体产生与专项相匹配的适应性变化，从而提高承受比赛时不同负荷的能力；通过变换训练内容可使运动员均衡地发展体能、技能、战术等全能的素质，从而更接近比赛时变换的需要以及实际运用的变化能力。

5. 比赛训练法

残疾人运动员一般处于心理弱势的地位，对于紧张激烈比赛的承受能力相对较弱，因此很有必要采用比赛训练法，提高他们的心理应对能力。比赛训练法是指在近似、模拟或者真实的、严格的比赛条件下，按照本项目的比赛规则和程序组织训练的方法。比赛训练法切合运动训练的目的，是根据人类先天的竞争意识和表现意识，竞技能力的形成规律和过程、比赛规则及赛场气氛提出的一种训练方法。对于残疾运动员来说，比赛训练法可以更直观地强化他们的比赛意识以及技术、战术的运用能力，有助于运动员全面并综合地提高专项比赛所需要的体、技、战、心、智各种竞技能力。采用此方法，在训练的过程中可使运动员产生极强的竞争意识，更好地挖掘运动员潜力，产生与重大比赛相适应的最佳竞技状态。

（二）训练手段

运动训练手段是指在运动训练过程中，以提高某一竞技能力、完成某一具体的训练任务所采用的身体练习，是具体的有目的的身体活动方式，是训练方法的操作体现。

在训练活动中，教练员采用适当的训练手段，安排运动员通过这一具体的训练过程去完成训练任务、提高某一竞技能力。不同的训练手段具有不同的功效和特点，能满足不同残疾类型运动员的需要，也可在训练的不同时期、根据运动员的不同状态来选择适合的训练手段，有助于科学地提高各种竞技能力。

训练手段是多种多样的，在此以动作结构特点为依据，对残疾运动员涉及的训练手段进行分类。

1. 周期性单一练习手段

周期性单一练习手段是指周期性地重复进行单一结构动作的身体练习。该类练习动作结构相对简单、动作环节相对较少，练习者比较容易掌握训练中的重点环节并加以强化。一般这种训练手段是被运用到体能主导类的速度性、耐力性的运动项群中。对于肢残运动员采用局部的周期性练习，例如卧推杠铃练习等。对于其他类型残疾的运动员可以采用全身加局部的周期性练习，例如各种距离、强度、形式的跑、走练习等。

2. 混合性多元练习手段

混合性多元练习手段是指将几种单一结构的动作组合在一起进行的身体练习。该类练习较周期性单一练习手段中的动作复杂、结构环节多，因此有利于形成复杂的大脑反射网和复杂的动作神经联系、提高技能能力，同时提高运动员的协调、灵活能力，这对于残疾运动员来说是至关重要的。该类练习手段的动作特点与体能主导类力量性、技能主导类对抗性项群的技术特点类似，因此，该类练习手段可作为此类项群的主要训练手段。

3. 固定组合练习手段

固定组合练习手段是将多种练习手段依固定的组合结构、方式和特点进行的身体练习。成套动作练习的最佳方法就是采用这种手段进行，使练习动作熟练化；较易获得与专项动作结构相匹配的运动机能和运动节奏；较易形成复杂动作的暂时性神经联系、提高技能的储备量。由于该类练习手段的动作特点与技能主导类表现性项群技术动作的特点类似，因此，该类手段是这个项群的主要练习手段。

例如，将各种简单的步法动作、跳跃动作组合编排成简单的套路动作进行练习，可以有效地提高各类残疾运动员的协调性和节奏性，对于残疾运动员来说，协调性和灵活性的提高是其他各类训练的一个基础素质。可见，此类训练手段在残疾人竞技体育训练中的关键作用。

4. 变异组合练习手段

这是比较高级、复杂的一种练习手段，是将多种联系手段依变异形式组合进行的身体练习。通过各种变异组合训练可以有效提高比赛中的应变能力；可以提高对赛场复杂情况的预见能力；可以提高各种战术的运用能力。该类练习手段的动作结构特点与技能主导类三种对抗性项群的动作特点类似，因此是这些项群主要采用的练习手段。

（三）残疾运动员在运用各种训练方法和手段时需注意的要点

1. 辅助的训练方法

训练方法的选择，要针对不同残疾运动员的特点，确定不同的训练方法和手段，像盲人跳远、跑步运动员，需要在跑进方向上用声响引导等辅助手段。我国著名运动训练专家田麦久教授在谈到自己指导盲人跳远运动员训练时曾说："为了让她们能够理解和掌握起跳技术、找准踏跳区域，我尝试着采用了'触觉教学法'。就是我摆好起跳动作，让她们用手来摸我的动作外形，同时通过讲解让他们把触觉感受与思维的认知结合起来。"其实这也是一种触觉直观训练法。训练中信息传递方式的确定，要考虑运动员不同的残疾部位，而针对性采取声音、手势等辅助方法。作为聋哑运动员的教练和工作人员，掌握一定的哑语是非常必要的。

2. 训练、比赛场地要适宜

作为残疾运动员训练使用的场地，既要考虑符合残疾运动员训练的特点，也要考虑运动员的方便和快捷，比如场地进出通道，要设有轮椅通道和盲人专用道。作为第七届全国残运会的主会场，万人体育馆场外的广场设计有盲道，体育馆入口处两侧设计了轮椅通道，场内还有 9 部升降梯，其中几部可与汽车直接对接。其他几个体育场馆也进行了无障碍设施建设，电梯、扶手、厕所等设施都设置有盲文，以方便盲人知道自己所处的位置和男女厕所的识别。

3. 特殊器械设计

残疾人竞技体育所使用的器械，要根据不同的运动项目和要求，结合考虑运动员特点，而采用特殊的器材辅助。如运动轮椅、运动假肢、举重支架、射击支架、盲人门球中加一个发声响的小铃铛等。比如力量练习器，其结构设计要分别考虑上肢残疾和下肢残疾，以及左右侧的残疾等；又比如轮椅篮球和轮椅排球运动员，要考虑轮椅结构的安全性，因此结构设计首先是结构安全，要求结构的高度在 230 mm，可在滑行侧翻倒时双手应急支撑和控制身体重心稳定性等。结构的坚固要求可承受运动员身体重量和动作质量冲击不变形和突然断裂，确实保障滑行过程中运动员的安全。

总的来说，由于肢体的残疾使得残疾人运动员身体素质的训练和运动技能的掌握都较常人困难得多。因此，在训练中要从身体训练和心理训练两方面入手。在身体训练中特别要注意身体协调能力和平衡能力的训练，摸索出适合不同级别残疾人运动员的训练方法。在心理训练方面应注意增强运动员的意志、信念。同时，在平时的训练中，特别要注意安排一些机动性的训练任务，以考验其耐力与毅力。在这种长期刻苦训练的环境中，会养成运动员良好的意志品质，为取得优异的成绩奠定基础。

四、残疾运动员体能训练

各个项群、各类残疾对体能的要求不一，侧重点不一样，如对智残的要求主要是协调性，平衡性等素质。

（一）身体形态训练

身体形态是指人体外部与内部的形状特征。不同项目对运动员身体形态要求是不一样的，即使同一个项目的不同组别对身体形态的要求也是不一样的。不同的身体形态在一定程度上影响着运动素质的发展。

身体训练各种方法对身体形态都有意义，可根据需要运用相应的训练方法。任何一个专项训练手段对使身体形态向专项需要方向发展都有显著作用，几乎所有的运动项目运动员的身体形态训练基本上都是通过专项训练实现的。例如手持轻器械训练适用于除上肢残疾的运动员有效地改变身体形态；舞蹈训练法对身体姿势的形成也有特殊意义。

进行身体形态训练应该注意根据不同年龄生长发育阶段的形态特征来安排身体形态训练；根据不同的残疾类型和专项需要安排身体形态训练；采用多种方法进行身体形态训练。

（二）力量素质训练

力量素质是指人体神经肌肉系统在工作时克服或对抗阻力的能力，它是肌肉产生运动的原动力，是很多技术战术的基础。

力量的种类很多，一般训练的方法有动力性等长收缩训练、静力性等长收缩训练、等动收缩及超等长收缩训练等。主要训练手段有：负重抗阻力训练、对抗性练习、利用力量训练器械练习、克服外部环境阻力练习、克服自身阻力练习，另外对于残疾运动员，电刺激是一个重要的训练手段，因为采用这种方法不需要在运动中，只需要将电极置于肌肉的起至端，这就为某些残疾运动员不便于某种体位的力量训练提供了可能。

（三）速度素质训练

速度素质是指人体快速活动的能力，包括反应速度、动作速度及位移速度。

1. 反应速度的训练

反应速度受遗传因素的影响很大，后天的训练可使运动员潜在的反应速度能力增强并稳定下来。反应速度的提高在很大程度上取决于运动员对信号反应的动作熟练程度。

提高反应速度常用的方法手段是：信号刺激法、运动感觉法、移动目标练习法、选择性练习等，但是不管是哪种训练方法在运用时都要结合残疾运动员的残疾特点，如视残运动员在训练时就是选用声音或者触摸信号作为中介来练习；而听残运动员主要以视觉为中介来练习。

2. 动作速度的训练

动作速度是指某个技术动作的完成速度。在进行动作速度训练时，应该与正确的专项技术动作紧密结合，与专项动作结构一致。速度练习的持续时间不宜太长否则持续的运动会让运动员的兴奋性降低，影响了速度的发挥。常用的发展动作速度的方法手段有：利用外界助力提高运动员对更快速度的感觉，及早地达到动作速度的要求；借助信号刺激提高动作速度，如视残运动员可以借助快节奏的击掌声音来提高动作速度；减小外界自然阻力，如顺风跑、下坡跑等。

3. 移动速度的训练

提高移动速度的基本途径为：通过力量训练，使运动员力量增加，从而提高速度；另一个是反复进行专项练习。常用的训练方法手段有：20 秒以内的高强度快速运动，间歇时间相对充分；各种爆发力练习；高频率的专项练习。

总的来说，在进行速度训练时，应结合运动员的专项需要及残疾特点进行；应该在运动员精力充沛、兴奋性高的情况下进行；在出现"速度障碍"的现象时，需要配合牵引跑、下坡跑等助力手段予以克服。

（四）耐力素质训练

耐力素质是指有机体坚持长时间运动的能力。可分为有氧耐力和无氧耐力两大类，其中无氧耐力又分为磷酸元供能和糖无氧供能两种。

1. 有氧耐力的训练

有氧耐力训练的强度相对较小，它的适宜心率可采用这个公式计算：安静心率＋（最大心率－安静心率）×60%～70%，心率在这个水平线时机体的吸氧量达到最大值的 80%，心输出量增加，促进骨骼肌、心肌中的毛细血管增加。主要的方法有：匀速持续跑、越野跑、变速跑、法特莱克跑、间歇训练法及循环训练法等。具体手段有：长时间进行专项动作的反复练习、反复做克服自身体重的练习等。

2. 无氧耐力训练

无氧耐力的训练每组训练的时间不宜超过 1 分钟，如果以跑为手段，那么距离控制在 400 米左右。强度大于有氧耐力，一般为最大强度的 $80\%\sim90\%$，每组练习的重复次数不必过多，以保持必要的强度。在糖酵解供能的无氧耐力训练中，间歇时间一般有严格限制，使机体在恢复不充分的情况下进行下一次练习，这样使运动产生的乳酸在体内堆积的数值达到最高，有利于发展机体的抗乳酸能力，增加持续运动的可能性。

五、残疾人运动员技术训练

（一）残疾运动员技术特点

运动技术即是完成体育动作的方法，是运动竞技能力水平的重要因素。各个运动项目的动作，都有着符合人体运动力学基本原理的标准技术及规范的技术要求；但对每名运动员来说，又必须依据个体的生理特点，选择和掌握具有个人特征的运动技术，才能更有效地参与激烈的比赛。

在体育活动中，残疾人和健全人的竞技能力最大的区别就在于对技术动作的掌握能力，这是由于残疾运动员本身的身体缺陷造成的。身体的残疾破坏了人体解剖结构，自然限制了一些技术动作的操作，智残的运动员更是由于中枢神经系统的控制与协调能力差，影响了条件反射的形成，学习技术动作就相对更困难。

（二）残疾运动员技术训练常用方法

技术训练的成功与否，训练效果是否显著，在很大程度上取决于训练方法的科学性及选择是否得当。选择技术训练方法应具有较强的针对性，要做到"有的放矢"。

1. 直观法

直观法指在技术训练中，借助运动员的各种感觉器官，使运动员建立起对练习的表象，获得感性认识，帮助运动员正确思维、掌握和提高运动技术水平的一种常用的训练方法。

使用示范、电视、录像等手段，通过视觉器官建立起的运动表象最适合肢残、听残一类运动员，而对于视残运动员最有效的方法莫过于通过触觉器官使他们感知技术动作的表象。

不管是哪种直观训练，都需要和运动员的积极思维结合起来。感性认识结合理性思考，才能形成正确的技术动作。

2. 语言法

语言法指在技术训练中，运用各种形式的语言，指导运动员学习和掌握技术动作训练的方法。主要作用是在于帮助运动员借助语言明确技术动作的概念，纠正错误动作，提高技术水平。语言法在讲解时要简练、准确，富于启发性，对于视残运动员来说这也是最主要的技术训练方法之一。

3. 完整法与分解法

完整法与分解法是运动训练中常用的两种技术学习方法，对于学习和掌握各项运动技术均有较好效果。完整法，是指整套动作或单个动作不分部分地进行教学的方法，它常用于比较简单的动作或者结构严谨、难以分解的动作的教学。其优点是易体会与建立动作的完整概念，但对于动作中技术复杂的部分不能很精确地掌握。分解法是指将完整的技术动作按照一定的程度分解成若干部分来进行学习与训练。其优点在于简化了学习的难度，在几个独立部分都掌握后再进行完整训练，从而提高学习效率，增强训练的信心。

"先分解后完整"或者"先完整后分解"都不是固定的练习顺序。教练员应该根据动作的复杂程度和运动员的掌握程度进行分析，进而采用正确的训练方法。

残疾运动员的训练、比赛常常需要借助一些器械，比如轮椅、义肢等，运动技术的创新应该考虑和这些器械紧密结合，可以说技术创新的空间更大，因此，应该仔细研究器械的创新与运用，从而提高残疾人竞技体育的技术水平。

六、残疾人运动员战术训练

竞技战术指在比赛中为战胜对手或为了表现出优越的竞技能力和取得好的竞赛结果而采取的计谋和行动。残疾人竞技体育的战术与健全人竞技体育的战术分类基本一致，可按照战术的表现形式分为阵形战术、体力分配战术、参赛目的战术及心理战术；按照参加战术行动的人数又可分为个人战术、小组战术、集体战术，等等的分类办法。

战术训练一般采用以下方法：

（一）分解与完整训练法

分解战术训练法是指把一个完整的战术分解成几个独立的部分，然后依次训练的方法。这种训练方法在学习一种新的战术配合形式时采用。

完整战术训练法是指把战术训练的全部环节不分解地、一次性地进行训练的方法。这种方法适合已经掌握分解的战术后使用；目的在于使运动员完整流畅地掌握整个战术组合过程。

（二）减难与加难法

减难训练法是指采用低于实际比赛难度的要求进行训练的方法。目的是使运动员体会低难度时的战术运用，有利于运动员掌握战术的基本步骤，然后逐渐增加训练难度，达到比赛的要求。

加难训练法是指在高于比赛难度的环境下进行战术训练的方法。目的是提高运动员在更为复杂的情况运用战术的能力，手段一般是增加限制完成战术的条件，或者加大对手的强大程度等等。

（三）模拟训练法

模拟训练法是指在平时的训练中，根据赛场将会出现的情况进行环境模拟，包括对手的模拟、观众的模拟及硬件环境的模拟等等，通过在这种相似的比赛条件下训练，使运动员最有针对性地获得所需的战术能力。

七、残疾人运动员心理能力训练

（一）残疾运动员参加运动训练的心理情况研究

对残疾人运动员而言，他们在平时训练和比赛中获得了丰富的情感体验，形成了更加坚定的信念和战胜一切困难的勇气，弥补了作为残疾人所存在的某种机能、形态上的缺陷。比赛中取得好的成绩固然重要，但更重要的是挑战自我，努力实现人生的目标，如何通过体育这一活动或介质，突破心理上的障碍，成为社会积极的一员。因此，对残疾人运动员心理健康的保障和支持就显得尤为重要。

但是目前运动心理学在残疾人运动员中的应用还不多，内容也有些零散和局限，其中针对残疾人运动员专门的心理健康测评的研究几乎还没有，更多的是涉及残疾人运动员在比赛中的负面情绪和自尊等方面的研究。今后应在了解残疾人自身特点的基础上加大运动心理学在残疾运动员心理健康方面的研究力度。

分析其原因，或许是集体项目为运动员提供了更加团结、积极的训练氛围，从而使运动员对残疾人体育的目标更加明确。处于中间年龄段的男运动员正是取得成绩的阶段，会更加注重自己所取得的成绩，因此个人项目运动员的运动态度要好于集体项目。对女运动员而言，随着年龄的增大，考虑的因素较多，因此有可能会把残疾人运动作为更重要的目标以期实现自己的理想。

有研究对我国优秀残疾投掷运动员训练主观动因的研究发现：男运动员渴望通过训练及成绩得到社会认可，女运动员则更看重自我肯定；男运动员注重运动训练的长远物质回报，女运动员看重运动训练带来的眼前物质利益；男运动员更看重运动训练的内部回报，女运动员则看重训练的外部奖励。因此在今后的训练中，应对不同性别的运动员采用不同的激励和教育方式进行积极干预。

（二）残疾运动员心理训练的重要性及其训练

在竞技体育训练与竞赛中，运动员的体能、技能、战术、智能等基本能力，都必须在其心理能力的参与配合下才能得到充分的发挥。但同时，在不同的条件和不同的状态下，心理能力在运动员竞技能力中的价值也不一样。总的来说，不同类型的运动项目对运动员的心理能力要求不一；不同水平的运动员要求具备的心理能力也不一样；不同残疾类型及不同残疾程度运动员的心理能力也不一样。

一般提高运动员心理能力的方法有：

1. 意念训练法

意念训练法是指运动员利用记忆中的运动表象进行回想并训练的方法。意念训练对技术、战术训练的作用显著，利用大脑中的技术、战术痕迹，在实际训练、比赛中激活体现，可使动作完成的更加正确顺利。对于残疾运动员来说，充分动用大脑里的储存信息在一定程度上可以避免实际身体参与过度练习带来的不利影响。在进行意念训练时，一定要产生一种思维运动效果，要有意识地发展思维。

2. 诱导训练法

诱导训练法，是指在训练中采用有效刺激物把运动员的心理状态引导到某一个事物或者方向上去的训练方法，可为顺利参加训练和比赛建立良好的心理状态。

不同于意念训练法，诱导法是通过教练员、心理专家等其他人对运动员的引导，来刺激完成的。诱导者常常发出语言信号，由运动员的听觉器官接受信息，并按照语言指示去完成任务。对于听残运动员，诱导者往往采用眼神暗示或者肢体动作来进行引导，鼓励与批评、说服与教育、启发与激将都是诱导法的基本手段。

诱导者应该是运动员愿意接受的人，采用的诱导手段也应该是运动员感兴趣的，必须根据训练的目的、期望产生的结果等来设计诱导训练。残疾运动员由于心理上的特殊性，更是要求在使用诱导法时要注意方法。

3. 模拟训练法

模拟训练法是指模拟比赛中可能出现的场景条件进行的训练。模拟比赛中，进行的心理训练，即模拟心理训练。通过模拟训练，可使训练与实际比赛的各种环境接近，使运动员在这种环境下，锻炼和提高面对真正比赛的实际运用能力以及情绪调节能力等。

在模拟训练中，实施者通过所制造的模拟环境对运动员实施心理控制和训练。模拟训练的内容很多，如模拟技术、战术的训练；模拟比赛环境的训练；适应比赛对手特点的训练；适应"时差"的模拟训练等。

在进行模拟训练前，一定要收集关于实际比赛中会出现的情况的一些信息，包括对手信息、环境信息等，从而使模拟更接近于实际比赛。

项目的不同及残疾类型的不同，训练模拟的重点也不尽相同。如在对抗性项目中，重点模拟的应该是对手的技术战术特点；在体能项目中应该重点模拟赛场条件，如天气、场地等；对于视残运动员来说，重点模拟的应该是比赛场上喧闹的观众环境等等。

八、残疾人竞技体育的国家宏观调控和运动队的微观管理

（一）完善我国残疾人竞技体育运动训练体系

进一步完善我国残疾人体育训练的体系，其意义在于保证我国残疾人竞技体育事业的可持续健康发展。长期以来，我国残疾人体育管理的组织体系是一个相对松散的非专业化形式，尤其在管理上目前还没有建立健全对口的专门管理组织机构。以国家残奥中心为核心的我国残疾人体育管理组织机构，是全国残疾人体育工作的组织管理运行的核心，也是全国残疾人体育组织管理的核心办事机构，行政上接受中国残联的直接管理、业务上接受国家体育总局群体司的指导，在下位关系上，国家残奥中心对各省市区残联宣文处（体育中心）、训练基地具有业务指导职能，而对国家队则是直接领导和管理。

更好地完善我国残疾人体育训练的体系需加强以下几个方面的工作。

1. 政府与社会的支持是开展残疾人体育运动的前提和保证

鉴于开展残疾人体育运动的意义所在，各级政府和全社会都应极其关注残疾人体育运动的发展，在资金投入、政策导向、物资保障、科学研究、系统训练等方面给予必要的支持，从而促进我国残疾人体育事业的蓬勃发展。

2. 利用政府的职能，多方筹措资金，为残疾人体育运动提供资金和物质保证

加大政府财政对残疾人体育事业拨款的力度，从根本上保证我国的残疾人体育运动的训练经费。同时，在体育彩票和福利彩票的收益中，拿出一定资金提供给残疾人体育事业。建立和规范残疾人体育产业和体育市场，通过广告、赞助商、减免税费等方式筹措资金。这部分资金要专款专用，主要用于残疾人体育运动场馆的建设、科学研究、科学训练和更多地参加国际赛事方面，确保残疾人体育运动训练有计划、有步骤地协调发展。

3. 制定相关政策、法规和各种规章制度，为残疾人体育事业提供良好的环境和氛围

加强对残疾人体育运动事业的宣传力度，使我国的残疾人体育运动得到

政府及全社会的广泛关注和帮助。制定相关的残疾人体育政策和法规，调动一切积极因素，为我国残疾人体育运动的蓬勃发展保驾护航。政策和法规要能解决残疾运动员的实际困难和后顾之忧，要能解决好国家与地方、上级与下级的关系，解决并疏通好人才输送的渠道，解决好教练员的聘用和培训，解决好训练补助、获奖酬金、社会保险等各方面的问题。

4. 完善我国的残疾人竞技体育组织机构

我国主要有三个残疾人竞技体育组织机构，在今后还应该根据实际情况的需要建立更多保障残疾人体育活动的组织机构，完善它们的运行机制。下面简单介绍目前这三个主要机构的情况：

（1）中国残疾人体育协会

它是为截肢者、脑瘫患者、脊髓损伤者和视力残疾人设立的体育组织。中国残疾人体育协会是由各省、自治区、直辖市及计划单列市肢体残疾人、视力残疾人体育组织自愿组成的非营利性群众体育社会团体，接受中国残疾人联合会、国家体育总局、民政部的业务指导和监督管理。

（2）中国聋人体育协会

它是聋人的体育组织。中国聋人体育协会是由各省、自治区、直辖市及计划单列市聋人体育组织自愿组成的非营利性群众体育社会团体，接受中国残疾人联合会、国家体育总局、民政部的业务指导和监督管理，是中国残疾人体育组织中的重要组成部分。

（3）中国弱智人体育协会

它是专门为智商在 70 以下的智力残疾人设立的体育组织。中国弱智人体育协会是由各省、自治区、直辖市以及弱智人体育组织自愿组成的非营利性群众体育社会团体，接受中国残疾人联合会、国家体育总局、民政部的业务指导和监督管理。

（二）残疾人竞技体育运动队的完善及管理

现代运动训练的全过程可以概括为四个部分，即科学选材、科学训练、科学管理、参加比赛。科学管理是现代运动训练系统工程中重要的组成部分，经验证明：一个运动员不管有多高的天赋，一个运动队不管集中了多少优秀的选手、采用了多少先进的技术，如果没有一套严格科学的管理系统来控制、处理、协调、指挥运动训练过程中的全部活动，这个训练过程就不可能保证正常的运转。

1. 建立较为完善的残疾人运动训练模式，确保科学训练

目前我国残疾人体育训练的体制还很不完善，上到国家、下到地方都是以参加比赛和完成比赛任务作为训练的杠杆，全国各地开展残疾人体育运动

的情况参差不齐、良莠不一，致使残疾人体育运动训练的规模不大、随意性较强、且经常间断，不能形成一个良好的体系和模式。这样，即便是有了好的苗子，也大多挖掘不出最大的潜能，浪费了许多人才，损失极大。因此有必要建立和完善残疾人体育训练的体系，以保证我国的残疾人体育运动事业可持续地健康发展。

2. 残疾人运动员选材网络的建立

选材是体育运动训练的基础。所谓选材，是指直接或间接的将被选者的运动才能及天赋因素测定出来，并根据测试结果分析预测其未来的竞技能力。成功的选材在一定程度上将意味着成功的训练。由于残疾人的体育运动和比赛的特点，其选材也具有特殊性。残疾人选材的范围有其相对的局限性，因此各地残联体育协会应在当地医院建立青少年或儿童残疾状况的档案，同时还要在中小学校及特殊教育学校中的残疾青少年和儿童建立档案，并以互联网的形式经常联络；了解他们的运动能力，通过定期或不定期的测试，力求早发现人才，多发现人才，以提高残疾人体育训练的质量。

3. 残疾人体育运动员队伍的建设

残疾人体育运动员的队伍建设要形成梯队，成"金字塔"式的结构。国家首先要小范围地针对我国的优势项目组建国家队，也可把一些项目的国家队分别指派到各省、地、市，以确保这些项目的优势。然后在此基础上有选择地扩充一些项目，逐渐扩大项目的范围。全国各地也要相应地建立运动员队伍，为国家队准备后备力量。全国各基层单位要做好发现人才和对青少年及儿童残疾人运动员进行启蒙教育和身体训练的工作。我国的残疾人体育竞技水平才能得以巩固和提高。

4. 残疾人体育教练员队伍的建设

科学的训练需要科学的指导，科学的指导需要有优秀的教练员队伍。从目前我国的残疾人体育运动训练情况来看，我国还没有一支优秀的从事残疾人体育运动训练的专职教练员队伍。这无疑将给我国的残疾人体育训练带来许多困难。由于受生理、心理、比赛规则等方面的制约，残疾人运动训练的特点非常突出。这就需要有一批热爱残疾人体育事业、熟悉残疾人心理、了解残疾人生理特点、掌握残疾人训练方法和懂得残疾人比赛规则的教练员。然而，在我国培养此方面人才的专门学校寥寥无几，全国只有2～3所体育院校开设了特殊体育教育专业，这远远不能满足我国开展残疾人体育运动的需要。因此要加大对残疾人体育专门人才培养的力度，建立一支高水平的教练员队伍。

5. 残疾人体育裁判员队伍的建设

随着国际竞技体育的发展和运动水平的提高，现代的比赛日趋激烈，在比赛条件更加完备、器材设备的现代化和自动化程度越来越高、裁判方法更加先进和规范的今天，竞赛的组织对裁判工作提出了更新更高的要求，这就需要我国建立一支高水准的裁判员队伍。比赛是检验训练的一面镜子，规范的竞赛组织能使我国的竞技体育与国际接轨，从而有效地推动竞技体育的发展，丰富运动员的比赛经验。熟悉规则、懂业务、会工作的裁判员，可以很好地调节赛场氛围，使运动员在公平、和谐、轻松的环境中专心致志地投入比赛；同时也可使运动员通过比赛了解国际赛事的规则要求、判罚标准和尺度，为有针对性的训练和真正在国际大赛中取得优异成绩奠定基础。

6. 残疾人体育科研人员队伍的建设及积极运用新的科技成果

科学技术是先进的生产力，先进的科学研究能够加快残疾人体育运动的发展。科研队伍的组建、各项科技成果的积极运用，都应该与运动训练结合起来，为提高运动员的竞技能力水平提供有力的科技支持。

7. 完善运动队管理体制

不断完善运动队内部的管理机制，合理地组织、分配和使用人力、财力、物力，充分发挥他们的作用，协调全队的各项工作，并为完成这些工作提供和创造必要的条件。

全面系统地运用管理机制的各种方法、技术和手段，合理地调动全体人员的积极性，有效地发挥各个岗位工作人员的能力。

九、残疾人竞技体育的发展建议

为了今后可持续发展，我们在今后的工作中要不断的完善管理体制、健全运行机制，提高管理体制效率，才能不断提高运动训练水平。

虽然残疾人竞技体育已经有了快速的发展，但是与健全人竞技体育相比，目前残疾人竞技体育开展中仍然存在着很多不足的方面：管理体制具有随意性，不够规范化，制度化；经费不足，场地设施不健全；训练体制不合理，没有形成多级培养体系，不能保证训练的系统性和连贯性；教练员队伍不稳定，岗位培训次数少，竞赛体制不够完善，运动竞赛少，参赛机会少；教练员科研意识薄弱，领导对科研重视程度不高，选材科学含量低；社会对残疾人竞技体育关注程度低，媒体宣传报道少。

从运动训练方面看，训练体系是竞技体育发展的前提，残疾人竞技体育的主体是人，包括从事训练的教练员和残疾人运动员，残疾人竞技体育的发展应以人为本，因此，培养残疾人竞技体育人的发展观念、意识和素质能力，为其他支撑体系培养运作人才是非常重要的。

另外，目前的训练监控方式和手段仍有需要加强的方面，比如残疾人运动员的个体差异比普通人要大，需重视不同项目不同残疾等级的生理生化指标恢复值与健全人差异的研究；要处理好残疾人运动员训练负荷与医疗康复之间的关系，加强义务监督；通过对各个残疾竞技运动项目运动员生理生化指标的统计，探索适合各个项目的指标变化规律等，尽快建立起相应项目的生理生化指标评价体系等。

因此，设计、增添必要的残疾人竞技体育的专用体育设施、运动器材，研究和开发符合残疾人运动规律的、适合各类级别运动员训练的方法，才能大幅度提高残疾人竞技体育的水平，而要在这方面有所作为就必须加大对残疾人竞技体育科研的研究。

为了尽快发展残疾人竞技体育，国家及各级政府要真正把残疾人体育工作纳入体育事业发展计划中，要完善目前的专门为残疾人竞技体育发展战略设立的管理机构，这些管理机构应该有着明确的责任、清晰的目标、科学规范的管理、有着固定的人员。同时在完整的管理机制下对残疾人竞技体育的人才选拔、教练员的培训、项目的设计和规划、以及整个残疾人竞技体育整套的发展思路进行系统的研究和管理。

本 章 小 结

　　残疾人竞技体育是以挖掘残疾人运动员体能潜力，表现其特殊体育才华，创造优异成绩以为国争光为目的，通过自强不息，顽强拼搏来实现平等、参与与共享的社会目标，有着不可替代的社会促进作用。残疾人竞技体育由运动员选材、运动训练、运动竞赛和竞技体育管理组成，和健全人竞技体育相比，残疾人的竞技运动训练中注重功能训练，同时要考虑到运动员生理和心理弱势性。按照一定的标准把残疾人竞技运动进行分类，再按照各项目的特点，结合对运动员各项素质的特殊要求，确定选材指标和标准、训练的方法及手段。残疾人运动训练在竞技体育中占主要地位。

>>> 思考题

1. 残疾人运动训练的基本原则有哪些？
2. 残疾运动员竞技能力训练包括哪几个部分？
3. 残疾运动员各种竞技能力的基本训练方法及手段有哪些？

第八章 残疾人运动员的医学和功能分级

本章概述、学习目标

本章从残疾人运动员医学和功能分级的意义、程序、方法等方面介绍了分级情况，分别介绍了田径、游泳、乒乓球、轮椅篮球、坐式排球、轮椅网球等项目的分级方法。

1. 了解残疾人运动员的医学和功能分级的意义，程序及方法。
2. 了解各项目的分级方法。

第一节 残疾人医学和功能分级概述

一、残疾人运动员的医学和功能分级的意义

最早在残疾人中开展体育运动是 1948 年，当时"二战"刚刚结束，许多军人由于战争遗留有多种多样的残疾，为了改善他们身体的功能状况，克服心理障碍，英国著名的脊髓损伤专家 L. Guttman 在英国伦敦附近的斯托克·曼德维尔（Stoke Mandeville）首次组织了轮椅运动比赛。应该说，当时举办比赛的主要目的是为了这些残疾人的功能康复。随后，为了推动残疾人康复事业和体育运动的发展，世界上陆续成立了以各类不同残疾人为对象的残疾人体育运动组织。而为了更好的、有组织的开展体育竞赛活动，就必须首先确定哪些残疾人可以参加比赛；同时，对符合参赛条件的残疾人运动员进行科学合理的分组。因为尽管他们残疾的种类大致相同，但由于伤残的轻重不一样，导致其功能障碍的程度也不尽相同，而运动功能水平的差异，将直接影响到残疾人运动员的竞技水平。所以，随着残疾人体育竞技成分的提高，为了提高残疾人运动员的运动水平，扩大残疾人运动的影响，进一步促进残疾人运动的竞争性、公平性和竞技性，必须明确残疾人运动员参加每个项目的参赛标准，以便将残疾程度相近似的运动员分在一起进行比赛，这样就产生了残疾人运动员的医学和功能分级。所以说残疾人运动员的医学和功能分级的意义就在于：维护体育的公平竞争原则，提高残疾人运动的竞技性和竞争性。

二、分级人员的组成和要求

残疾人运动员身体的功能障碍是由于伤、病等原因所致，所以，要全面了解和掌握其障碍对运动能力所造成影响，必须对所造成影响的伤、病等原因有充分的了解和认识；而且，早期的残疾人体育是以康复为目的的，因此分级人员中必须有一名康复医师和一名康复治疗师。

由于体育是一项竞技运动，涉及运动专业知识，所以，分级人员的组成中还必须有一名熟悉体育运动专业的技术人员。只有这样，才有可能全面评估残疾人运动员身体的功能状况以及所存在的运动潜能。

因此，残疾人体育分级人员的组成，应包含三类专业技术人员，他们是：康复医师、康复治疗师、运动专业技术人员。

作为一名合格的分级人员来说，除了能充分利用自己所掌握的知识，全面了解残疾人运动员由于伤残对其运动功能所造成的影响外，他们还应具备公正性和客观性，以科学的态度对待分级工作。分级人员本人绝对不允许以官方的身份参与到某项比赛中去，更不可到本国的运动队参加比赛。

三、医学和功能分级的程序和方法

对残疾人运动员进行医学和功能分级的目的，是为了保证残疾人体育运动的公平性，而将其功能障碍程度相同或相近似的运动员分在同一级别开展竞技性体育运动。所以，分级工作主要是在竞赛活动开始之前进行。早期的残疾人体育运动分级，主要是以医学检查和评估为主，所以开始时称为医学分级。但随着残疾人体育的不断发展，人们逐渐认识到：伤残所造成的运动功能障碍，在不同的项目中，其影响程度也不相同，也就是说，不同的运动项目对其运动能力的要求不同，而且，在静态和运动中运动员的表现也不尽相同。为此，一些项目逐渐加大了运动中检测的力度，如游泳、乒乓球、篮球等，所以，后来将医学分级改称为医学和功能分级。整个分级过程通常包括：医学检测、相关运动功能能力的测试和赛场观察三个部分。

分级测试的程序，通常是首先由康复医师了解患者的伤残史，以确定残疾人运动员伤残的种类，然后和康复治疗师以及熟悉运动专业技术的分级人员一起根据其所参赛项目的要求和标准，共同对其伤病所造成的肌力、肌肉紧张度、关节活动度等方面，进行全面的检查，对其伤残所致的运动能力受限进行评估。如果是智障运动员或听力障碍的运动员则需测试其智商或听力。在三者共同完成检测、评估后，最后确定残疾人运动员在所参赛运动项目中的级别，这些分级工作是在比赛前完成的。分级人员在赛前完成了残疾人运动员的分级后，对于那些不能完全确认的运动员尚需进行赛场观察，对于不符合赛前所确定的级别的运动员，通过赛场观察后可以及时修改，以便确定最符合运动员运动能力的参赛级别。如果运动员在同一赛事中因被申诉需要再次进行分级的评估工作，那么在第一次评估过程中参与工作的三名工作人员将不得再次参与评估工作。

通常对每名运动员分级后需用下列符号注明：

N—新运动员（即未经国际分级的运动员）。

R—分级后尚需进一步观察的运动员。这是因为他们的残疾或损伤程度还在发展之中，或是因为运动员的残疾或损伤情况与其运动功能的表现存在着差异还需进行赛场观察。

P—获得永久性分级的运动员。

四、残疾人运动员在各体育竞赛项目中的医学和功能分级

由于每一个项目对其残疾人运动员运动能力的要求不尽相同，所以，每个项目对其残疾的种类以及最低残疾程度的要求也不一样。下面我们主要介绍在我国已开展的一些残疾人体育运动项目的医学和功能分级。

在介绍这些体育项目的医学和功能分级前，先介绍一下分级过程中常用的有关术语和测试方法及标准。

常用的有关术语

（一）瘫痪的类型

1. 四肢瘫痪：包括颈、躯体和四肢均有运动功能障碍。

2. 三肢瘫痪：主要是指三个肢体运动功能障碍，有时也包括非对称的四肢瘫痪。

3. 双肢瘫痪：主要是指下肢运动功能障碍，上肢障碍较轻，也可表现为非对称性瘫痪。

4. 偏瘫：指同侧躯体及上、下肢运动功能障碍。

5. 单肢瘫痪：是指一个肢体的运动功能障碍，通常为痉挛性瘫痪。

（二）瘫痪常见的异常运动形式

1. 痉挛：是指肌肉或肌群持续或间断地不随意收缩。痉挛常常受肢体姿势、情绪以及周围环境等因素的影响。

2. 手足徐动：为脑基底神经节受损所致。主要表现为手足发生缓慢和不规则的扭动动作，而且无规律。

3. 共济失调：是指由于神经系统受损而引起的运动不协调和平衡障碍。

4. 混合型：即上述三种异常运动形式组合存在。

常用的检测手段及评定标准

（一）肌力测试及评定标准

肌力测试通常用徒手肌力测试法，评定标准为：

0（级）分：肌肉完全无力；

1（级）分：肌肉可见或触摸到蠕动，但不能带动关节运动；

2（级）分：肌肉收缩能带动关节运动，但不能对抗肢体重力；

3（级）分：肌肉收缩能对抗肢体重力，但不能抗阻力活动关节；

4（级）分：肌力较好，能部分抗阻力活动关节；

5（级）分：肌力正常，能完全抗阻力活动关节。

（二）关节活动度的测试及评定标准

通常采用测角器测量关节的被动运动，残疾人运动员关节活动度每减少25%，相当于肌力检测减1分。

0分：无运动；

1分：非常小的运动；

2分：仅25%的运动范围；

3分：仅50%的运动范围；

4分：可达75%的运动范围；

5分：正常运动范围。

（三）功能障碍（协调障碍、痉挛、手足徐动、共济失调）的测试及评定标准

0分：功能性运动完全丧失；

1分：严重的肌张力增高、僵硬和（或）运动的协调性非常小，运动范围极度受限（< 45%）；

2分：严重的痉挛性肌张力增高、僵硬和（或）严重的运动协调障碍，运动范围严重受限（45%～70%）；

3分：中度的痉挛性肌张力增高、限制肢体运动和（或）中度的运动协调障碍，运动范围受限（70%～90%）；

4分：轻度的痉挛、肌张力增高和（或）轻度的运动协调障碍，运动范围基本正常（> 90%）；

5分：正常。

第二节　田径项目的医学和功能分级

此项标准适用于脊髓损伤、视力障碍、脑瘫、截肢和其他肢体残疾的运动员。标准中的代号 F 代表田赛，T 代表径赛。

一、视力障碍运动员

视力障碍运动员无论参加田赛还是径赛均分为 3 个级别，级别标准相同。

F11. T11（B1）级

双眼无光感，或仅有光感，但在任何距离、任何方向均不能辨认手的形状。

F12. T12（B2）级

视力从能识别手的形状到 0.03（或）视野小于 5

F13. T13（B3）级

视力从 0.03 以上到 0.01 和（或）视野大于 5 小于 20

注意事项：分级时，测试的眼睛应为最佳已校正的视力。凡使用隐形眼镜或视力校正镜的运动员，在比赛时不论是否配戴，在分级检查时均应配戴。

二、脑瘫运动员

脑瘫运动员无论参加田赛还是径赛均分为 8 个级别，级别标准相同。

F31、T31（CP1）级

严重的四肢瘫痪。四肢和躯干功能性活动范围小，活动需靠助手或电动椅的帮助，自己不能驱动轮椅。

F32、T32（CP2）级

重度至中度四肢瘫痪。运动员常能抓住圆柱形或球形物体，能比较灵巧地使用和扔球，但手伸展力差；躯干静态控制力较好，动态控制力差；一侧或双侧下肢有一定功能。虽四肢及躯干功能肌力差，但可以自行驱动轮椅（用上肢或用下肢）。

F33、T33（CP3）级

中度（对称或非对称）四肢瘫痪或需乘坐轮椅的严重偏瘫，在助手或辅助工具的帮助下行走，可独立驱动轮椅。驱动轮椅的躯干不能快速、匀称地协助轮椅长距离行进，手也不能快速松握。如果只能用一侧上肢驱动轮椅，虽可长距离行进，健侧的手也快速地松握，仍定为 CP3 级。

F34、T34（CP4）级

中度到重度双肢瘫痪。上肢和躯干肌力好，其活动范围和控制力有很小的问题；由于中度到重度的双下肢受累，因而不用辅助器就不能长距离行走，运动时通常使用轮椅。使用轮椅的偏瘫运动员一侧上肢功能正常则划为田赛项目的 4 级。

F35、T35（CP5）级

对称或不对称的中度双肢偏瘫。步行时需要辅助器，但直立或投掷时则不需要。如重心轻微改变，则失去平衡。运动员具较好的跑动功能，上肢和手的功能障碍较轻。

F36、T36（CP6）级

中度手足徐动或运动失调，所有四肢运动功能均受累。和5级相比，6级运动员上肢控制力较差，但其下肢的功能一般都较好，特别是跑步的时候；动态和静态平衡功能良好，能独立步行。

F37、T37（CP7）级

此级为真正能独立步行的偏瘫运动员。走路不用辅助工具。但因下肢痉挛而呈跛行，健侧肢体功能良好。

F38、T38（CP8）级

功能障碍小的偏瘫和双肢偏瘫，或轻微的手足徐动。可自由地跑跳，没有跛行，亦不需用矫形鞋。通常由于手部动作不协调可能会有很小的功能丧失，下肢也可能轻度功能障碍和协调问题，或轻度的跟腱短缩。

三、脊髓损伤运动员

（一）田赛

F51级

1. 运动功能：投掷手无法抓握器械（需要使用树脂或胶状物来抓握器械）。

木棍：可以越过头顶向前或向后投掷。投掷时使用大拇指和食指，或食指和中指，或中指和无名指（当运动员向后投掷木棍时，肘伸肌力较强）。

铁饼：由于手指无法运动而几乎无法控制铁饼，投掷的轨道是扁平的。

2. 医学功能：肩关节无力；上肢屈肘和伸腕功能基本正常，伸肘功能差，屈腕功能丧失；手指无抓握功能；躯干和下肢运动功能完全丧失，坐位平衡差。

F52级

1. 运动功能：投掷手抓握器械有困难。

铅球：手无抓握能力，因此，当出手时手指无法对球用力。

标枪：用食指和中指夹握器械，也可以用大拇指和食指或中指。有些运动员的手指有少许功能。

铁饼：手无抓握能力，将手指置于铁饼的边缘有困难，但是可以通过挛缩完成此动作。

2. 医学功能：肩关节的功能较好；有肘关节的屈曲和腕关节的背曲，以及掌屈功能；个别手指可以伸屈，但功能不全，手指无抓握功能；躯干和下肢运动完全丧失，坐位平衡差。

F53 级

1. 运动功能：投掷手功能基本正常。

铅球：通常能够握拳；手指能够分开，但力量弱；投掷时，手指能够握住器械。

标枪：通常握在大拇指和食指之间；因手的肌力较好，能握住器械；手指可分开或并拢，但力量欠佳。

铁饼：手指能够很好的抓握器械；出手时能够对铁饼施加旋转力；手指能够分开也能够并拢，但力量不大。

2. 医学功能：肘关节和腕关节的力量正常；手指屈伸力量正常或接近正常；手的内在肌有功能，但不健全；躯干和下肢运动功能完全丧失，坐位平衡差。

F54 级

1. 运动功能：上肢功能正常；躯干无运动能力；投掷时，非投掷手需抓握轮椅。

2. 医学功能：手指功能正常；躯干和下肢运动功能完全丧失，坐位平衡差。

F55 级

1. 运动功能：躯干能够做以下三种运动：①离开轮椅的靠背（向上运动）；②向前和向后的摇动；③旋转运动。有较好的坐位平衡能力，但坐位时不能抬起大腿。

2. 医学功能：上肢能力正常；腹肌和背伸肌具有功能性活动能力；无屈髋和髋关节内收功能。

F56 级

1. 运动功能：坐位平衡好，躯干能做向前、向后和旋转运动；能抬起大腿离开轮椅（髋屈肌）；能双膝并拢（髋内收肌）；膝关节能伸直；膝关节可屈曲。

2. 医学功能：如果下肢肌群属于一级（Grade1）或二级（Grade2），一般应被分在 F56 级。

F57 级

1. 运动功能：坐位平衡好，躯干能做向前、向后和旋转运动，并有一定的侧方运动能力；髋关节有外展、后伸功能，大腿对椅子面有压力；一侧踝关节可屈曲，脚可放在脚踏板上。

在评估运动员的摇动功能时，应以功能好的一侧来确定级别。

2. 医学功能：如下肢肌群属于二级（Grade2）或三级（Grade3），一般应被分在 F57 级。

F58 级

1. 运动功能：为脊髓损伤最轻的一个级别。

最低残疾标准：下肢肌力的总得分不得高于 70 分。腰 5～骶 1 部位的截瘫以及脊髓灰质后遗症的运动员，有一条腿好或胯部有较好的两侧伸展、内收功能的均属于本级。

2. 医学功能：下肢肌力为三级（Grade3）或四级（Grade4），一般应分在 F58 级。一侧膝关节以上截肢或两侧膝关节以下截肢，也定为 F58 级。

（二）径赛

T51 级

1. 运动功能：能够使用肘屈肌启动轮椅。启动时，双手靠近或接触轮椅的驱动轮缘；驱动的力量主要来自肘关节的屈曲和轻微的伸展，肩关节和腕关节的伸展；驱动轮椅时，把手掌置于驱动轮的顶部将其推向前方。

2. 医学功能：肩部功能差，但有肘关节屈曲以及腕关节的背屈功能；伸肘功能差，屈腕功能丧失，手指无抓握功能。

T52 级

1. 运动功能：驱动轮椅的力量来自于伸肘、腕关节的背屈以及胸肌肌力的作用；通过双手在驱动轮的后方驱动轮椅，利用屈肘加大力量；头部向上运动，躯干的上部也有轻微的运动。

2. 医学功能：胸肌有力；肘关节可伸展和屈曲，腕关节可以背屈和掌屈；手指有功能性屈伸和伸展运动。

T53 级

1. 运动功能：上肢有正常的或接近正常的功能；一般通过肩关节的环形来驱动轮椅；躯干无主动运动；驱动轮椅的时候，躯干贴在双腿上；躯干会随着驱动动作而抬起；驱动动作是不连贯的，存在驱动困难；当刹车的时候，躯干贴近大腿的位置。

2. 医学功能：上肢功能正常或接近正常；背上部肌力弱腹肌无功能。

T54 级

1. 运动功能：躯干有后伸运动，一般躯干的旋转功能正常。通常是利用力量来驱动轮椅，驱动动作是连贯的，驱动时可利用腹肌的力量，突然刹车时躯干会向上方运动。

2. 医学功能：躯干能旋转，并可做背伸运动，腹肌功能正常。最低残疾标准：下肢肌力的总得分不超过 70 分。

四、截肢和其他肢体残疾运动员

（一）截肢运动员

截肢运动员无论是参加田赛还是径赛，均分为 9 个级别，级别标准相同，并根据参加情况，参加轮椅和非轮椅组比赛。

A1 级：双侧膝关节以上或通过膝关节的截肢

A2 级：单侧膝关节以上或通过膝关节的截肢

A3 级：双侧膝关节以下、踝关节以上或通过踝关节的截肢。侧膝关节以上，对侧膝关节以下的截肢

A4 级：单侧膝关节以下、踝关节以上或通过踝关节的截肢

A5 级：双侧肘关节以上或通过肘关节的截肢

A6 级：单侧肘关节以上或通过肘关节的截肢

A7 级：双侧肘关节以下、腕关节以下或通过腕关节的截肢；一侧肘关节以上，对侧肘关节以下的截肢

A8 级：单侧肘关节以下、腕关节以上或通过腕关节的截肢

A9 级：上肢腕关节以下和下肢踝关节以上的复合截肢

（二）其他肢体残疾运动员

1. 田赛

LAF1 级：投掷臂的力量差或有功能障碍，坐位平衡能力差。下肢残疾，坐轮椅参赛

LAF2 级：投掷手臂功能正常，坐位平衡能力差；或者投掷上肢功能减弱，但躯干坐位平衡良好，下肢残疾，坐轮椅参赛

LAF3 级：投掷上肢运动功能正常，躯干运动功能和坐位平衡良好，下肢残疾，坐轮椅参赛

LAF4 级：下肢运动功能有严重障碍，但能步行；或者下肢运动功能障碍稍轻，行走功能比较好，但投掷上肢有运动功能障碍

LAF5 级：下肢有运动功能障碍，行走功能比较好，投掷上肢运动功能正常

LAF6 级：投掷上肢运动功能正常，非投掷上肢有运动功能障碍，躯干和下肢有轻微运动功能障碍

2. 径赛

LAT1 级：一侧上肢或者两侧上肢肌力弱或有运动功能障碍，下肢残疾，坐轮椅参赛

LAT2 级：双上肢运动功能正常，下肢残疾，坐轮椅参赛

LAT3 级：一侧下肢或两侧下肢有运动功能障碍，但能步行

LAT4 级：双下肢运动功能正常，躯干和上肢有运动功能障碍

（三）最低参赛标准

1. 肌力：双上肢或下肢的肌力丧失至少 20 分

2. 关节活动范围：

肩关节：上肢被动上举不超过 130°，或任何位置的关节僵硬

肘关节：伸直最少差 45°，或任何位置的关节僵硬

腕关节：关节僵硬

髋关节：屈伸幅度小于 60°，或任何位置的关节僵硬

膝关节：伸直最少差 30°，或任何位置的关节僵硬

踝关节：关节僵硬

3. 其他：

双下肢不等长，最少相差 7CM

躯干活动有严重障碍或脊柱侧凸 Cobb 氏角大于 60°；侏儒身高不超过 145 cm（男）、140 cm（女），还需有其他方面的运动功能障碍

4. 注意事项：

A. 参加径赛项目和田赛中跳的项目以及投掷项目中非投掷上肢残疾的运动员，如果仅腕关节僵硬或腕关节及手有功能障碍，不符合最低参赛标准；有多项残疾的运动员，在统计残疾总分时不应包括上述残疾分数。

B. 脊髓灰质炎后遗症和其他肢体残疾运动员，在脊髓损伤运动员合并比赛时，其功能分级应参照脊髓损伤运动员的医学分级标准。

C. 上肢肌力检测包括：肩关节屈肌、伸肌、内收肌、外展肌，肘关节屈肌、伸肌、腕关节屈肌、掌屈肌，掌指关节屈肌、伸肌，拇指对掌肌、伸肌。正常时一侧上肢力总分为 60 分，双上肢为 120 分。最低参赛标准为：双上肢肌力至少减 20 分。

D. 脊髓损伤运动员的下肢肌力检测包括：髋关节屈肌、伸肌、内收肌、外展肌，膝关节屈肌、伸肌，踝关节背屈肌、跖屈肌。正常时一侧下肢总分为 40 分，双下肢为 80 分。最低参赛标准为：双下肢肌力总分不超过 70 分。

E. 其他肢体残疾运动员：下肢肌力检测，除脊髓损伤运动员所包括的内容外，尚需加测踝关节的内、外翻。为此，正常时一侧下肢总分为 50 分，双下肢总分为 100 分。最低参赛标准为：双下肢肌力不超过 80 分。

以上这些标准分别是国际斯托克·曼德维尔轮椅运动委员会（ISMWSF）、国际残疾人体育运动联合会（ISOD）、国际脑瘫人体育运动娱乐协会（CP-ISRA）、国际盲人体育运动协会（IBSA）的医学分级委员会所制定，但为了在残疾人奥运会或综合性比赛中运用，国际残疾人奥林匹克委员会医学分级委员会制定了一个田径联合分级对照表（见表 8-1）。

残·疾·人·体·育

表 8-1 田径联合分级对照表

运动项目	新的序号	ISMWSF	CP-ISRA	ISOD
田赛 （轮椅）	F51	F1	CP2	LAF1
	F52	F2	CP2CP3	LAF1
	F53	F3	CP3	LAF2
	F54	F4	CP3CP4	LAF3
	F55	F5	CP4	LAF3
	F56	F6	CP4CP5	A1（A9） LAF3
	F57	F7		A1（A9） LAF3
	F58	F8		A2 A3（A9）LAF4
径赛 （轮椅）	T51	T1	CP3	LAT1
	T52	T2	CP3	LAT1 A6 A8（A9）
	T53	T3	CP4	LAT2
	T54	T4	CP4	LAT2（A1）A2A3A4
	T55			
田赛	F42	F8		A2（A9）LAF5
	F43	F8		A3（A9）LAF5
	F44	F8		A4（A9）LAF5
	F45			A5 A7 LAF6
	F46			A6 A8 LAF6
径赛	T42			
	T43			A2（A9） LAT3
	T44			A3（A9） LAT3
	T45			A4（A9） LAT3
	T46			A5 A7 LAT4
田赛	F35		CP5	A6 A8 LAT4
	F36		CP6	
	F37		CP7	
	F38		CP8	

运动项目	新的序号	ISMWSF	CP-ISRA	ISOD
径赛	T35		CP5	
	T36		CP6	
	T37		CP7	
	T38		CP8	

第三节　游泳项目的医学和功能分级

一、分级方法

（一）残疾人游泳运动员分为：S 级（自由泳、仰泳、蝶泳），SB 级（蛙泳），M 级（混合泳），每种泳姿又分为多个级别。

（二）游泳运动员的功能分级，是根据运动员的伤残情况以及水中的运动能力给予相应的综合评判记分，然后根据总分结果进行分级。测试内容包括陆上和水中功能两种测试。S 级和 SB 级其总分分别为 300 分和 290 分，M 级则是根据运动员的 S 和 SB 的级别，按公式计算。公式为：

$$（3x "S" ＋1x "SB"）／4＝M 级别$$

（三）对截肢运动员，则根据其截肢的部位以及残肢保留的长度，对照分级标准直接分级。

二、测试内容和评分标准

（一）肌力测试及评分标准，见前述。

（二）功能障碍（协调障碍、痉挛、手足徐动、共济失调）评分标准，见前述。

（三）入水动作的评分标准（S 级和 SB 级）：

0 分：在水中出发需借助帮助；

1～2 分：在水中出发不需帮助；

3～4：单腿起跳入水，动作完成差；

5～6：双腿起跳入水，动作完成差；

7～8：单腿起跳入水，动作完成好；

9～10：双腿起跳入水，动作完成好；

7 分：双上肢无功能，或肘关节以上截肢，起跳入水；

9 分：单侧上肢无功能，或肘关节以上截肢，起跳入水。

（四）转身蹬池壁的标准（S 级和 SB 级）

0 分：双腿不能蹬池壁；

1～2 分：仅能用一个关节的活动蹬池壁（如踝关节）；

3～4 分：单腿蹬池壁，动作完成差；

5～6 分：双腿蹬池壁，动作完成差；

7～8 分：单腿蹬池壁，动作完成好；

9～10 分：双腿蹬池壁，动作完成好；

7 分：双上肢无功能或肘关节以上截肢者转身；

9 分：单侧上肢无功能或肘关节以上截肢者转身。

三、分级标准

（一）S 级的分级标准

S1 级（40～65 分）

1. 颈 5 平面以下的完全性损伤，或类似的脊髓灰质炎后遗症。

2. 非常严重的四肢麻痹，伴随头、躯干控制能力差，肢体推进功能严重受限。

3. 四肢严重的关节畸形，上肢运动功能严重受限，下肢推进功能受限。

S2 级（66～90 分）

1. 颈 6 平面以下的完全性脊髓损伤，或类似的脊髓灰质炎后遗症。

2. 颈 7 平面以下的不完全性脊髓损伤，同时合并有一侧臂丛神经损伤所致的上肢瘫痪。

3. 类似于颈 6 的完全性脊髓损伤，严重的骨骼肌损伤伴有肩部功能严重障碍。

4. 重度的四肢瘫痪，双上肢推进功能严重受限。

S3 级（91～115 分）

1. 颈 6 平面以下不完全性或颈 7 平面以下完全性的脊髓损伤，或类似的脊髓灰质炎后遗症。

2. 重度的痉挛性四肢瘫痪，伴随躯干功能差和上肢推进功能不对称。

3. 重度的痉挛性四肢瘫痪和手足徐动症，头和躯干控制差，四肢推进动作的协调能力受限。

4. 中度四肢瘫痪，伴有痉挛性、徐动性和（或）共济失调性障碍，躯干控制差，中度的四肢推进障碍。

5. 严重的四肢短缺以及残肢非常短的四肢高位截肢。

6. 四肢关节变形，及下肢中度推进功能障碍。

7. 四肢严重的骨骼肌萎缩。

S4 级（116～140 分）

1. 颈 7 以下不完全性或颈 8 以下完全性的脊髓损伤，或类似的脊髓灰质炎后遗症。

2. 重度的四肢瘫痪，累及躯干、肩和肘关节的推进功能。

3. 骨骼肌损伤类似于颈 8 以下的完全性脊髓损伤。

4. 四肢关节变形，中度上肢推进功能受限，和有可能存在的下肢运动功能的严重受限。

5. 严重的三肢短小畸形。

S5 级（141～165 分）

1. 颈 8 平面以下不完全性和胸 1～8 平面以下完全性的脊髓损伤，或类似的脊髓灰质炎后遗症。

2. 重度的双肢瘫痪，躯干控制力及肩、肘推进力尚可，重度瘫痪。

3. 中度的手足徐动和痉挛或中度到重度的共济失调。

4. 类似于颈 8 平面以下不完全性脊髓损伤的骨骼肌损伤。

5. 四肢关节变形，但上、下肢有一定的功能。

6. 中度的三肢短缺畸形。

S6 级（166～190 分）

1. 胸 9 至腰 1 平面的完全性脊髓损伤，或类似的脊髓灰质炎后遗症。

2. 中度的双肢瘫痪，躯干控制力及肩、肘推进力尚可。

3. 中度瘫痪，上肢功能有严重障碍。

4. 中度手足徐动和（或）共济失调。

5. 同侧肘关节和膝关节以上的截肢。

6. A5 级截肢，残肢短于 1/4。

7. 先天性三肢短缺畸形。

8. 肢体发育异常伴短臂（正常的 2/3）合并 A2 级截肢。

9. A2 级截肢，合并有同侧肩关节功能严重受限。

S7 级（191～215 分）

1. 腰 2～3 平面的完全性脊髓损伤，或类似的脊髓灰质炎后遗症。

2. 中度双肢瘫痪，轻度涉及躯干和上肢；中度偏瘫。

3. A7 级截肢；A1 级截肢，残肢短于 1/2；一侧肘关节以上，另一侧膝关节以上的截肢。

4. 一侧上肢瘫痪，并伴有同侧下肢功能严重受限。

5. 软骨发育不全残疾者，身高不超过 130 cm，并伴有其他残疾而致的功能障碍。

S8 级（216～240 分）

1. 腰 4～5 平面的完全性脊髓损伤，或类似的脊髓灰质炎后遗症。

2. 轻度的四肢痉挛；轻度的双肢瘫痪，躯干功能障碍小；轻度的偏瘫。

3. A1 级截肢，残肢大于 1/2；A3 级截肢，残肢短于 1/3；A6 级截肢或类似功能障碍的完全性臂丛神经损伤；双手截肢，残留 1/4。

4. 软骨发育不全残疾者，身高不超过 130 cm。

5. 严重的下肢关节功能障碍。

S9 级（241～265 分）

1. 步行时，有轻度肢体功能障碍的截瘫。

2. 一侧下肢功能丧失的脊髓灰质炎后遗症。

3. 有轻度的肢体协调功能障碍或单肢瘫痪。

4. A2 级截肢；A3 级截肢，残肢长于 1/3；A8 级截肢。

5. 下肢部分关节功能受限，其中一侧下肢影响较重。

S10 级（266～285 分）

1. 马尾综合征；双下肢有轻度功能障碍，或类似的脊髓灰质炎后遗症。

2. 经特殊检查可发现有轻度痉挛和（或）共济失调。

3. 一侧下肢麻痹；一侧髋关节严重受限。

4. A4 级截肢；双足截肢；手截肢，残留小于 1/2。

（二）SB 级分级标准

SB1 级（41～65 分）

1. 颈 6 平面以下的完全性脊髓损伤，或类似的脊髓灰质炎后遗症。

2. 颈 7 平面以下的完全性脊髓损伤，伴一侧上肢神经性麻痹。

3. 重度的痉挛性四肢瘫痪，躯干控制力差，上、下肢推进运动范围非常有限。

4. 重度的先天性四肢短缺或残端很短的四肢截肢（A9）；严重的骨骼病变，肩关节功能差，其功能障碍类似于颈 6 平面完全性脊髓损伤。

5. 严重的四肢关节功能障碍，伴有重度的上肢运动障碍。

SB2 级（66～90 分）

1. 颈 7 平面以下的完全性脊髓损伤，或颈 6 平面以下的不完全性脊髓损伤，或类似的脊髓灰质炎后遗症。

2. 中度的四肢瘫痪，躯干控制力差，四肢有一定的推进功能。

3. 严重的三肢畸形。

4. 严重的四肢肌肉萎缩。

5. 骨骼肌损伤，其功能类似于颈 7 平面以下完全性脊髓损伤。

SB3 级 （91～115 分）

1. 颈 8 平面以下的完全性脊髓损伤；胸 1～5 平面的完全性脊髓损伤；颈 7 平面的不完全性脊髓损伤，或类似的脊髓灰质炎后遗症；胸 1～8 平面的瘫痪，伴胸 4/6 外科棒固定。

2. 重度的双肢瘫痪，躯干控制力尚可，肩和肘有一定的推进力。

3. 骨骼肌损伤，其功能障碍程度相当于上述脊髓损伤情况。

4. 中度的三肢短缺。

5. 四肢关节功能障碍，上、下肢有一定的推进作用。

SB4 级 （116～140 分）

1. 胸 6～10 平面的完全性脊髓损伤；颈 8 平面不完全性脊髓损伤，躯干功能较好，或类似的脊髓灰质炎后遗症；胸 9～腰 1 平面的截瘫，伴胸 4/6 外科棒固定。

2. 重度的双肢瘫痪，有一定的躯干控制能力和适当的肩、肘推进功能。

3. 重度的偏瘫；中度到重度的手足徐动或共济失调和痉挛状态。

4. 骨骼肌损伤，其功能类似于颈 8 平面以下的不完全性脊髓损伤。

5. 四肢关节功能障碍，有一定的推进功能。

SB5 级 （141～165 分）

1. 胸 11～腰 1 平面的完全性脊髓损伤，下肢无推进功能，或类似的脊髓灰质炎后遗症；腰 2～3 平面的完全性截瘫，伴胸 4/6 外科棒固定。

2. 中度双肢瘫痪，躯干和上肢功能较好，下肢严重痉挛；中度、重度手足徐动；中度偏瘫。

3. A1 级截肢，残肢短于 1/2；同侧肘和膝关节以上截肢；A2 级截肢，伴同侧严重的肩功能受限。

4. 上肢短畸形，下肢功能受限。

SB6 级 （166～190 分）

1. 腰 2～3 平面的脊髓损伤，或类似的脊髓灰质炎后遗症。

2. 中度双肢瘫痪，伴有躯干轻度痉挛；中度手足徐动和共济失调；轻度至中度偏瘫。

3. A1 级截肢，残肢大于 1/2。

4. 软骨发育不全残疾者，身高不超过 130 cm，同时伴有推进功能障碍。

5. 双上肢短小畸形（正常的 2/3），伴 A2 级截肢。

6. 一侧上肢瘫痪，伴同侧重度的下肢功能障碍。

SB7 级 （191～215 分）

1. 腰 4～5 平面的脊髓损伤，或类似的脊髓灰质炎后遗症。

2. 轻度的双肢瘫痪，躯干功能轻度受累；轻度四肢痉挛状态；轻度偏瘫。

3. A5 级截肢；A3 级截肢，残肢短于 1/2；或一侧肘关节以上和对侧膝关节以上截肢（A9 级）。

4. 软骨发育不全残疾者，身高不超过 130 cm。

5. 重度的下肢关节功能障碍。

SB8 级（216～240 分）

1. 由于肢体有功能障碍，导致步行受限。

2. 脊髓灰质炎后遗症，一侧下肢无功能。

3. 轻度四肢协调功能障碍，或单肢瘫痪；轻度的偏瘫。

4. A7 级截肢；A6 级截肢或功能类似的臂丛神经损伤；A3 级截肢，残肢长于 1/2；A2 级截肢，残肢短于 1/4；A8 级截肢，短于 1/4。

5. 部分下肢关节有功能障碍，一侧更严重一些。

SB9 级（241～265 分）

1. 脊髓灰质炎后遗症，下肢有轻微功能障碍和马尾综合征。

2. 特殊检查时，有明显体质征的轻度痉挛和（或）共济失调。

3. A4 级截肢，残肢长于 1/4；A8 级截肢，残肢长于 1/4；足截肢，手截肢，残肢短于 1/3。

4. 不完全性欧勃氏麻痹（Erb palsy）或臂丛神经损伤。

5. 骨关节骨病变，导致运动受限。

6. 重度髋关节功能障碍，伴下肢功能受限。

7. 双踝僵硬，伴轻度下肢肌无力。

表 8-2　残疾人游泳运动员分级检测表

陆上测试功能		关节活动范围		肌力测试 协调性测试		关节活动度测试	
				左	右	左	右
上肢							
肩	S	SB	屈	161			
	S	X	伸	33			
	X	X	外展	161			
	S	SB	内收	33			
	S	X	内旋	57			
	S	SB	外旋	57			

入水动作的评分标准（S 级和 SB 级）

0 分：在水中出发需借助帮助；

1～2 分：在水中发不需帮助；

1～2 分：掉入水中；

3～4 分：单腿起跳入水，动作完成差；

5～6 分：双腿起跳入水，动作完成差；

7～8 分：单腿起跳入水，动作完成好；

9～10 分：双腿起跳入水，动作完成好；

7 分：双上肢无功能或肘关节以上截肢者，起跳入水。

9 分：单侧上肢无功能或肘关节以上截肢者，起跳入水。

残·疾·人·体·育

陆上测试功能			关节活动范围		肌力测试 协调性测试		关节活动度测试	
					左	右	左	右
上肢								
肘	S	SB	屈	121				
	S	SB	伸	90				
	S	SB	旋前	81				
腕	S	SB	屈	49				
	S	X	伸	40				
	X	SB	尺偏	30				
指	S	SB	屈	90				
	S	SB	伸	10				
	S	SB	内收					
			总分	S				
					S			
躯干	S	SB	屈背					
	S	SB	屈腰					
	S	SB	伸背					
	S	SB	伸腰					
	S	X	旋转	60				
			总分	S				
					SB			
下肢								
髋	S	SB	屈	105				
	S	SB	由	41				
	X	SB	外展	33				
	S	SB	内收	25				
	X	SB	外旋	41				
	S	SB	内旋	33				

转身登池壁的评分标准（S级和SB级）

0分：双脚不能登池壁

1～2分：仅能用一个关节活动登池壁；

3～4分：单腿登池壁，动作完成差；

5～6分：双腿登池壁，动作完成差；

7～8分：单腿登池壁，动作完成好；

9～10分：双腿登池壁，动作完成好；

7分：双上肢无功能或肘关节以上截肢者转身；

9分：单侧上肢无功能或肘关节以上截肢者转身。

陆上测试功能		关节活动范围		肌力测试 / 协调性测试		关节活动度测试	
				左	右	左	右
上肢							
指	S	SB	屈	120			
	S	SB	伸	120			
	S	SB	背屈	30	S		
踝	S	SB	距屈	20			
	S	SB	外翻	21			
	S	SB	内翻	33			
		总分	S				
			SB				

第四节　乒乓球项目的医学和功能分级

参加乒乓球比赛的残疾人运动员共分为 10 个级别（TT1～TT10），其中 TT1～TT5 级为坐姿运动员，TT6～TT10 级为站姿运动员。

分级标准

TT1 级

脊髓损伤平面在颈 6，躯干运动功能丧失，执拍上肢肘关节的伸展、腕关节的屈曲、手的抓握功能丧失，残疾上肢的运动协调性明显不同于正常上肢。

脑瘫运动员对称性四肢瘫痪，躯体有严重的平衡功能障碍，上肢为 3～4 级，相当于 CP2 级运动员。

TT2 级

脊髓损伤平面在颈 7，躯体运动功能丧失，肘关节的伸展功能正常，手指伸肌肌力尚可，手的运动协调性好，但执拍上肢手的抓握和腕部功能减弱。

TT3 级

脊髓损伤平面在颈 8～胸 7，躯体有平衡功能障碍，躯干的下部需要靠椅背，躯干位置的改变需通过非执拍上肢来完成，由于躯干旋转功能丧失，上肢有向后的运动功能障碍，不能随意地驱动轮椅。

脑瘫运动员中的严重双肢瘫痪，上肢有轻度控制功能障碍，躯干有中度平衡功能障碍，下肢严重痉挛为4级，相当于CP4级运动员。

TT4级

脊髓损伤平面在颈8～胸1。上肢运动功能正常，坐位平衡功能好，躯干有一定的前驱、后伸和旋转功能，但运动范围增大要借助非执拍上肢的帮助，躯干无非执拍上肢的帮助不能进行侧向的运动，能自如地驱动轮椅。

脑瘫运动员中的中度双肢瘫痪，躯干中度平衡功能障碍，下肢中度痉挛为3级，相当于CP5级运动员。

TT5级

脊髓损伤平面在腰2～骶2躯干运动功能正常，可随意进行屈伸、旋转以及侧向运动，轮椅操纵自如，也能用下肢驱动轮椅。

脑瘫运动员中的轻度双肢瘫痪，躯干有轻度平衡功能障碍，下肢轻度痉挛为2级，相当于轻度的CP5级运动员。

TT6级

严重的上、下肢障碍：

1. 严重的偏瘫，执拍手功能受累；

2. 严重的双肢瘫痪，执拍手功能受累；

3. 手足徐动，动作迟缓不自主，挥拍动作不顺畅，平衡功能差，活动力差；

4. 执拍手的截肢合并下肢的截肢，或类似上述截肢情况的先天性肢体畸形；

5. 执拍手或双肘关节以上截肢，需用嘴咬住球拍打球；

6. 双侧膝关节截肢；

7. 执拍手和下肢多发性关节功能障碍；

8. 肢体和躯干的肌肉萎缩或其他神经肌肉的病变；

9. 不完全的脊髓损伤造成类似上述情况。

TT7级

非常严重的下肢残疾，动态和静态平衡差：

1. 脊髓灰质炎后遗症严重影响双下肢功能；

2. 一侧膝关节以上加另一侧膝关节以下的截肢；

3. 髋关节脱位严重影响下肢功能或膝上截肢（短残肢），无外力支持，靠一侧下肢支撑；

4. 严重的双侧膝关节僵硬；

5. 类似以上残疾的不完全性脊髓损伤。

执拍手中度～重度残疾：

1. 执拍手或双肘关节以上截肢；

2. 单侧肘关节以下截肢，残端短于前臂的1/3；

3. 先天性多发性关节挛缩症，上肢有功能障碍；

4. 类似的先天性肢体短缺畸形。

重度脑瘫，执拍手受累：

1. 执拍手轻度受累，下肢中度受累；

2. 执拍手中度受累，下肢轻度受累。

TT8级

下肢中度残疾：

1. 一侧下肢无功能，脊髓灰质炎后遗症影响一侧的下肢；

2. 单侧膝关节以上的截肢；

3. 髋、膝关节同时僵直，或双侧膝关节僵硬；

4. 髋关节脱位，伴明显的下肢短缩和功能明显受限；

5. 配有功能假肢的髋关节脱位；

6. 髋关节僵硬，其对下肢功能的影响超过膝上截肢。

双下肢中度受累：

1. 脊髓灰质炎后遗症；

2. 双侧膝关节以下截肢；

3. 类似以上残疾的不完全性脊椎损伤。

执拍手中度残疾：

1. 单侧肘关节以下截肢，残端大于前臂1/3；

2. 肘关节伸直受到限制，上臂内旋，外旋受限制；

3. 肩关节僵直或冻结肩。

中度偏瘫或脑性爽直瘫痪：

执拍手几乎正常，下肢有中度残疾。

TT9级

下肢轻度残疾：

1. 下肢骨髓灰质炎后遗症，但是有较好的功能；

2. 单侧膝关节以下截肢；

3. 髋关节僵直或膝关节僵直；

4. 髋关节脱位，伴有明显的下肢短缩和功能受限；

5. 严重的髋关节或膝关节病变，肌肉萎缩，关节活动度减少；

6. 不完全脊椎膜膨出，伴有部分功能障碍。

执拍手轻度残疾：

1. 经手或手指的截肢，无功能性抓握功能；

2. 腕关节和手指僵直，手无功能性抓握功能；

3. 肩、肘关节运动中度受限。

非执拍手严重或中度残疾：

1. 单侧肘关节以上截肢，残端不长于前臂的 1/3；

2. 一侧臂丛完全损伤，上肢完全麻痹。

轻度的偏瘫或单肢瘫痪：

执拍手几乎正常，下肢有轻度问题。

TT10 级

极轻的下肢残疾：

1. 单侧踝关节僵直；

2. 前足通过跖趾关节的截肢，至少切除 1/3 脚掌；

3. 双下肢肌力至少减少 10 分。

极轻的执拍手残疾：

1. 手指截肢或先天性截肢畸形，有抓握能力；

2. 腕关节僵直，有抓握功能；

3. 手无力或一侧上肢某一关节无力。

中度～重度的非执拍手残疾：

1. 单侧肘关节以下截肢，残端不长于前臂的 1/2；

2. 臂丛神经损伤，但上肢有些残留的功能；

3. 短肢或类似的障碍，短小的手臂不长于前臂的 1/2。

第五节　轮椅篮球项目的医学和功能分级

一、参赛最低残疾标准

（一）轮椅篮球运动员不能够像健全人一样的跑、跳和旋转。

（二）轮椅篮球运动员下肢必须有永久性功能障碍，这些障碍是客观存在的，并且有个中医学手段证明，疼痛和一次性损伤不能视为永久性功能障碍。

二、分级方法

在轮椅上篮球运动中，由于涉及投篮、传球、篮板球、驱动轮椅运动等技术，轮椅篮球运动员的躯干和上肢发挥着不同的功能。在对轮椅篮球运动员进行分级时，应动态的观察，并根据观察对运动员进行分级，而不是简单地根据对一个人的疾病诊断和体检表上肌肉的功能来分级，这一点是非常重要的。

国际轮椅篮球联合会（IWBF）的分级指南在 1983 年首次使用时，将轮椅篮球运动员分为 4 个级别。随着这项运动的发展，目前将轮椅篮球运动员分为 1、1.5、2、2.5、3、3.5、4、4.5 共八个级别，以便为那些在相近两个级别之间的运动员提供准确的级别。

三、分级标准

1 级

（一）投篮：从手臂举头顶到完成整个投篮时，在手臂弧形动作的整个过程中，身体躯干都缺乏稳定性，投篮结束后经常需要用手臂来支撑。双手投篮的过程中，躯干会与轮椅的靠背发生接触。

（二）传球：在一只手有力地传球的时候，需要用另一只手抓住轮椅，以保持身体的稳定性。只有在利用轮椅靠背支持，将双手置于抬起的双膝上的情况下，才能够进行双手的胸前传球。必须用一只手扶住轮椅或自己的腿来转动躯干，才能接住高于肩膀的传球。

（三）篮板球：几乎每次用单手抢到篮板球都需要另一只手扶住轮椅来保持身体的平衡。如果将双手举过头顶时，他的身体会与轮椅的靠背发生接触，而短暂的接触会使身体失去平衡。

（四）移动轮椅：身体坐直，运动员身体会依靠轮椅靠背，通过自己的摇动使轮椅向前或后移动。一些运动员在移动轮椅时，会将收紧的躯干贴在抬起的膝盖上，而离开轮椅的靠背。

（五）带球：通常在轮椅的边上进行，但身体会有摇摆，仅能缓慢地加速。一些运动员将自己的身体前倾，贴在抬起的膝盖上保持平衡，在脚踏板的前边运球。

（六）最理想的轮椅安排位置：膝盖高于臀部；将双膝或大腿用皮带束在一起，并将双膝束在轮椅上。轮椅的靠背要和胸部同高，椅垫要宽松以便保持不太稳定的身体。可以通过将身体束在轮椅上，获得很好的稳定性。

（七）典型的残疾类型：胸 1～胸 7 腹肌无力的截瘫；脊髓灰质炎后遗症累及上肢及躯干的运动功能。

2 级

（一）投篮：从手臂举起到完成投篮的动作，在手臂所进行的弧形动作的整个过程中，躯干下部有轻微的作用，导致下部躯干会从轮椅的后部向外移动，以维持一定的稳定性。双手投篮的时候，躯干能够向篮筐的方向移动。

（二）传球：在进行单手或双手传球的时候，身体缺乏稳定，需要用另外一只手扶住轮椅或自己的腿。在接位于身体上方的传球时，身体能够保持很好的稳定性。可以利用轮椅靠背的支持，用双手接住高于肩膀的传球。

（三）篮板球：常用单手争抢篮板球，而身体会有轻微的晃动。能够用双手在头上方争抢篮板球，但同时经常会容易失去身体的平衡，特别是身体与外界接触的时候。

（四）移动轮椅：身体不完全倚靠轮椅的靠背，仍然能够移动轮椅。一些运动员主要是在每次上肢做摇动轮椅向前的运动时，腰部会出现不稳定，而这时下肢部运动。

（五）带球：一般会在小脚轮的正前方运球，在开始的时候身体会不太稳定。一些运动员会在小脚轮的正前方运球，并将自己的身体贴在抬起的膝盖上。

（六）最理想的轮椅安置位置：膝盖高于臀部，双膝用皮带束在一起。轮椅的靠背和腰部同高或略高于腰部，将躯干的下部束在轮椅的靠背上会觉得更舒服一点。

（七）典型的残疾类型：胸8～腰1截瘫；脊髓灰质炎后遗症累及双下肢无功能性活动。

3级

（一）投篮：在坐直的时候，臀部在进行投篮时作手臂弧形动作的过程中，躯干有非常好的稳定性。在躯干向篮筐方向移动的过程中，躯干不会失去稳定性。

（二）传球：进行单手或双手传球的时候，可以不需要用手臂或后背的支持以保持身体的稳定性。传球的时候，能够借助躯干由收缩到伸展的力量。可以最大限度地转动身体来用双手接住同伴的高于自己肩膀的传球，而无需轮椅靠背的支持。

（三）篮板球：在争抢的时候，可以将自己的身体向前移动，然后用双手有力地在头的上方争抢篮板球；在争抢身体侧方的篮板球的时候，身体会有轻微的晃动，经常需要用另外一只手扶着轮椅来保持平衡。

（四）移动轮椅：能够有力地移动轮椅，并保持向前和向后的平衡。在摇动轮椅时，上肢和下肢能够协调运动。双腿经常参加摇动轮椅的动作。

（五）带球：可以用一只手在小脚轮的前面运球，同时另一只手能够有力地摇动轮椅，使自己很快地加速。身体能有力地在运球方向向上收紧带球。

（六）最理想的轮椅安装位置：膝盖稍稍高于臀部，轮椅的靠背低于腰部以下身体的转动。

（七）典型的残疾类型：髋关节可屈曲和内收，但不能后伸或外展的腰 2～腰 4 截瘫；脊髓灰质炎后遗症及双下肢仅存轻微的功能性活动；髋关节离断或双膝关节以上截肢仅存短残肢。

4 级

（一）投篮：投篮后，躯干能够有力地沿手臂弧形动作的方向移动。在举起双手并拿着球的同时，躯干能够侧向倾斜或者至少向一方侧向旋转（不与对方防守队员接触）。

（二）传球：躯干能够最大限度地收缩、伸展和旋转。双手向身体的一侧传球的时候，躯干最少能够像同侧倾斜。

（三）篮板球：能够将身体向前或向一侧倾斜，用双手争抢高于头顶的篮板球。

（四）移动轮椅：能够以很大的加速度使轮椅推动或停下，并且躯干能够最大限度地向前移动。双腿一般不参加摇动轮椅的动作。

（五）带球：在用一只手摇动轮椅的同时，能够用另一只手在小脚轮的前面运球。能够在很好地保持身体平衡的同时高速运球并进行变向。

（六）最理想的轮椅安置位置：将双膝固定在稍高于臀部的地方，这样有助于提高轮椅的灵活性和速度。或者可以将双膝固定在同高的地方，以便获得高度的优势。轮椅的靠背要低，以便身体能够充分地转动。配戴腿支架或假肢，或将身体束在轮椅上，以便更加稳定。

（七）典型的残疾类型：髋关节至少一侧有外展和后伸的腰 5～骶 1 截瘫；脊髓灰质炎后遗症及一侧下肢无功能；半骨盘切除；一侧膝关节以上截肢，遗留短残肢；大部分双侧膝关节以上截肢；一部分双侧膝关节以下截肢。

5 级

（一）投篮：躯干能够沿任意方向移动，并保证在双手抱球的情况下，投篮时能够进行侧向两边，侧向旋转。

（二）传球：在传球的时候，躯干能够在保持平衡的情况下，很好地向任何方向移动。双手向身体的两侧传球的时候，躯干能够同时倾斜。

（三）篮板球：身体能够倾斜或向两侧倾斜，将双手举起来争抢篮板球。

（四）移动轮椅：同 4 级

（五）带球：同 4 级

（六）最理想的轮椅安置位置：同 4 级

（七）典型的残疾类型：一侧膝关节以下截肢；一部分双侧膝关节以下截肢；髋、膝或踝关节使用矫形器者；脊髓灰质炎后遗症患者轻度累及一侧或两侧的踝或足。

四、注意事项

（一）有关半级的确定原则

为了体现公平竞技的原则，轮椅篮球的分级标准在近几年的运用中引入了半级的评定方法，其原则是：在基本级别上，半级的增加或减少只是在两个级别的临界处有疑问时应用。

（二）级别的分数和组队的要求

1. 级别的分数

1 级：1 分

2 级：2 分

3 级：3 分

4 级：4 分

二者之间（半级）的情况，即给予增加或减少半分，最高分值为 4.5 分。

2. 组队的要求

比赛中，上场运动员的分值总和不得超过 14 分。

第六节　坐式排球项目的医学和功能分级

下列残疾的运动员具备坐式排球比赛的资格。

一、截肢

除 ISOD 手册中确定的截肢之间外，有下列补充：

（一）上肢

1. 双手拇指和食指截肢

2. 双手 7 个以上手指截肢

3. 一手在掌指环节和腕关节之间的截肢

（二）下肢

1. 一足在跗趾关节的截肢

2. 一足在跗中关节的截肢

二、其他肢体残疾

除 ISOD 手册中确定的最低差标准外，有下列补充：

（一）上肢

1. 一侧上肢功能性短缩大于 1/3（从肩峰到最长手指末节）

2. 双侧上肢肌力降低最少 20 分（每一侧上肢总分为 70 分，因为还包括前臂旋前、旋后肌力检查）

3. 肩关节外展和屈曲不大于 90°，肘关节固定最少在屈曲 45°位置

（二）下肢

1. 一侧下肢缩短 7 cm 以上；

2. 双侧下肢力量最少减 5 分；

3. 关节活动度（被动活动时，使用量角器测量）；

髋关节屈曲减少 45°；

髋关节外展减少 30°；

膝关节伸直减少 45°；

膝关节屈曲减少 45°；

膝关节不稳定膝内翻或外翻最少 15°；

踝关节祏曲和背曲不超过 5°。

三、脑性瘫痪

参赛的最低残疾标准：符合脑瘫运动员 CP—ISRA 所规定的最低标准。

四、脊椎损伤

参赛的最低残疾标准：符合脊椎损伤运动员 ISMWS 所规定的最低标准。

五、下列永久性残疾运动员，具备参赛资格

（一）髋关节脱位；

（二）髋关节或膝关节全人工关节置换术后；

（三）下肢血液循环功能障碍；

（四）下肢有假关节；

（五）膝关节不稳，向前向后移动范围达 1.5 cm；

（六）肩肱关节脱位。

仅下列上肢肌力的丧失，不具备参加坐式排球比赛的资格：

（一）一侧前臂旋前肌力丧失 5 分；

（二）一侧前臂旋后肌力丧失 5 分；

（三）一侧肩关节内收肌力丧失 5 分；

（四）一侧手及腕部肌力减少 20 分。

仅下列下肢肌力的丧失，不具备参加坐式排球比赛的资格：

（一）一侧踝关节背曲肌力丧失 5 分；

（二）一侧踝关节屈曲肌力丧失 5 分；

（三）一侧髋关节屈曲肌力丧失 5 分；

（四）一侧髋关节内收肌力丧失 5 分。

说明：

1. 上述残疾必须有 X 光片或医学报告所证实，在比赛开始前报告分级人员。

2. 上述五条所列举的残疾运动员在正式排球比赛中，每队只能允许有两人，并且比赛时只能有一人上场。

第七节　轮椅网球项目的医学和功能分级

一、参赛资格
必须有医学诊断的永久性运动功能的残疾。

二、分级标准
（一）可以导致一侧或双侧下肢的功能障碍，必须符合以下标准：
1. 神经损伤在骶 1 水平面，并伴有运动功能丧失；
2. 踝以上的髋、膝关节僵硬或关节固定及人工关节置换；
3. 跖趾关节的截肢；
4. 类似上述三项的下肢残疾。
（二）可以导致一侧或双侧上肢的功能障碍，必须符合以下标准：
1. 神经损伤水平在颈 8 并伴有运动功能的丧失；
2. 上肢截肢；
3. 上肢短肢畸形；
4. 上肢的肌肉病变；
5. 类似上述四项的上肢残疾。
（三）以下四项中最少有一项符合标准，包括与上肢或躯干无关的残疾：
1. 在头部上方不能连续协调的完成运动；
2. 不能在前方或后方完成协调的动作；
3. 不能用手的方法驱动轮椅；
4. 在比赛的过程中，持球拍需要用绑或辅助装置。

第八节　其他项目的医学和功能分级

一、盲人足球医学和功能分级
参赛资格：
盲人足球分为全盲足球和半盲足球。全盲足球为 B1 级视力障碍运动员所设；半盲足球为 B2、B3 级视力障碍运动员参加的足球赛。该项足球赛为五人制，其中守门员也可以是正常视力的运动员。目前残疾人奥运会仅设有全盲足球赛。

二、脑瘫足球医学和功能分级

脑瘫足球是为能够站立行走的脑瘫运动员所设置的一个 7 人制足球运动项目。所以，参赛运动员应符合 CP5～CP8 分级标准中的脑瘫运动员。根据竞赛规则，上场的 7 名运动员中应有 1 名 CP5 或 CP6 级的运动员，而且场上 CP8 级运动员的人数不能超过 2 名。

三、特殊奥林匹克运动会运动员的医学和功能分级标准

参加特殊奥林匹克运动会的运动员必须是智力受损的残疾人，通常由医疗机构进行智商的检测。凡智商在 70 分以下的弱智者均可参加特殊奥林匹克运动会，并且不再另行划分级别。

四、聋人奥林匹克运动会运动员的医学和功能分级标准

通常由听力障碍康复医师或耳鼻喉科从事听力检测的医师或技术人员进行检测，一般用电测听仪检测即可；必要时可借助脑干诱发电位进行进一步的分析。凡平均听力损失大于 55 分贝（dB）者均可参加聋人的体育比赛，不再进一步分级别。

本章小结

残疾人运动员的医学和功能分级的意义在于：维护体育的公平竞争原则，提高残疾人运动的竞技性和竞争性。每一个项目对其残疾人运动员运动能力的要求不尽相同，所以，每个项目对其残疾的种类以及最低残疾程度的要求也不一样。

>>> 思考题

1. 残疾人运动员的医学和功能分级的科学基础是什么？
2. 对残疾人运动员进行分级有何意义？
3. 田径项目是怎样进行分级的？

第九章　残疾人体育竞赛

本章概述、学习目标

本章介绍残疾人体育竞赛的主要赛事，根据残疾人的残疾级别能参加的竞赛项目，以及在残疾人体育竞赛的田径、轮椅篮球、5人制足球赛、盲人门球、轮椅排球、乒乓球和游泳裁判工作。

1. 通过对本章的学习要求了解残疾人体育竞赛的主要赛事，残疾人的残疾级别能参加的竞赛项目。

2. 了解残疾人体育竞赛中的裁判工作。

第一节　残疾人体育赛事情况简介

一、残疾人奥林匹克运动会

残疾人奥林匹克运动会（Paralympic Games）始办于1960年，是由国际奥委会和国际残疾人奥林匹克委员会主办的、专为残疾人举行的世界大型综合性运动会，每四年于夏季奥运会后举办1届。冬季残奥会自1976年举行以来已经举办了10届，比赛项目有高山滑雪、越野滑雪、冰上雪橇球、轮椅体育舞蹈4个大项，每个大项中又包括若干小项。我国2002年首次参加冬季残奥会，当时共派出4名运动员参加了高山滑雪和越野滑雪，取得一个第6名的成绩。

二、残疾人奥林匹克运动会的起源与发展

残疾人奥林匹克运动始于第二次世界大战结束后的1948年。当时，英国神经外科医生路德维格·格特曼爵士和一些热心于残疾人事业的知名人士，在伦敦奥运会期间组织了由轮椅运动员（多为脊椎伤残的"二战"老兵）参加的比赛，称为斯托克曼德维尔运动会。

1952年，荷兰退役军人也加入了残疾人奥林匹克运动，于是成立了国际斯托克曼德维尔运动会联合会（International Stoke Mandeville Games Federation，ISMGF），在英国的斯托克曼德维尔首次举办了国际残疾人运动会，当

时只有两个国家的 130 名运动员参赛。以后该赛事固定下来，每年都举办国际斯托克曼德维尔运动会（International Stoke Mandeville Games），至 1959年，实际上已举行了 8 届国际残疾人运动会。

经过英国的路德维格·格特曼爵士和意大利的安东尼娅·马里奥教授为期两年的精心组织策划，1960 年，在罗马第十七届奥运会结束两周后，来自世界 23 个国家的 400 名残疾人运动员参加了在罗马举行的第一届"残疾人奥林匹克运动会"。这届运动会后来被正式承认为第九届国际斯托克曼德维尔运动会。而"残疾人奥林匹克运动会"（"Paralympic Games"）这一称谓，一直到 1984 年才得到国际奥委会的正式批准。

残疾人奥林匹克运动会进行比赛时，按照一套预先制定好的分类和分级标准，残疾性质和残疾程度不同的运动员分别参加不同类别和级别的角逐。

从 1964 年起，国际奥委会决定由举办夏季奥运会的国家承办残疾人奥运会，但举办地点可不在同一城市。直到 1988 年，国际奥委会作出新的规定，夏季奥运会和残疾人奥运会必须在同一城市举行。1982 年，世界残疾人体育组织国际协调委员会（International Coordinating Committee for World Organizations of Sports for the Disabled）成立，国际奥委会承认其为残疾人体育运动的管理机构。在残疾人奥运会上设立的比赛项目，需得到它的批准。

随着时间的推移，残疾人体育需要更强有力的国际组织。1989 年，在国际残疾人体育基金会的积极支持下，属于国际残疾人体育协调委员会（ICC）的 6 个组织共同创建了国际残疾人奥林匹克委员会（International Paralympic Committee）。国际残疾人奥委会的主要任务就是组成一个在国际上代表残疾人运动员的组织，授予残疾人奥运会的举办权，并对该运动会进行监督和协助，扩大残疾人参与体育运动和提高成绩的机会，将残疾人体育融入国际体育运动。

2000 年 6 月 19 日，国际奥委会与国际残疾人奥委会又达成新的协议：从2008 年夏季残奥会和 2010 年冬季残奥会开始，残奥会不仅将在奥运会之后的相同城市举行，并应使用相同的运动场馆和设施。

残疾人奥林匹克运动会至今已走过了 40 多年不断发展壮大的光辉历程，从最初只有 23 个国家的 400 名运动员参赛，到 2000 年有来自 122 个国家和地区的 3824 名运动员参加的盛况空前的悉尼残奥会，这不仅标志着时代的发展，也体现了人类社会文明的进步！

三、夏季残疾人奥林匹克运动会

夏季残疾人奥林匹克运动会迄今已举办过 13 届。运动会的比赛项目经过几十年的发展和淘汰，几乎每届都有所变化，有些仅仅是昙花一现，有些则经久不衰，保留至今。目前，国际残疾人奥林匹克委员会规定的正式比赛项目有射箭、田径、意式滚木球、自行车、马术、击剑、门球、柔道、力量举重、帆船、射击、足球、游泳、乒乓球、轮椅篮球、轮椅橄榄球、轮椅网球、排球 18 个大项。

四、冬季残疾人奥林匹克运动会

第二次世界大战结束后，由于有许多受伤的士兵和普通人试图重新参加滑雪活动，残疾人冬季体育运动逐渐发展起来。早期的残疾人冬季体育运动先驱有奥地利失去双腿的塞普·茨维克纳格，他用假肢从事滑雪运动。后来滑雪运动器材设计方面出现了革新，例如创造出了使用拐杖的三板滑雪（three-track skiing）——独腿运动员单脚穿一只滑雪板，再使用分别装配有小滑雪板的双拐，这样雪地上便留下了三条痕迹。这一器材的革命导演了 1948 年 2 月奥地利 17 名残疾人参加的第一次滑雪比赛。广大残疾人滑雪爱好者十分欢迎这项比赛，于是翌年在奥地利的巴德加施泰因（Badgastein）举行了首届奥地利三板滑雪锦标赛。

20 世纪 70 年代，开始举办有多种残疾类别的运动员参加的滑雪比赛。

1974 年，在法国的大波尔南（Grand Bornand）举行了第一届世界锦标赛，比赛设高山（滑降）滑雪【alpine (downhill) skiing】和北欧（越野）滑雪【nordic (cross-country) skiing】两个项目，由截肢运动员和视觉受损运动员参加。1976 年，第一届冬季残疾人奥林匹克运动会在瑞典的恩舍尔兹维克举行，共有 14 个国家的 250 多名盲人和截肢运动员参赛，比赛设高山滑雪和北欧滑雪两个项目。

如今，属于不同残疾类别的运动员分别参加各自级别的比赛。视觉受损运动员滑雪时有使用对讲电话装置或扬声器的导向员引导。膝盖以上截肢的运动员使用单滑雪板（single ski）加拐杖滑雪板（ski crutches）。膝盖以下截肢的运动员使用假肢，然后以同健全人一样的方式参加滑雪比赛。双腿截肢或脊髓损伤（瘫痪）的运动员使用坐式滑雪板（sit-skis）。而手臂截肢的运动员滑雪时不使用雪杖。

目前，国际残疾人奥林匹克委员会规定的冬季残奥会正式比赛项目有高山滑雪、越野滑雪、冰上雪橇球、轮椅体育舞蹈 4 个大项，每个大项中又包括若干小项。例如：高山滑雪包括滑降、超级大回转、大回转和回转等小项；越野滑雪（亦称北欧滑雪）包括个人赛和团体赛，距离从 2.5 公里至 20 公里；轮椅体育舞蹈包括标准舞（华尔兹、探戈、维也纳华尔兹、狐步舞、快步舞）和拉丁舞（伦巴、恰恰恰、桑巴等）。

五、中国参加残奥会历史

中国从 1984 年 6 月首次组团参加了在美国纽约举行的第七届残奥会，之后参加了 1988 年、1992 年、1996 年、2000 年的残奥会。在这 5 届残奥会上共派出 215 名运动员，共夺得金牌 80 枚、银牌 72 枚、铜牌 52 枚，59 人破 75 项世界纪录，25 人破残奥会纪录。

我国残疾人体育与西方国家相比，起步晚，基础薄弱。1984 年我国改革开放刚刚起步，与其他事业一样，体育事业也是百废待兴。这一年的 6 月，残疾人体育和健全人体育一样，重回国际赛场，组团参加了当年的奥运会和残奥会。我国仅派出 24 名残疾人运动员参加了在美国纽约长岛举行的第七届国际夏季残奥会，两位盲人姑娘平亚丽、赵继红面对各国强手，勇于拼搏，分别夺得女子 B2、B3 两个级别的跳远金牌，比我国射击运动员许海峰还早一个月实现了中国人在奥运会上金牌"零的突破"。时至今日，谈起 1984 年的残奥会，平亚丽还有些遗憾。当她获得金牌后站在领奖台上听着国歌奏响的时候，竟没有留下一幅照片和一盘录像带。在这届残疾人奥运会上，中国代表团共获得 2 枚金牌、13 枚银牌、9 枚铜牌，24 次升起五星红旗，9 人次打破世界纪录。金牌总数位居第 23 位。

一般来说，我国参加残奥会都是"三少一新"，即参赛人数少，参赛项目少，参赛经验少，参赛新手多。由于人数少、新手多、临场经验不足和平时缺乏训练，要与世界上众多强手较量争雄，其困难是可想而知的。如 1988 年 10 月在汉城举行的第八届国际夏季残奥会上，共有 60 多个国家和地区的 4 000 多名运动员参加，设 17 个比赛大项。许多国家都派出了庞大的代表团，美国、韩国等都派出了四、五百人的队伍，两百人以上的代表团也有五、六个国家。而我国只派出了 43 名运动员参加了田径、游泳、乒乓球和射击四个项目的角逐，而射击项目只有一名运动员参赛。面对强手如林的严峻现实，在 1984 年残奥会上获得一枚金牌的 B2 级女运动员赵继红，在这届跳远比赛中，虽以一厘米之差输给美国选手，获得银牌，但她一鼓作气，在 100 米、400 米的比赛中挫败美国、苏联、波兰等国强手，连夺两枚金牌。在许多项目比赛中，我国选手与对手往往以一厘米、零点几秒险胜或屈居第二。牛贵平的一百米蝶泳、刘泽兵的一百米自由泳只比第二名快零点几秒，张玮的射击冠军仅比亚军多一环。女子乒乓球三枚金牌的获得，都是过五关斩六将，有的场次一直打满全局，最后以两分优势夺魁的。在本届残奥会上，我国残疾人运动员共夺得 44 枚奖牌，其中金牌 17 枚、银牌 17 枚、铜牌 10 枚，有 11 人次打破 9 项世界纪录。金牌总数排名第 14 位。

残疾人体育事业作为人权保障事业的组成部分，已被世界各国高度重视，美国、澳大利亚等一些国家，他们用重金培养职业选手，进行长期的科学化训练，在国际残疾人体育大舞台上，争金夺银。国际残疾人体育竞争日趋激烈，竞技水平不断提高。我国残疾人体育的竞技水平、竞技实力也有了极大的增强。1992 年在巴塞罗那第九届残奥会上，我国获得 11 枚金牌，14 次打破世界纪录，金牌总数排名第 11 位。1996 年在美国亚特兰大举行的第十届残奥会上，我国获得了 16 枚金牌，16 次打破世界纪录，金牌总数位居第 9 位。到了 2000 年悉尼残奥会，我国运动员共获得 34 枚金牌，25 次打破世界纪录，金牌总数又上升至第 6 位。河南盲人姑娘朱宏艳，在训练中她克服了腰肌劳损、肩周炎和关节炎带来的痛苦，一练就是几个小时，在悉尼残奥会上，一举夺得 5 枚游泳金牌；天津小伙子孙长亭在事故中失去了一条腿，在每一次跳高训练后，鲜血都湿透了没有腿的裤管，尽管如此，通过自己的努力，他不仅获得了残奥会冠军，而且打破了世界纪录，跳过了许多常人都难以逾越的 1.90 米的高度；曾参加过八、九、十、十一届残奥会的乒乓球 47 岁的广西女运动员张小玲，她一条腿假肢。她一球在手，一板一板、一分一分的咬住对方，打败对方。每次都捧回金灿灿的金牌，被中国残联和国家体育总局授予"优秀运动员"的荣誉称号。

雅典残奥会上，中国体育代表团有三个显著特点：一是参赛人数多。本次代表团由 287 人组成，其中运动员 200 人，是悉尼残奥会派出运动员的 2.3 倍。二是参赛项目多。本届残奥会我们将参加田径、游泳、乒乓球、射击、举重、盲人柔道、自行车、射箭、轮椅击剑、轮椅网球、坐式排球 11 个大项、284 个小项的比赛。参赛大项比上届多了 5 项，小项也增加了 125 项。三是参赛新手多。首次参加残奥会的运动员有 161 人，占运动员总数的 80.5%，这批年轻选手，是我国参加 2008 年残奥会的骨干力量。

六、北京 2008 年残奥会

"同一个世界、同一个梦想"（One World One Dream），集中体现了奥林匹克精神的实质和普遍价值观——团结、友谊、进步、和谐、参与和梦想，表达了全世界在奥林匹克精神的感召下，追求人类美好未来的共同愿望。尽管人类肤色不同、语言不同、种族不同，但我们共同分享奥林匹克的魅力与欢乐，共同追求着人类和平的理想，我们同属一个世界，我们拥有同样的希望和梦想。

2008 年北京残奥会共有 20 个大项，即射箭、田径、硬地滚球、自行车、马术、5 人制足球、7 人制足球、盲人门球、盲人柔道、举重、赛艇、帆船、射击、游泳、乒乓球、坐式排球、轮椅击剑、轮椅篮球、轮椅橄榄球和轮椅网球。除帆船在青岛、马术在香港举行外，其他项目均在北京举行，奖牌情况见表 9-1。

表 9-1　2008 北京残奥会奖牌统计

排名	代表团	金	银	铜	总数
1	中国	89	70	52	211
2	英国	42	29	31	102
3	美国	36	35	28	99
4	乌克兰	24	18	32	74
5	澳大利亚	23	29	27	79
6	南非	21	3	6	30

七、残奥会理念：超越、融合、共享

"超越"的核心是超越自我、挑战极限。它体现了奥林匹克运动"更快、更高、更强"的目标和残疾人体育运动的特点；"超越"传达了残疾人运动员超越生理障碍的勇气和信心，展现了他们自强不息、顽强拼搏的精神风貌；"超越"也是心理上的超越，是残疾人摒弃偏见、渴望平等参与社会生活的诉求，是残疾人体育运动的精髓。

"融合"体现奥林匹克"团结"、"和平"、"和谐"的价值观和中国传统的"天人合一"理念。它涵盖了人与人、人与社会以及人与自然融合的三个方面。

"共享"体现了残疾人与健全人同属一个世界、携手共创未来的崇高理想。"共享"就是要让残疾人与健全人在奥林匹克运动和社会生活中享有平等权利，在五环旗帜的感召下共享奥林匹克运动带来的欢乐、友谊、梦想与成功，共享社会文明成果。

第二节　残疾人体育的主要项目和赛事

全国残疾人运动会为四年一届，到 2007 年已举行了七届，每四年一次的综合性全国残疾人运动会已形成制度。2007 年 5 月在云南昆明举行了第七届全国残疾人运动会，第八届全国残疾人运动会将于 2011 年在浙江省举行。

目前国际残疾人综合性赛事有残疾人奥运会、世界聋人运动会、世界盲人运动会、远东及南太平洋地区残疾人运动会，均为四年一届，我国均派团参加上述赛事。

中国残疾人体育协会已相继加入了国际残疾人奥林匹克委员会（IPC）、国际残疾人体育组织（ISOD）、国际盲人体育协会（IBSA）、国际脑瘫人体育协会（CPISRA）、世界聋人体育联合会（CISS）、国际轮椅运动联合会

（ISMWSF）、国际特殊奥林匹克委员会（SOI）、远东及南太平洋地区残疾人运动会联合会（FESPIC）等。

一、我国残疾人体育运动目前已开展的竞赛项目

我国残疾人体育运动目前开展的竞赛项目有：田径、游泳、举重、射击、柔道、轮椅篮球、坐式排球、乒乓球、羽毛球、轮椅网球、盲人门球、轮椅击剑、射箭、硬地滚球十四项，其中田径、游泳、举重、射击、柔道、轮椅篮球、坐式排球、乒乓球、羽毛球、轮椅网球、盲人门球十一项开展较为普及。

（一）视力残疾人适宜参加的体育活动

视力残疾人适宜参加的体育活动有：健身操、棋类、田径、游泳、盲人门球、盲人乒乓球、柔道等。其中田径、游泳、盲人门球、柔道被列为竞赛项目。

（二）听力残疾人适宜参加与健全人相同的体育活动，开展的竞赛项目按夏季和冬季分为：

1. 夏季运动会

（1）男子比赛项目有篮球、排球、足球、乒乓球、网球、水球、田径、游泳、自行车、体操、摔跤、柔道、射击等。

（2）女子比赛项目有篮球、排球、乒乓球、网球、田径、自行车、体操、游泳、射击等。

2. 冬季运动会

（1）男子项目有速度下滑、大型障碍滑雪、特殊障碍滑雪、跳台滑雪、15公里滑雪、3×10公里接力滑雪等。

（2）女子比赛项目有速度下滑、大型障碍滑雪、特殊障碍滑雪、5 000米滑雪、3×5公里接力滑雪等。

（三）肢残人适宜参加的体育活动

肢残人根据残疾情况分为截肢和其他残疾、脊髓损伤、脑瘫三种类型。

1. 截肢和其他残疾类型的肢残人参加的体育活动有：举重、健身操、棋类、田径、游泳、射箭、射击、轮椅篮球、轮椅击剑、乒乓球、轮椅网球、排球等；其中竞赛项目为：田径、游泳、举重、射箭、轮椅篮球、轮椅击剑、乒乓球、轮椅网球、射击、排球。

2. 脊髓损伤类型的肢残人参加的体育活动有：健身操、棋类、田径、游泳、举重、射箭、轮椅篮球、轮椅击剑、乒乓球、轮椅网球、射击等；其中竞赛项目为：田径、游泳、举重、射箭、轮椅篮球、轮椅击剑、乒乓球、轮椅网球、射击。

3. 脑瘫类型的肢残人参加的体育活动有：健身操、棋类、田径、游泳、乒乓球、射击、硬地滚球、轮椅网球；其中竞赛项目为：田径、游泳、乒乓球、硬地滚球、射击、轮椅网球。

（四）智力残疾人适宜参加的体育活动

智力残疾人参加特殊奥林匹克比赛，竞赛项目分为正式比赛项目和国家普及项目。国际夏季冬季特殊奥运会每四年举办一届，交替举行。

1. 夏季正式比赛项目有：水上项目、高尔夫球、田径、体操、篮球、举重、保龄球、轮滑、自行车、垒球、马术、网球、足球、排球。较为普及的项目有：地滚球、羽毛球、乒乓球、手球、帆船。

2. 冬季正式比赛项目有：高山滑雪、越野滑雪、硬地曲棍球、速度滑冰、花样滑冰。较为普及的项目有：雪鞋走。

第三节　田径裁判指南

一、规则依据

国际业余田径联合会规则；国际残奥会（IPC）田径规则。

二、参赛资格

1. 凡符合国际轮椅运动联合会医学分级标准的运动员都能参赛。

2. 国际轮椅运动联合会的田径比赛，径赛的医学分级为 T1～T4 级，F1～F8 级。

三、竞赛级别

按视力、截肢和其他残疾、轮椅、脑瘫、听力等分级。

四、比赛通则

本规则必须结合《2002-2003 年国际田联手册》阅读。

1. 每队、每级只允许报三名选手参赛。

2. 允许运动员兼项。某运动员因田赛项目与径赛项目同时举行，裁判员应允许运动员不按原定试投顺序而提前试投，在预赛或决赛的任何一轮比赛中运动员最多进行三次试掷。

3. 比赛中，落后一圈或几圈或即将落后一圈的运动员，不能作为领跑者。

4. 号码布的规格为 24×20 厘米，每个号码的高度最少为 12 厘米，佩戴时不允许裁剪或折叠。

5. 绷带，运动员使用的绷带或带子应为非弹性材料制成。

6. 赛次间的时间间隔，预、复、决赛之间，预赛的最后一哨至复赛第一组开始，应按以下最短间隔安排：

200 米及 200 米以下距离为 45 分钟。

200 米以上至 1000 米为 90 分钟。

1000 米以上不在同一天举行。

7. 1 500 米及 1 500 米以上距离的项目，大会可设赛程中的某段距离的限定时间，届时那些未在限定时间内跑完某段距离者将于淘汰，并在成绩册中注明。

8. F8 级的铅球比赛，必须用抵趾板，标枪比赛可用助跑投掷，助跑道限长 2.5 米，宽 4 米。F1～F7 级的铅球比赛不用抵趾板。

9. 比赛中，某运动员被另外一个运动员推出自己的跑道或被迫驶离自己的跑道，而该运动员并未获得实质性利益，他将不被取消比赛资格。

如果某运动员在直道上驶离自己的跑道；或在弯道上越过了自己的跑道线、他的行为未使其他运动员的行进受阻，本人又没有获得实际利益，对此，也不应取消比赛资格。

10. 比赛中，大会指派的医生有权终止某运动员的比赛。

11. FI～F7 级运动员的投掷比赛，在器械出手之前，其大腿上部和臀部的一部分必须与轮椅的座垫保持接触。

五、投掷项目的轮椅固定

轮椅车在投掷圈内或投掷线后，其前轮或侧轮抵至抵趾板或投掷圈的后沿，或近靠投掷线后沿。沿投掷圈或线的前后左右各一处的地面打入钢钎一根，钢钎顶部为环状（塑胶跑道可把钢钎预制在一个可移动的水泥墩内），用皮带或金属线联结钢钎和已制动的轮椅，然后绷紧固定。

六、所有运动员都必须遵守国际田联有关兴奋剂的规定。

七、抗议

1. 有关运动员参赛资格的抗议必须在赛前提交抗议委员会或组委会或总裁判长，在问题未解决前，允许被抗议的运动员"带抗议"参赛。

2. 有关比赛中的问题，应立即提出或在比赛成绩宣布后 30 分钟以内提出。

3. 任何抗议都应由运动员本人或其代表口头向总裁判长提出，对总裁判长的裁决，运动员有权向仲裁委员会申诉。向仲裁委员会的申诉必须是书面形式并交规定的押金。

八、测量

风速测量，直道项目是从枪响开始计算，其时限为 100 米计 15 秒，不得少于 13 秒。弯道跑的 200 米，从第一名运动员进入直道开始计 15 秒，不得少于 13 秒。

九、轮椅项目比赛规定

1. 径赛轮椅规格：

轮椅至少有两个大轮和一个小轮。大轮的最大直径，包括充气轮胎在内不超过 70 厘米。小轮的最大直径，包括充气轮胎在内不超过 50 厘米。每个大轮只允许安装一个平滑、圆形的标准型手动轮。轮椅上不得安装能驱动轮椅的机械滑轮或操纵杆。轮椅上的任何部位都不得超过后轮后缘的垂直面。

2. 田赛轮椅的规格：

田赛轮椅座位的最大高度，包括轮椅不得超过 63 厘米。除分级卡上另有说明的运动员外，其他运动员的轮椅的搁脚板不得向内或向外旋转面使其一只脚或双脚的放置不规则，允许搁脚板在垂直上不平行的放置。

3. 障碍赛轮椅的规格

轮椅应有四个轮子，两个大轮和两个小轮，每个大轮上装有一个圆形的标准手动轮，不允许安装可用作驱动轮椅的机械齿轮或杠杆，也不允许配可操纵方向的装置。脚踏板的后沿必须在座椅的前边，脚路板前沿的最高点不得超过地面 30 厘米，轮椅座位高度包括椅垫不得超过 63 厘米。

4. 参赛轮椅必须符合项目要求，凡不符合要求的轮椅，临场可以调整，但不能影响比赛。

5. 从检录起至比赛结束，裁判员有权检查轮椅。

6. 比赛中，运动员的下肢不得与地面接触，否则判为犯规。

7. 在起点和终点，均以轮椅的前小轮是否触起点线或终点线来判断犯规和到达。

8. 轮椅的搁脚板可以置于抵制板上或抵制板前，但运动员的脚前端不得超过抵制板的后沿。

十、道次抽签

在 100 米至 800 米、4×100 米和 4×400 米接力比赛中，如果有几轮比赛，比赛的道次按以下办法抽签决定：

1. 第一轮比赛，每个运动员或队抽签决定自己的道次。

2. 其他轮次比赛，每一组运动员分两批抽签；成绩最好的四名运动员或队抽签决定 3、4、5、6 道。成绩较差的四名运动员或队抽签在 1、2、7、8 道。

第四节 盲人门球裁判工作指南

一、规则依据：

国际盲人体育协会制定的盲人门球竞赛规则。

二、参赛资格：

凡符合医学分级标准的 B1、B2、B3 盲人运动员均戴眼罩参加比赛。

三、场地与特殊器材：

1. 场地：长 18 米、宽 9 米。（见图 9-1）

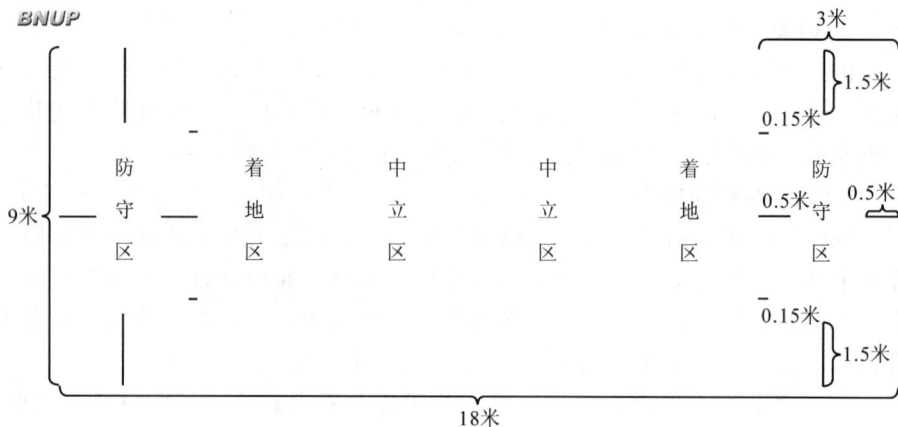

图 9-1 盲人门球比赛场地图示

注：1. 场内除中立区前沿线外，其他线均应有触感标志其厚度不超过 3 毫米。

2. 球门：宽 9 米，球门柱高 1.30 米，球门柱应在场外与球门线平行，测量以球门内侧为基准，球门柱和横竿的直径不得超过 15 厘米，球门构造坚固安全。

3. 球：周长 76 厘米重量 1250 克，材料为具有一定硬度的橡胶，球面有直径为 1 厘米的 8 个小洞，球内装有响铃。

4. 服装：比赛服应有永久性号码，号码数要求从 1 号到 6 号（如果要使用 6 号以上的号码，不允许超过两位数）。

5. 眼罩：场上队员必须戴眼罩，如条件允许，最好使用硬式眼罩。

四、比赛通则：

1. 比赛时间：全场比赛净时间 14 分钟，每半场 7 分钟，半场之间 3 分钟休息。

决赛阶段，双方比分相同要进行两个半场的加时赛，每个半场为 3 分钟。

如果加时赛仍然打平则要采用点球来决定胜负，第一轮点球仍为平局，从第二轮点球比赛开始则采用等机会，先进球为胜方，决定比赛胜负（突然死亡法）。

2. 得分：获得球权的一方只要将球接触着地区，并通过中立区而投进对方球门即为得分；防守队在防守区内扑住或扑出了对方的投球即获得球权，成为进攻的一方。

3. 暂停：在比赛中每个队全场比赛可以叫 3 次暂停，每次 45 秒铃，用以场外指导，一旦叫停双方都可利用，加时赛允许双方再叫一次暂停。

暂停可由教练员或运动员用手势向裁判员提出，暂停需在本队控制球时或死球时使用。

4. 替换：在比赛中每个队全场可有 3 次替换，加时赛可有一次替换，每一个运动员可以不止一次地被替换上、下场。替换时可以由教练或运动员用手势向裁判员提出，但需在本队控制球或比赛死球时；半场休息时的替换不被记录作替换，但要通知记录台。

5. 比赛中名次的决定：

在循环赛中最后名次排列由所得积分决定，每队获胜将得 3 分，打平 1 分，输球为 0 分。如果排名积分相等，则看积分相等的队他们在循环赛中相互间的比赛结果；如果还是持平，则将相等各队在整个循环赛中各自的总得分，减出各自的总失分以决定胜负，如仍相等可用投点球的方法来决胜负。

五、违例：

违例后球权将交给对方队。

1. 远球：球必须在中立区至少触地一次，否则此投球无效。

2. 过早投球：裁判员发出口令或哨声后方可投球，否则将视为违例。

3. 越线：投球时球出手前任何一只脚越出了防守区前沿界线。

4. 传球出界：在本队之间相互传递球的过程中，球出了边线。

5. 死球：攻防过程中球停留在场内，双方均未控制球，此球为死球，球在中场线的哪一方便由哪一方获球权。

六、犯规：

1. 高球：进攻投球时，投出的球如果超过了地区前沿线以后才触地，此球为高球犯规，如球进入对方球门，则判无效。

2. 触摸眼罩犯规：比赛开始后，除中场休息外，其他任何时间队员不允许触模眼罩，否则将判为犯规。需要触及眼罩或被动无意识碰到眼罩需调整时，必须用手势示意裁判，然后在裁判帮助监督下进行。

3. 三次投球犯规：

每一名队员只能连续投球二次，如连续三次投球，将受到处罚；

上半场结束前的投球数将带入下半场开始时累计连续投球次数。

4. 非法防守犯规：

防守时运动员可以用身体的任何任何一部分触球，但必须在本队的防守区内，否则即为非法防守。

5. 8秒犯规：

一个队在控制球后，超过8秒钟尚未将球投出，即为8秒犯规。

6. 个人延误比赛：

①队员由于搞不清个人位置需要场上同伴重新定位。

②队员没有按裁判员的指令开始比赛，而是有意无意的拖延时间。

7. 个人非体育道德的行为：

非体育道德包括，对裁判、观众和对方不尊重的行动和语言。

8. 全队延误比赛：

（1）一个队没有按裁判指令开始比赛。

（2）一个队的行为防碍了比赛继续进行。

（3）一个队在任何时间和任何情况下替换队员没有通知裁判。

9. 全队非体育道德的行为：

全队非体育道德行为指教练席上的人员非体育道德的犯规。

10. 非法指导：

比赛时，教练席上的任何人员不许对场上队员进行口头指导或传递信息（暂停和休息时除外），否则将判为犯规。

七、犯规后的处罚：

1. 个人犯规的处罚：犯规队员留在场内防守罚球，对方可选择任何一队员执行罚球，即投球。

2. 全队或集体（含教练员）犯规，该队最后一个投球的队员留在场内防守对方任意一人投球。如该队还未曾投过球，可由本队教练员指定该队任何一队员防守罚球。

第五节　坐式排球裁判工作指南

一、裁判人员与工作程序

（一）裁判人员

裁判由以下人员组成：

——第一裁判员

——第二裁判员

——记录员

——四名（或两名）司线员

世界性比赛和区域锦标赛设一名助理记录员。

（二）工作程序

1. 在比赛进行时只有第一裁判员和第二裁判员可以鸣哨：

（1）第一裁判员鸣哨发球开始比赛。

（2）第一裁判员和第二裁判员确认犯规发生并判明其性质，鸣哨终止比赛。

2. 在比赛中断期间，他们可以鸣哨表示不同意或拒绝某队的请求。

3. 裁判员鸣哨中止比赛后，立即以法定手势表明：

（1）如果第一裁判员鸣哨，他应指出：

①应发球球队。②犯规的性质。③ 犯规的队员（如果必要）。

第二裁判员重复其手势。

（2）如果第二裁判员鸣哨，他应指出：

①犯规的性质。②犯规的队员（如果必要）。③跟随第一裁判员指出应发球的队。

第一裁判员不用犯规性质手势，只做应发球队手势。

（3）如果双方犯规，裁判员应指出：

①犯规的性质。②犯规的队员（如果必要）。③第一裁判员指示应发球的队。

二、第一裁判员

（一）权力

1. 在比赛中他的判定是最终判定，如果发现其他裁判员的误判，他甚至可以撤换一名不称职的裁判人员。

2. 他同样掌管捡球员和擦地员的工作。

3. 他有权决定涉及比赛的一切问题，包括规则中没有规定的问题。

4. 他不允许对其判定进行任何争辩。

但当场上队长提出请求时，他应对其判定所依据的规则和规则的执行给予解释。如果队长立即表示不同意他的解释，并提出保留在比赛后对此提出正式抗议权力的声明，第一裁判员必须给予服许。

5. 在比赛前和比赛中，他负责决定赛场条件是否符合比赛要求。

（二）责任

1. 比赛前，第一裁判员：

（1）检查场地、器材和比赛用球。

（2）主持抽签。

（3）掌握两队的准备活动。

2. 比赛中，只有第一裁判员有权：

（1）向球队提出警告。

（2）对不良行为和延误比赛进行判罚。

（3）判定。

a. 发球犯规和发球队位置错误。

b. 比赛击球的犯规。

c. 高于球网或球网上部的犯规后排队员和后排自由防守队员进攻性投球犯规。

d. 后排自由防守队员在前场区进行上手传球后，同伴的进攻性击球犯规。

三、第二裁判员

（一）位置

第二裁判员站在第一裁判员对面执行其职责。

（二）权力

1. 第二裁判员是第一裁判员的助手，但是他有自己的职责。

当第一裁判员不能继续工作时，他可以替代第一裁判员执行工作。

2. 他可以用手势指出他职权以外的犯规，但不得鸣哨，亦不得向第一裁判员坚持自己的判断。

3. 他掌管记录员的工作。

4. 他监督坐在球队席上的球队成员，并将他们的不良行为报告给第一裁判员。

5. 他掌管准备活动区的队员；他允许比赛间断的请求，掌握间断的时间和拒绝不符合规定的请求。

6. 他掌握各队暂停和换人次数，并将第二次暂停和第五、六次换人告诉第一裁判员和有关教练员。

7. 发现队员受伤，他可以允许特殊替换线给予 3 分钟的恢复时间。

8. 他检查比赛场地地面的条件，主要是前场区。比赛中他还要检查球是否符合比赛要求。

9. 他监督判罚区中受罚队的成员，并将不良行为报告第一裁判员。

第六节　轮椅篮球裁判工作指南

轮椅篮球选手是由下肢截肢、小儿麻痹或脊柱损伤运动员组成。1960 年第一届罗马残奥会轮椅篮球被列为正式比赛项目。

一、比赛规则

（一）执行规则依据：

1. 国际篮联通过的最新篮球规则。

2. 国际轮椅运动协会篮球比赛正式规则。

（二）参赛级别规定：

凡符合国际轮椅篮球联合会运动员分级委员会颁发的分级方法的残疾人运动员均可参加比赛。运动员分级后的分值为：1 分、1.5 分、2 分、2.5 分、3 分、3.5 分、4 分、4.5 分。在比赛过程中，任何一个队在任何时候，全队场上运动员的总分数不能超过 14 分，否则将判教练员一次技术犯规，同时立即纠正。

（三）轮椅：

1. 坐垫的厚度不能超过 10 厘米；3.5 分、4 分、4.5 分的运动员，其坐垫厚度不能超过 5 厘米。座位上不能附加任何木板或是坚硬的东西。坐垫要厚薄均匀，硬度可以对角折叠。

2. 轮椅搁脚板前面的最高点距地面的距离不能超过 11 厘米。

3. 为了保护地面，可以在搁脚板的下面安装一个滚动轴。

4. 轮椅座位两侧的支撑杆距离地面的高度不能超过 53 厘米（座面到地面的垂直距离）。

5. 轮椅应有四个轮子——两个大的在轮椅的后面，两个小的轮子安装在轮椅的前面，包括轮胎在内，大轮子的最大直径为 66 厘米（26 英寸）。

6. 每个轮子上必须要有一手轮。

7. 轮椅的脚势下面必须安装有防止损坏比赛场地的保护装置。

8. 轮椅上不允许安装动力装置、刹车和齿轮。

9. 不允许使用黑色轮胎。

10. 轮椅上的扶手和其他的上体支撑装置不能超过运动员自然坐在轮椅时的腿和躯干的长度。

（四）特殊技术装置：

记录台应增加一个方向指示器，方向指示器的白色箭头能让运动员、裁判员清楚看见下一次发生争球时，发球的球权归哪方。

（五）参赛规定：

1. 无论男队、女队，每个运动队运动员人数不超过 10 名，教练员 1～2 人，设队长 1 人。如果一次联赛中，一个队参加比赛的场次超过 3 场，每队队员人数可达 12 名。

2. 除在场上比赛的 5 名队员外，其他 5 名运动员都为替补队员，场上 5 名队员的医学分级分数之和不能超过 14 分。

（六）服装要求：

1. 号码：运动服前后都应有号码，背后的号码也可放在轮椅背后，号码颜色应醒目，与运动服装反差较大，清晰可见，号码线条宽度至少是 2 厘米，前面的号码至少高 0.1 米，后面的号码至少高 0.2 米。

2. 服装：球衣裤前后应采用单一统一颜色，禁止穿花色运动衣，运动衣里面如穿 T 恤衫，其颜色应与运动衣颜色相同。

比赛中：上场的 5 名运动员的医学分级总分不得超过 14 分。轮椅篮球没有两次运球违例，但场上队员持球移动时，推动轮椅 1～2 次后就必须拍球一次或多次，或传球、投篮。比赛时，运动员的脚不能触及地面，臀部亦不能离开轮椅。

3. 功能分级：根据运动员在投篮、传球、抢篮板球、带球、移动轮椅时躯干的活动能力不同，分为 1，1.5，2，2.5，3，3.5，4，4.5 共 8 个分值。场上 5 名运动员分值总和不能超过 14 分。在比赛过程中，任何一个队在任何时候，全队场上运动员的医学分级数之和不能超过 14 分。否则将判教练员一次技术犯规，同时立即纠正。

4. 比赛方式：每场比赛分为四节，每节 10 分钟，1、2 节间，3、4 节间各休息 2 分钟，上、下半场之间休息 15 分钟。如果第四节结束后比分相同，需要继续进行一个或多个 5 分钟的加时赛，直至比赛分出胜负。各队由 5 个场上队员和 7 个替补队员组成。

5. 特殊规定：轮椅篮球规则除以下特殊规定外，与国际篮球联合会规则基本相同。

运动员在推动轮椅的同时运球，或推动与运球交替进行。球放在腿上时，不能夹在两腿之间，每推动轮椅一次或两次，必须运球一次。否则即违例：

（1）由轮椅倾斜造成除轮胎以外任何部位触及地面算违例。

（2）当运动员摔倒在场上，未经裁判允许服务人员不得进入比赛场地。

（3）比赛中为获得优势，臀部离开轮椅座面，脚落地等都属犯规。

（4）场上 5 名队员的总残疾分超过 14 分，将判为技术犯规。

（七）违例：

1. 运动员或其轮椅的任何部分触到边线以外的地面为出界。

2. 除手以外身体的任何部位触及地面。

3. 由于轮椅倾斜，造成除轮胎以外任何部位触及地面。

4. 运动员应在腰以下及车辆两侧或前后运球，不能在两膝之间运球。

5. 每驱车两次，必须运球 1 次，超过两次而没有运球的即为违例（驱车指运动员用手推一个或二个轮子做向前或向后的运动）。

6. 允许在限制区内运球和投篮，停留时间如果超过 5 秒钟而不进行投篮即为 5 秒违例。

（八）犯规：

1. 使用未获准的用具。

2. 无论是在死球或活球状态，运动员与其对手或是对手的轮椅接触。

3. 其他侵人犯规与国际篮联的篮球规则相同。

（九）、技术犯规：

（1）比赛中，为获得优势，臀部离开轮椅座面。

（2）比赛中，为获得优势，脚离开搁脚板。

（3）利用下肢的任何部位获得不公正的优势或者使轮椅获得动力。

（4）使用不符合规定的轮椅。

（5）发现上场 5 名队员的总残疾分超过了 14 分。

二、场地装备

残奥会轮椅篮球场地与奥运会篮球场地相同。轮椅是比赛中的特殊装备，有以下几点要求：

1. 轮椅坐垫的厚度不能超过 10 厘米；3.5 分、4 分、4.5 分的运动员，其坐垫厚度不能超过 5 厘米。座位上不能附加任何木板或是坚硬的东西。坐垫要厚薄均匀，硬度可以对角折叠。

2. 轮椅搁脚板前面水平横杆的最高点距地面的距离不能超过 11 厘米。

3. 轮椅座位两侧的支撑横杆距离地面的高度不能超过 53 厘米（表面到地面的垂直距离）。

4. 轮椅应有 3~4 个轮子——2 个大轮安装在轮椅的后侧，1 个或 2 个小轮安装在轮椅的前侧。包括轮胎在内，大轮的最大直径为 69 厘米。轮椅整体高度不能超过 53 厘米，不能有凸出物或尖锐物体。

5. 每个大轮上必须要有一手轮。

6. 轮椅的搁脚板下面必须安装防止损坏比赛场地的保护装置。

7. 轮椅上不允许安装操纵装备，动力装置、刹车和齿轮。

8. 不允许使用能在场地上留下痕迹的轮胎。

9. 轮椅上的扶手和其他的上体支撑装置不能超过运动员自然坐在轮椅时的腿和躯干的长度。

10. 轮椅后面可装置一或两个防倾斜小轮，用以保护运动员安全，但小轮下面的表面距地面的高度不能超过 2 厘米。

11. 轮椅前面或前侧面可安装保护水平横杆，该横杆可以是直的或弯曲的，但不能是尖且向前伸的。

12. 由于轮椅篮球投篮需要一定的准备过程，所以当运动员开始做投篮动作时，裁判不应计算 3 秒。

三、参赛运动员的分级

凡符合国际轮椅篮球联合会运动员分级委员会颁发的分级规定的残疾人运动员均可参加比赛。

运动员医学分级后的分值为：1 分、1.5 分、2 分、2.5 分、3 分、3.5 分、4 分、4.5 分。其中 1 分、1.5 分属于运动功能较低、残疾程度较重的低分队员；3.5 分、4 分、4.5 分属于运动功能较强、残疾程度较轻的高分队员。

在比赛过程中，任何一个队在任何时候，全队场上运动员的医学分级数之和不能超过 14 分。否则将判教练员一次技术犯规，同时立即纠正。

第七节　5 人制（盲人）足球裁判工作指南

5 人制（盲人）足球是专门为视力残疾的运动员设立的项目。比赛双方各派 5 名运动员出场，除守门员外 4 名选手的视力伤残程度应是 B1 级，即完全丧失视力并无光感；守门员的视力可以是 B2 级或 B3 级，也可以是健全运动员。

比赛时，每支队伍由 5 名场上队员和 5 名替补球员组成，其中包括守门员和替补守门员各 1 名。比赛分上、下半时，各 25 分钟，中场休息 10 分钟。在半决赛或决赛中，如果 50 分钟未分出胜负，则进行 10 分钟加时赛，仍未决出胜负，则以点球决胜。

一、场地和装备

5 人制（盲人）足球使用无遮盖场地，长 32 至 42 米，宽 18 至 22 米，硬质地面。球场的边界是约有 1 米高的围栏，以便于提高比赛节奏和引导场上队员确定方位。球门高 2 米、宽 3 米，守门员区域长 5 米、宽 2 米，在距两球门立柱间中点 6 米和 9 米处各有一个罚球点。比赛用球直径约 9 厘米，重约 410 克，内部装有发声系统。场上除门将外的队员必须配戴中间衬有吸水布料的眼罩和头罩。

二、竞赛规则要点

（一）特殊规则

1. 队员一场比赛中累计犯规达 5 次将被罚下，由替补队员代替比赛。

2. 守门员不能参加罚点球，比赛中离开自己的活动区域将被判犯规。

3. 每队有一名引导员在对方半场后三分之一区域处，以语言协助本队进攻，守门员也是本队的防守引导员。

4. 比赛中没有越位判罚。

5. 一队在半场比赛内犯规次数不超过 3 次时，被判任意球时可排人墙；犯规 4 次以上时，由对方在 9 米线处罚直接任意球，不允许排人墙。

（二）规则要点

1. 每队在比赛中换人最多进行 3 次，加时赛允许换人 1 次。

2. 如果 1 名队员在裁判员发出指令前投出了球，那么此球有效但不计分。

3. 当掷出的球停在球场上而未被防守队员触及，主裁判鸣哨判此球为死球，停止计时，将球交给防守方。

4. 在本队队员之间传球过程中，球出了边线；任何时候球碰到了比赛场上方的物体时；防守队员有意使处于边线上的球出界时，均应判为传球出界。

犯规处罚分个人犯规和全队犯规，这两种犯规都是只有 1 名队员留在场内防守罚球。

个人犯规

短球：无论任何时候，球被投出后，球停留在比赛区未达到防守队员的范围，这时裁判员鸣哨成死球并被判为短球，应交由防守队执行罚球。

高球：进攻投球球离手后，必须至少在着地区或防守区触地一次，否则投球无效（投球队员被罚）。

远球：在球投出并触地后，球必须在中立区至少触地一次，否则此投球无效。

触摸眼罩：任何场上队员触摸挡眼罩都将受到处罚，运动员在受罚情况下离开赛场时也不能触摸自己的挡眼罩，否则将再一次给予处罚。如果在比赛途中，暂停或比赛中的任何中止期间运动员想要触摸眼罩，必须要先征得裁判员的许可，在得到许可后，要转身背对赛场然后才可以接触眼罩。

第三次投球：一名队员只能连续投两次球，在队友投球前第三次投掷和任何其他投球，都将受到处罚。

非法防守：防守时，运动员应该使身体的任何一部分接触在本队防守区内，否则将被认为非法防守。

个人非体育道德的行为：如果裁判员确定一名场上比赛队员的行为是非体育道德的，那么这名队员将受到个人处罚。而且，任何非体育道德的行为都可以导致取消比赛资格、驱逐出比赛场甚至取消参加本届比赛的资格。如果裁判员认为这一情形是无可辩解的，被取消比赛资格的队员，在比赛中将不得再替换。运动员任何有意的同比赛官员进行身体接触将导致被取消比赛资格、驱逐出比赛场地。

噪音：任何队员在投球时发出的妨碍防守队员追踪球的噪音，都将受到判罚。

全队犯规

全队延误比赛：如果出现下列情况，将给予全队延误比赛的处罚。

（1）一个队没有按裁判员发出的指令开始比赛；

（2）一个队的行为妨碍了比赛继续进行；

（3）一个队在任何半场结束时替换了队员，而没有告知裁判员；

（4）一个队在要求第四次暂停时；

（5）一个队在要求第四次换人时。

全队非体育道德的行为：如果裁判员确定教练席上有队员做了非体育道德的行为，那么将给予那个队集体处罚；而且，如果裁判员认为这情形是无可辩解的，任何非体育道德的行为者将导致被取消比赛资格、驱逐出比赛场地甚至取消以后参加比赛的资格。

10秒：某队防守时触到球后，必须在10秒钟内将球投出，否则将判为10秒犯规。

非法指导：除了暂停和每半场结束之后外，教练席上任何人不能对场上队员进行任何方式的指导。否则，将对该队进行处罚。同场比赛中出现第二次非法指导，该指导人将被请出馆外。

第八节　乒乓球裁判工作指南

一、规则依据：

（一）国际乒联规则；

（二）国际轮椅运动联合会乒乓球规则（1992～1996年）。

二、分级特点：

对所有参赛运动员进行功能分级。

（一）TT 1、TT 2、TT 3、TT 4 和 TT5 级为坐姿。

（二）TT 6、TT 7、TT 8、TT 9 和 TT10 级为站姿。

三、竞赛项目：

（一）单打

男子设 TT 4，TT 5，TT 6，TT 7，TT8；5 个组别

女子设 TT 4，TT 5，TT 6～TT 8，TT 9，TT10；5 个组别

（二）团体

男子设 TT 4～TT 5，TT 6～TT8，TT9～TT10；3 个组别

女子设 TT 4～TT 5，TT 6～TT10；2 个组别

（三）公开级

男子设 TT 4～TT 5，TT 6～TT10；2 个级别

女子设 TT 4～TT 5，TT 6～TT10；2 个组别

四、场地及轮椅的规定：

（一）场地规格：站式比赛按国际乒乓球联合会：14 米×7 米×4 米

坐式比赛按国际轮椅联合会乒乓球规定可缩小到 8 米×7 米×1 米

（二）轮椅要求：轮椅至少有二个大轮一个小轮（如果是两个小轮，轮距不得超过大轮的轮距）。

五、其他特殊规定：

（一）坐式比赛的发球：

1. 发出的球必须在接发球方两条边线之间的端线部分越出（球不得从边线越出）。

2. 发球员发出的球，在未达到对立端线就滞留在台面上，或者是过网的球又返回发球半区均属于未越过端线应判重发球。

3. 以上两种情况接球一方击球了则这球为好球，好球可不需重发球。

（二）坐式比赛的双打：

1. 双打发出的球可以从接发球员的半区边线越出。

2. 当接发球员按正常规定返回球后，以后便可以任一球员接球。

3. 比赛中任一方的运动员的轮椅均不可超过球台中线的假定延长线，否则判对方得分。

（三）坐式比赛时不执拍手触及比赛台面：

1. 运动员击球时，不执拍手不得支撑触及台面。

2. 运动员击球后不管是否处于比赛状态，为恢复平面只要不移动拍手可触及台面。

3. 比赛中脚踏板和脚不得触及地面，如果违反规定将判决 1 分。

4. TT6～TT10 站式比赛执行国际乒联乒乓球比赛规则。

第九节　轮椅网球裁判工作指南

除下述条款，ITF 网球规则适用于轮椅网球比赛。

一、二次弹跳规则

轮椅网球运动员允许在球二次落地后击球。运动员必须在球第三次落回地面前回击球。球第二次弹起后可在场地内也可在场外。

二、轮椅

轮椅是运动员身体的一部分，ITF 规则中适用于运动员身体的条款同样适用于轮椅。

三、发球

发球应参照下列方式：

（一）在开始发球的一瞬间，发球运动员必须保持静止状态。在击球之前该运动员允许推动一次轮椅。

（二）在发球过程中运动员不可以触碰轮椅，轮椅不可超出底线。

1. 边线的延长线组成的区域。

2. 如果四肢瘫痪的运动员无法按常规方式发球，则允许运动员或另一人将球掷到地上。但是，每次发球都必须使用同样的方式。

四、失分

如果运动员出现下列情况，将失分：

（一）当运动员不能在球第三次落地前回球时。

（二）运动员在比赛进行中用脚或下肢任何部分在发球、击球、转身、停止时充当闸或稳定器。

（三）当运动员击球时有一部分臀部没有与轮椅接触时。

（四）如果该运动员在分级卡上注明可用脚推动轮椅，但不允许在以下时刻接触地面。

1. 摆动身体准备击球到击到球时。

2. 发球姿势开始到球拍击打到球时，运动员若违反此项规则则失分。

五、轮椅正常网球

当轮椅网球运动员与健全人运动员一起比赛时（配对打双打或作为对手打单打双打），轮椅网球规则适用于轮椅网球运动员，健全人网球规则适用于正常人。这样轮椅网球运动员允许球两次弹起，而健全运动员则允许一次。

第十节　游泳裁判工作指南

一、规则依据：

（一）国际泳联规则

（二）国际轮椅运动联合会游泳规则（1992～1996）

（三）国际盲人体育组织游泳规则

二、分级特点：

（一）对参加游泳比赛的截肢及其他残疾、脊髓损伤、脑瘫的运动员进行综合能力分级：

1. 自由泳、仰泳、蝶泳　　分成 SI～S10

2. 蛙泳　　分成 SB1～SB10

3. 个人混合泳　　分成 M1～M10

（二）盲人运动员蝶、仰、蛙、自四种姿势分为 B1—B3 级。

三、其他特殊规定：

（一）对功能分级运动员的有关规定：

1. 蛙泳比赛中一条腿或两条腿，一只脚或两只脚不能作向后动作的运动员，不要求无功能的腿或脚做外翻动作。

2. 功能完好的腿或胸必须尽可能地完成游泳蹬腿的技术动作。

3. 蛙泳禁止使用海豚式打腿动作。

4. 蛙泳运动员一只手臂无功能者，在转身和到达终点时，如果两只手触壁的时间不同，或两只手触壁高度不同，不视为技术犯规。

5. 参加仰泳比赛的运动员出发时脚的位置应放在水面以下，出发和转身后不允许运动员在水下潜泳超过 15 米。

6. 接力比赛使用两个泳道，参加接力的运动员必须在报名表中注明，比赛前 1 个小时应提交接力赛运动员的姓名级别同时应标明运动员的出场顺序。

7. 参加混合泳接力的运动员级别应与泳姿一致（如 SB 级的运动员应是蛙泳）。

8. 运动员可以选择从出发台跳水出发，或是从水中出发。从出发台入水的运动员必须符合医学功能分级标准并在参赛表中注明。不能站在出发台上的运动员允许以坐姿从出发台上入水。

9. 不允许从出发台或池边垂直跳入水中出发。

10. 截肢 A5、A7 级的仰泳运动员出发时，裁判员可以用绳、带或其他辅助器材帮其稳定身体。这类运动员在转身或到达终点时可以用身体任何部分触池壁。

11. 蛙泳、蝶泳的转身，允许运动员为了保持身体平衡而加一个非对称的划水。

（二）对盲人运动员的有关规定：

1. 每一项比赛之间给予运动员 20 分钟的准备时间。

2. 除仰泳和混合泳接力外，运动员在其他所有项目中可以选择跳台或水中出发。

3. 如果运动员视、听均有障碍、允许教练员用非语言的方式向队员传递出发信号。

4. 允许教练员在运动员接近转身和终点时发出信号，但不允许进行任何有声的指导。

5. 运动员在不影响别人而错入泳道后可以游完全程，也可以由教练员给予语言指导回到原泳道。

6. 教练员给电子计时触板造成任何错误成绩无效。

7. 运动员因影响对方而犯规，裁判长可视情况有权决定使受影响者重赛。

8. 对于 N 级运动员，可以不使用靠池壁的泳道，在其转身或到终点前，允许一名教练员用提示棒明示运动员。

9. B1 级运动员参加比赛时必须戴黑色眼罩。

本 章 小 结

残疾人体育竞赛发展到现在，众多的赛事丰富了残疾人体育竞赛内容，同时也要求残疾人体育工作者要能熟练的掌握裁判知识组织比赛。

>>> 思考题

1. 简述国际残疾人体育赛事的发展概况。

2. 轮椅网球与健全人网球规则有何不同？

3. 坐式排球裁判的职责是什么？

参 考 文 献

[1] 陈秀洁. 小儿脑瘫痪的定义、分型和诊断条件 [J]. 中华物理医学与康复杂志，2007，29（5）：309

[2] 刘伟，陈刚，迟广明. 脑瘫治疗的现状 [J]. 中国康复理论与实践，2007，13（12）：1118-1120

[3] 阎炯，刘念，张庆松. 小儿脑性瘫痪病因学的研究进展 [J]. 中国使用儿科杂志. 2007，22（3）：231-233

[4] 胡亚美等. 实用儿科学 [M]. 北京：人民卫生出版社，2002

[5] 王茂斌，纪树荣. 康复医学 [M]. 北京：人民卫生出版社，2002

[6] 关骅. 临床康复学 [M]. 北京：华夏出版社，2005

[7] 郭卫，贾勇，谭涌. 残疾人体育 [M]. 北京：北京体育大学出版社，2007

[8] 侯晓晖，万宇. 残障人休闲体育 [M]. 北京：人民体育出版社，2007

[9] 纪树荣. 运动疗法技术学 [M]. 北京：华夏出版社，2004

[10] 卢雁. 积极人生——残疾人健身锻炼 [M]. 北京：北京体育大学出版社，2000

[11] 中国残疾人体育协会. 残疾人体育研究 [M]. 北京：北京体育大学出版社，2004

[12] 贾勇. 残疾人体育基本知识导读 [M]. 北京：华夏出版社，2005

[13] 陈立农，黄晓春. 2008 年广州国际休闲体育研讨会述评 [J]. 广州体育学院学报，2008，28（2）：8-11

[14] 李之俊，池泰棱，邵健明等. 我国城市残疾人健身体育锻炼的现状与对策 [J]. 体育科研，2003，24（1）：13-15

[15] 金昌龙. 残障人体育概述 [M]. 上海：上海体育学院内部教材，2005，94-100

[16] 王维，王健. 我国城市残疾人体育生活方式调查 [J]. 武汉体育学院学报，2006，40（3）：45-48

[17] 卢峰. 体育休闲学 [M]. 北京：人民体育出版社，2005

[18] 金宁. 文体疗法 [M]. 北京：华夏出版社，2005

参
考
文
献